KB097499

내리막 세상에서 일하는
노마드를 위한 안내서

.

내리막 세상에서 일하는

노마드를 위한 안내서

제현주 지음

누구와, 어떻게, 무엇을 위해 일할 것인가

어크로스

아버지 세대와 다를 수밖에 없는
우리 시대 일에 관한 이야기

어린 시절 내게 '일'하는 사람의 모델은 아버지였다. 아버지는 그
세대 많은 아버지가 그랬듯이 자식들과 시간을 많이 보내지 못하
셨다. 아버지 없는 입학식이나 졸업식은 별스러운 사건이 아니었
다. 어머니는 아버지가 "일을 하느라 바쁘기 때문"에 오지 못하신
것이라고 하셨다. 어머니의 표정으로 보아 "일하느라 바쁘다"는
것은 멋진 일 같았다. 또 어머니는 이런 말을 자주 하셨다. "너는
여자라도 네 일을 가져라." 나의 일을 가진다, 어쩐지 근사하게
들리는 말이었다.

아버지는 졸업하고 들어간 첫 직장을 예순 넘어 은퇴하실 때까
지 죽 다니셨다. 아마 아버지가 가진 '나의 일'은 직장 자체가 아
니었을까. 내가 첫 직장으로 경영 컨설팅 회사에 들어갔을 때, 아
버지처럼 그곳에서 30년 넘게 일하리라고 생각하지는 않았다. 이

미 그런 시대는 아니었다. 더구나 경영 컨설팅 회사는 대체로 근속 연수가 무척 짧았다. 컨설팅이 평생 가져갈 '나의 일'이 될 것이라고 기대하기는 여러 모로 무리였다. 하지만 머지않아 "내 일은 ○○이다"라고 말할 수 있을 것이라고 믿었다. 서른이 되기 전까지 내 커리어는 이 빈칸을 채우려는 과정이었을 것이다. 그러나 그러고도 한참이 지난 지금까지 저 빈칸을 단호히 채우는 데 성공하지는 못했다.

어떤 일을 '나의 일'이라고 부른다는 것은 그 일이 '나'를 설명한다는 의미일 것이다. '나의 일'을 가지고 싶다는 막연한 생각은 직장이나 직업이 나를 설명할 수 있게 되기를, 내가 매일 하는 '일'이 '나'를 이루는 중요한 부분이 되기를 바라는 마음이었다. 어머니의 "네 일을 가져라"라는 말을 나는 그렇게 받아들였던 것 같다.

아버지만큼은 아니더라도 버금가게 긴 세월을 출퇴근하는 사람으로 살아갈 거라고, 나는 자연스럽게 상상했었다. 오래 일할 정박지를 어서 찾고 싶은 마음이었다. '진로 선택'이라는 무거운 짐은 벗어버리고, 정해진 자리에서 '열심히'만 하면 되기를 바랐다. 그러나 나는 직장 생활 10년을 끝으로 직장인이기를 그만두었고, 불확실성을 삶의 일부로 받아들이며 살게 되었다. 지금은 "내 일은 ○○이다"의 빈칸이 유동하는 채로 살아가도 좋다고 생각한다.

요즘 나는 여러 가지 일을 한다. 함께 모여 책을 읽던 친구들을 꼬드겨 공동으로 출자해 공동으로 경영하는 협동조합 롤링다이스^{RollingDice}를 만들었다. 주사위를 굴려보기 전엔 무엇이 나올지 모르니 일단 굴려보자는 뜻이다. 롤링다이스는 전자책을 출판하고, 사회적 경제 조직들을 위한 컨설팅과 연구 사업도 한다. 개인으로서는 번역가로 일하기도 하고, 이렇게 글도 쓴다. 한 단어로 빈칸을 채우지는 못하지만 나는 이 총합을 '나의 일'이라고 부르며 산다. 한 우물을 파는 것이 더 영리한 일일지 모르겠지만 나로서는 적어도 한동안은 이렇게밖에 일할 수 없겠다고 생각한다. 이 책은 개인적인 의미로는, 이런 생각에 이르기까지의 기록이다.

내리막 세상에서 일하는 노마드

동시에 이 책은 아버지 세대와 다를 수밖에 없는 우리 시대 일에 관한 이야기다. 정박지를 찾는 것이 가능해 보이지 않는 시대에 어떤 방식으로 나의 일을 규정하며 살 수 있을지 묻는 책이다. 그래서 이 책은 모순으로 가득 차 있다. 이 시대 일에 대한 우리 마음이 모순투성이기 때문이다.

어째선지 내게는 일에 대한 고민을 토로하는 지인이 많다. 꽤 괜찮은 일자리에 있는 친구들조차 다음 자리를 고민한다. 대우가 좋아 선택한 직장은 일이 단조로워 괴롭다. 흥미로운 일에 끌려 옮긴 직장은 월급이 쥐꼬리다. 간판이 번듯한 직장에서는 위계질서가 나를 짓누른다. 더 나은 일자리를 찾는 이들의 마음은 모순된 욕망에 끊임없이 시달린다. 모든 걸 갖춘 일자리는 없으며, 혹여 운이 좋아 그럭저럭 만족할지라도 평생 고용을 기대할 곳은 없다. 어떤 이유로든 고정된 내 자리는 영영 만날 수 없을 것처럼 보인다. 그리하여 이직은 정박지를 향해 가는 항해라기보다는 끝없는 표류가 되고 만다. 그 탓에 일상에는 늘 일말의 불안감이 스며 있다. 청년기는 사회 속에서 고정된 자리를 획득할 때 마무리된다. 한 20년 전만 해도 서른쯤까지를 청년기로 쳤다면 요즘은 30대 후반까지도 이어지는 분위기다. 취업이 늦어져서만은 아니다. 직장에 들어서고도, 두 번째 세 번째 직장으로 옮겨가서도 '내 자리를 찾았다'는 감각은 생겨나지 않는다. 나이가 얼마든 간에 여전히 청년일 수밖에 없는 이유다.

과거의 상황이 나았다는 말은 아니다. 예전이라고 모든 게 딱 좋아 '내 자리'라고 받아들였을 리 없다. 그러나 절대적인 가치와 목표 같은 것이 있었던 시절이었다. 좀 더 나은 대우, 일의 흥미 같은 것은 소소한 문제라고 말할 수 있었다. 그러나 절대적인 가치나 목표가 사라진 지금, 소소한 욕망보다 의미 있는 것을 어디에서 찾을 수 있을까. 더 재미있는 일, 돈을 좀 더 주는 일이라면 몰라도 궁극적으로 추구할 방향을 찾는 일은 불가능해 보인다.

더구나 우리에게 닥친 것은 내리막 세상이다. 경제 성장의 파도가 모두를 실어 더 높은 곳으로 날라주던 때가 있었다. 그때는 그 커다란 파도에 몸을 싣는 것이 핵심이었다. 남들 하는 만큼 열심히, 파도보다 빠르지도 느리지도 않게. 그렇게 해서 가닿은 중간

치의 삶은 부모 세대보다는 나은 삶이었다. 아마 그런 시절은 이제 돌아오지 않을 것이다. 2013년 〈조선일보〉의 보도에 따르면[1] 'IMF 전후로 취업한 세대(1970~1983년생)'와 '88만원 세대(1984~1993년생)'는 인생의 10단계를 밟고 나면 적자를 볼 것이라고 한다. 특히 '88만원 세대'는 교육부터 결혼, 내 집 마련, 자녀 양육 등까지 10단계를 모두 밟으면 2억 원 넘게 손실을 볼 것이라고 한다. "지난 20년 사이 '위로 올라가는 사람이 많은 사회'에서 '멈춰 서거나 아래로 떨어지는 사람이 더 많은 사회'로 변화했음이 수치로 확인됐다"[2]고 말하는 기사도 있었다. 중산층은 야금야금 줄고 빈곤층은 늘어나고 있다. 별 이론의 여지가 없는 내리막 세상이다. 성실하기만 하면 주어지는 오르막의 전망으로 일의 보람을 최소한이나마 보장받던 시대는 끝났다.

이런 내리막 세상, 정박지를 찾지 못해 헤매는 마음을 어떤 '일'에 부려놓을 수 있을까? 일은 그저 밥벌이라고 받아들여야 할까? 아니면 가느다란 계층 상승의 실 가닥을 붙들기 위해 달려야 할까? 그것도 아니면, 어차피 한 세상 내가 하고 싶은 일을 찾아 마음 끌리는 대로 살아야 할까?

일은 노동이기만 해야 할까?

한나 아렌트^{Hannah Arendt}는 《인간의 조건^{The Human Condition}》에서 인간의

활동을 노동^{labor}, 작업^{work}, 행위^{action}로 나눈다. 노동은 생물학적 존재인 인간이 먹고살기 위해 필연적으로 해야 하는 활동이다. 작업은 개인의 수명을 넘어 지속하는 인공 세계를 창조하는 활동이다. 행위는 타인의 현존 앞에서 생각을 말하고 실천하는 활동이다. 이 세 가지 활동은 인간이 지닌 세 가지 욕구^{needs}에서 파생한다. 노동은 말할 것도 없이 생물학적 욕구를 해소하기 위한 것이다. 작업은 유용한 것을 창조하고픈 욕구에서 나온다. 행위는 타인으로부터 인정받고픈 욕구에 응답한다. 아렌트는 인간의 활동을 이렇게 셋으로 나누면서 고대 아테네의 사례에 기댄다. 고대 아테네에서 노동은 노예의, 작업은 장인의, 행위는 귀족의 몫이었다. 그리고 각 활동에 투사하는 세 가지 욕구를 모두 해소하며 살아갈 수 있었던 사람은 귀족뿐이었다.

우리는 이 세 가지 활동의 구분이 사라진 시대를 살고 있다. 생물학적 필요는 이제 화폐가 있어야만 충족된다. 과거의 노예, 장인, 귀족 중 누가 하던 일을 하든, 그 일로 화폐를 벌어들여야 먹고산다. 결국 모든 일이 '노동'으로 수렴하고 우리는 모두 노동자가 되었다. 노동은 화폐로 환산되는 한에서만 가치를 인정받는다. 그 가치가 높아야 자신과 가족의 배를 채운다. 그러나 밥벌이야말로 귀하다지만, 누구든 밥벌이만으로 인생을 채우기를 원하지는 않을 것이다. 일을 둘러싼 모순은 여기에서 비롯한다. 우리는 먹고살기 위한 욕구를, 창조하고픈 욕구를, 인정받고 싶은 욕구를 일 하나로 해결해야 하는 처지에 놓였다.

우리 사회에는 스스로 노동자라고 생각하는 사람이 흔치 않다. 그 탓에 노동자의 권리를 주장하는 목소리는 소외되어버린다. 사람들의 노동자 정체성을 일깨우지 않고서는 노동자의 형편이(즉 우리 모두의 형편이) 근본적으로 나아질 수 없다는 말에 나는 동의한다. 그럼에도 내 일은 노동, 나는 노동자라고 부를 때 주저하는 마음들을 이해할 수 없는 것도 아니다. 일에는 노동이라는 말에 담기지 않는 무언가가 있기 때문이다. 어떤 활동을 노동이라고 부른다면 자연스레 그 반대편에 고용주가 놓인 그림이 떠오른다. 노동은 나의 일이 고용주와의 계약관계 아래 놓여 있다는 현실을 명징하게 보여주는 이름이다. 일을 노동이라고 부를 때 계약관계에서 보상받지 못하는 잉여의 노력을 쏟는 것은 어리석은 일이 되고 만다. 나는 쓸데없이 남 좋은 일을 하고 있는 것이며, 심지어 다른 누군가에게 돌아갈 일자리를 축내고 있는 것인지도 모른다.

그럼에도 '필요' 이상을 하게 되는 어떤 마음이 있다. 돈으로 돌아오지 않을 노력을 기울이게 되는 마음, 내 몫으로 돌아오지 않더라도 좋은 성과를 내고 싶은 마음. 그런 마음을 떨치는 쪽이 영리한 것이 요즘 세상이다. 그걸 안다 해도 일에 쏟아서는 안 되는, 그 갈 곳 없는 마음은 어째서 쉽사리 사라지지 않을까? 우리에게 남은 활동이라고는 노동뿐인 이 시대에도 우리에겐 유용한 것을 창조하고, 사람들 속에서 존재와 가치를 인정받고 싶은 욕구가 있기 때문이다. 그러니 우리가 모순에 휩싸인 채 살아간다 해도 이상한 일은 아니다. 깨어 있는 시간의 대부분 동안 허락되는 단 하나의 활동이 일일 때 그 일이 밥벌이면서 창조면서 관계 맺기이 길 바라는 게 지나친 욕심은 아닐 것이다. 그러나 돈을 많이 벌고 싶은 마음이 흥미로운 일을 하고픈 마음과 충돌하고, 안정된 일자리를 원하는 마음과 자유롭게 일하고 싶은 마음이 부딪힐 때 우리에게는 어떤 식으로든 선택이 필요하다. 이미 최선은 빠져나간 선택지 중에서 답안을 골라야 하는 처지일지라도.

나는 이 책에서 일에 투사하는 우리의 다양한 욕망을 살펴보려 했다. 일상 속에서는 모두 뭉뚱그려져 숨어 있는 그 욕망들을 벼려내 보고 싶었다. 하나씩 세세히 따져보지 않고서는 우리가 어떤 마음 때문에 가로막혀 있는지 결코 알아낼 수 없다고 믿기 때문이다. 문제가 무엇인지 구체적으로 규정할 수 없다면 뭉뚱그려진 불행의 감정에 휩싸여 표류만을 거듭할 뿐이다. 서로 어긋나는 욕망들 사이에 우선순위를 따져보고, 타협할 지점들을 확인해 나가야 한다.

물론 마음을 아는 것만으로 시원한 해결책이 나오지는 않을 것이다. 모든 욕망을 해결해주는 단 하나의 일자리는 결코 존재하지 않기 때문이다. 더구나 개인이 할 수 있는 몫에는 한계가 있다. 나의 문제는 거의 언제나 우리의 문제이며, 세상의 문제와 만난다. 내가 고를 수 있는 선택지는 언제나 세상에 의해 제한받는다.

노동과 작업과 행위의 경계가 사라지면서 노예와 장인과 귀족의 구분도 사라졌다고 아렌트는 말한다. 노예가 해방되었을 때 우리에게 도래한 것은 모두가 노예의 몫을 떠안아야 하는 세상이었다. 그러나 노예의 몫만큼 귀족의 몫도 차지할 수 있었으면 좋았으련만, '먹고사니즘'의 수레바퀴로부터 벗어나는 행운을 누리는 사람은 지극히 소수다. 더구나 수레바퀴를 굴려 닿을 그곳은 우리가 원하는 썩 괜찮은 정박지조차 아닌 것 같다. 많은 사람에게 현상 유지만도 허덕허덕한 세상이다. 그러니 세상을 바꾸지 않고서는 개인이 내릴 수 있는 선택이 뻔하다는 것도 틀린 말은 아니다. 그러나 자신이 바라는 세상을 향해 행동에 나서는 것 역시 개인이 내려야 할 선택이요, 일상의 한 부분이다. 그런 선택을 추동하는 것 역시 개인들이 지닌 욕망이라고 믿는다. 세상을 바꾸려는 장기적인 노력과 오늘 내 삶을 좀 더 만족스럽게 꾸리려는 선택이 양립할 수 없다고 생각하지도 않는다. 나아가, 세상을 바꾸려는 노력이 누군가에게는 욕망의 균형점에 자리 잡은 나의 일이 되어줄지도 모른다.

나 역시 일해온 시간만큼 내 안의 수많은 모순된 욕망과 씨름해왔다. 일을 좋아하지만 일만 하면서 살고 싶지는 않았다. 돈을 잘 벌고 싶었지만 돈이 아니라면 의미 없을 일을 하고 싶지는 않았다. 배울 것이 있는 일에 구미가 당겼지만 너무 어려워 실패가 뻔한 일은 싫었다. 모두에게 열심을 다그치는 세상에 화가 나지만 더 잘하고 싶어 자신을 다그치기도 한다. 모순투성이 마음인 걸 안다. 그 속에서 균형의 지점을 찾아내려고 여전히 씨름 중이다. 이 씨름은 일하면서 살아가는 한, 앞으로도 계속될 것이다.

지금까지의 씨름에서 깨달은 것이 하나 있다면, 내가 찾는 균형에 혼자서는 이를 수 없다는 점이다. 그래서 이 책은 내 안의 욕망에서 출발해 세상을 바라보고, 그 세상에서 함께 균형을 찾아나갈 무리를 이루는 지점으로 나아간다. 자신의 욕망을 이해하는 개인들이 무리를 이룬 곳, 이 책이 지향하는 정박지다. 그곳으로의 항해를 시작해보자.

1

표류하는 우리

일의 배신

내가 좋아하는 일이

무엇인가에 대한 고민 없이

스펙에 맞추어

그럭저럭 조건 좋은 직장에

발을 들여놓았다면

얼마 가지 않아

허무감에 빠지게 된다.

그 지점을 향해

다른 모든 욕망은

미뤄두도록 강요받았는데

그렇게 도달한 지점은

꽃길도 잔치마당도 아니다.

1

일일 뿐인데

일에 대한 애착심의 결핍은
심리적 혼돈과 짝을 이루게 마련이다.

리처드 세넷

길을 잃었다는 느낌

첫 직장에 발을 들인 지 3년쯤 지나자 이직을 고민하기 시작했다.
마음 졸이며 들어가고 싶어 했던 직장에 간신히 안착한 뒤 일을
잘하고 싶어 안달하던 시기도 지난 때였다. 더 이상 새로운 일 앞
에서도 조마조마하지 않았다. 출근하는 발걸음은 점점 무거워졌
다. 어느새 일은 잘하기 위해 애써야 할 것이라기보다는 적당히
처리하면 되는 것이 되어 있었다. 편안한 시기였지만 뭔가 나사
가 풀린 기분이었다. 일이 더 이상 즐겁지 않고 자잘한 불만들
이 쌓여갔다. 첫 승진 후 1년이 지난 즈음이기도 했다. 당시 다니

던 회사는 모든 것이 3~4개월짜리 프로젝트의 주기로 움직이는 컨설팅 회사였다. 회사는 이미 내게 다음 단계의 역할을 기대하고 있었다. 다음번 승진을 무사히 통과하려면 무엇을 해야 하는지는 뻔했다. 그걸 해내는 것이 그렇게 어려워 보이지도 않았다. 그런데 처음으로 확신을 잃은 느낌이 들었다. 처음으로, 아마도 태어나서 처음으로 "왜 이걸 해야 하지?"라고 묻기 시작했다. 학창 시절 내내 공부를 하는 동안, 취직할 회사를 목표로 정하고 취업 준비를 하는 동안, 3년 넘게 회사에서 인정받기 위해 애쓰는 동안 한 번도 물은 적이 없던 질문이었다. "왜 이걸 해야 하지?"

일이 하기 싫어졌다거나 놀고 싶었던 것은 아니었다. 하지만 어쩐지 방향을 잃은 것만 같았다. 하고 있는 일이 싫지는 않았지만 평생 이 일을 하고 싶은 정도는 아니었다. 눈을 위로 돌려 직장 상사들을 봐도 마음이 두근거리질 않았다. 이 회사에 들어오고 싶어 안달이던 때 취업 설명회에서 봤던 컨설턴트들이 멋져 보이던 마음은 사라지고 없었다. 상사들 중에는 물론 훌륭한 사람, 존경할 만한 사람이 적지 않았다. 하지만 그들처럼 되고 싶다거나 그들처럼 살고 싶은 마음이 들지는 않았다. 이직을 하지 않을 수 없었다. 새로운 직장에서는 새로운 목표를 찾을 수 있을 것이라고 생각했다. 그러나 '길을 잃었다'는 느낌은 이때부터 시작해서 직장 생활을 하는 10년 동안 간헐적으로 찾아왔다.

"난 왜 일에 의미를 부여했을까. 일일 뿐인데."[3]

직장인들에게 선풍적인 인기를 끌었던 웹툰《미생》에 등장했던 대사다. 늘 붉게 충혈된 눈과 피로에 찌든 모습. 그러나 그만큼 일과 자신을 동일시하며 일에 열정을 다하던 오차장이 이 대사를 내뱉었을 때 숱한 직장인의 가슴이 저릿했을 것이다. 이 대사는 실제로 SNS에서 숱하게 회자되기도 했다. 나 역시 이 대사 앞에서 큰 숨을 들이쉬어야 했다. 길을 잃었다는 느낌에 사로잡힐 때마다, "왜 이걸 해야 하는지" 알 수 없을 때마다 나 자신에게 되뇌었던 말이 이거였으니까. "일일 뿐이다. 그냥 하자."

이 대사가 열렬한 반응을 끌어낸 것을 보면 나만 그랬던 것은 아닌 모양이다. 수많은 사람이 숱하게 "일일 뿐"이라며 마음을 다잡지만 누구도 일이 '일일 뿐'이길 바라지 않는다. 일을 왜 하느냐고 묻는다면 운 좋은 몇을 빼놓고는 모두 먹고살기 위해서라고 답하겠지만, 그럼에도 일에 그 이상의 의미를 부여하지 않고 살기는 어렵다. 대학 진학률이 80퍼센트에 육박하고 어떤 이유로든 한두 학기 휴학은 기본인 요즘, 대개가 20대 후반, 30대 초반에 접어들고서야 첫 직장에 안착한다. 초등학교부터, 심하게는 그보다 어려서부터 30대에 이를 때까지 '좋은 직업' 또는 '좋은 직장'을 위해 달리는 셈이다. 그리고 그렇게 도달한 곳에서 최소한 일주일에 5일, 깨어 있는 시간의 절반 이상을 보낸다. 그런 형편에 "일은 일일 뿐"이라는 말을 기꺼운 마음으로 받아들일 사람은 없을 것이다.

그렇기에 많은 사람이 일 앞에서 쿨하고 싶어 하고 "그저 돈벌이일 뿐"이라고 자조한다 해도 진짜 마음은 상처받기 싫어 사랑을 숨기는 연애 초보의 마음과 크게 다르지 않다. 마음 다른 한쪽에서는 혹시나 혹시나 하는 마음을 차마 내려놓지 못한다. 일을 열렬히 사랑해서 결국 해피엔딩을 쟁취해내는 스토리가 내 것이 될지도 모른다는 일말의 희망을 떨치기란 쉽지 않은 일이다. 설혹 이 같은 희망 고문에서 놓여난다고 해도 결코 그 뒷맛은 개운치 않을 것이다.

내가 좋아하는 일이 무엇인가에 대한 고민 없이 스펙에 맞추어 그럭저럭 조건 좋은 직장에 발을 들여놓았다면 얼마 가지 않아 허무감에 빠지게 된다. 그 지점을 향해 다른 모든 욕망은 미뤄두도록 강요받았는데, 그렇게 도달한 지점은 꽃길도 잔치마당도 아니다. 그렇다고 이제 와서 방향을 선회하기도 쉽지 않다. 일단 그놈의 '내가 좋아하는 일'이 무엇인지 알아내는 데서부터 앞이 막막하기 십상이다. 일찍이 자신이 좋아하는 일이 무엇인지 알고 그것만 좇아왔다면 걱정이 없을까? 성공신화의 주인공들은 '청춘'들을 향해 가슴 뛰는 일을 하라고 충고하지만 현실에선 원하는 일만 좇다가 먹고살 일이 막막해진 사람도 많다. 좋아하는 일을 직업으로 삼았지만 그 일이 밥벌이가 되는 순간 더 이상 좋아할 수 없게 되었다는 토로 역시 드물지 않다. 그렇게 생각하면 십수 년이나마 나름의 의미를 부여하며 일해올 수 있었던 《미생》의 오차장은 오히려 행운아일지도 모르겠다.

이렇게 일에서 의미를 찾지 못해 괴로움을 토로하는 사람들이 있는가 하면, 그런 괴로움이 애초에 이 사회의 구조 탓이라고 이야기하는 목소리가 있다. 일하는 개인들의 고민 뒤에 숨은 근본적 원인을 가리키는 목소리다. 수많은 사람이 비슷한 문제에 시달린다면 그 문제는 개인의 탓이 아니라는 주장이다. 일에 과도하게 의미를 부여하고 '좋아하는 일'을 좇도록 이끄는 것이야말로 자본의 새로운 착취 전략이라고 말한다. 당장의 금전적 대가나 여가 시간을 기대하기보다 일을 즐기고 사랑하는 이를 양산해내는 편이 사람을 부리는 입장에서는 유리한 전략이라는 것이다. 그러면서 열정을 칭송하는 사탕발림에 속지 말라고 조언한다.

그러나 애석하게도 속지 말라는 조언은 공허하다. 이왕이면 하고 싶은 일을 하는 마음, 그 일을 잘해내고 싶은 마음, 그 일에 밥벌이 이상의 의미가 있기를 바라는 마음이 어느 쪽에 유리하든, 그 마음은 이미 내 마음이 되어버렸기 때문이다. 이런 마음을 품는 것이 어리석다는 말이 틀리지는 않을 것이다. 하지만 그렇다고 손쉽게 접을 수 있는 마음이라면 애초에 문제가 그리 심각했을 리 없다. 사랑해선 안 될 사람이라고 사랑하지 않을 수 있다면 세상에 넘쳐나는 연애의 번민이 애초에 존재했을 리 없듯이.

그래서 사람들은 두 편으로 나뉜다. 자본의 착취 전략을 지적하는 목소리가 가닿지 않은 곳에서 사람들은 일을 사랑해야 한다는 말을 진리로 받아들인다. 좋아하는 일을 찾지 못해 슬퍼하거나 좋아하는 일을 더 잘하지 못해 슬퍼한다. 다른 한쪽에선 일을 향한 열정을 부끄러워하는 이들이 있다. 일에 의미를 부여하고 일을 통해 자기를 실현하려는 욕구가 마치 명품 가방을 사려고 돈을 모으는 마음과 다를 것이 없다고 생각하기도 한다. 일에 열을 올리는 것만으로 '착취하는 자본'의 한편이 되는 것 같은 기분이 들기도 한다. 사실 그렇게 멀리 갈 것도 없다. 착취 운운하기에 앞서 이들은 일에 대한 애정이 결국 나를 배신할 것을 안다. 일에 지나친 의미를 부여하며 사랑에 빠지는 것은 나를 책임져주지 않을 상대에게 몸과 마음을 다 바치는 것과 다를 바 없다. 이것은 자신의 행복을 직장에 또는 고용시장job market에 온전히 맡겨버리는 일이다. 결국 이쪽이든 저쪽이든 형편은 녹록지 않다. 일을 기꺼이 사랑한다고 해도 슬프고, 사랑의 마음을 거두려 애써도 괴롭긴 매한가지다. 이 책을 읽는 당신이 이 중 어느 쪽에도 속하지 않는다고 자신 있게 말할 수 있다면 당신은 진정 행운아다.

한곳에 머무를 수 없다

'커리어career'라는 단어는 원래 마차가 다니는 똑바른 길이라는 뜻이었다고 한다. 그러나 오늘날 우리가 떠올리는 커리어의 이미지는 쭉 뻗은 길의 모습과 닮지 않았다. 직장 한두 곳에서 한 계단씩 걸어 오르는 커리어의 전통적 이미지는 우리 세대의 몫이 아니다.

한두 개 직장에서 한걸음씩 진급하는 전통적인 직업은 이제 퇴조하고 있다. 마찬가지로 평생 한 가지 기술만으로 먹고사는 것도 어려워졌다. 현재 2년제 전문대 졸업 이상의 학력을 가진 미국 청년은 앞으로 40년의 취업 기간 중에 최소한 11차례 전직하고, 최소한 세 차례 '밑천 기술'을 바꿀 것이라고 예상된다.[4]

사회학자 리처드 세넷이 이렇게 쓴 것이 벌써 16년 전인 1998년의 일이다. 이제 누구도 첫 직장이 평생직장이 되리라고 기대하지 않는다. 대개는 가능한 시나리오가 아니며, 사실 우리 스스로 그리 되기를 원하지 않는다. "지금 직장에서 평생 일할 수 있을 거야"라는 말에 위안을 느낄 사람이 몇이나 될까. 어쩌면 많은 사람에게 이 말은 저주처럼 들릴지도 모른다. 상황이 이러니 운 좋게 첫 직장을 골라 들어갈 수 있는 사람이라면 더 좋은 둘째 직장에 입사하게 해줄 곳을 고르는 것이 현명하다. 우리의 커리어는 기회를 늘리고 리스크를 줄여가는 방식으로 '설계'하고 '관리'해야 하는 대상이 되었다. 당신이 비정규직이든 정규직이든, 일자리란 바로 지금 노동 활동이 이루어지는 장소라는 의미 이상이기 어렵다. 이제 우리의 모든 '일자리'는 단기 프로젝트에 가깝다. 그 단기 프로젝트들을 이어 붙여서 그럴듯한 커리어를 만들어내는 것은 이제 오로지 개인의 몫이다.

한곳에 발을 붙이고 일할 수 없는 세상이기에 《미생》의 오차장은 사람들의 마음을 가장 불편하게 하는 캐릭터이기도 하다. 그에겐 언제나 일이 최우선이다. 오차장의 일은 삶의 의미이자 목적 자체처럼 보인다. 오차장은 그저 오래 일하고 싶은 마음에 사내 정치와 거리를 두기까지 한다. 오차장에게 일이란 출세나 돈벌이를 위한 수단이 아니며, 언제든 다른 열정이 생기면 떠날 수 있는 단기 프로젝트도 아니다. 뜻하지 않게 잘나가는 전무가 "내 줄에 서라"며 손을 내밀었을 때조차 오차장은 끊임없이 자신의 원칙을 떠올린다. 직장인이라면 누구나 고대하는 동아줄이 내려왔지만 오차장은 기뻐하지 않는다. 이런 그가 존경스럽기도 하고, 심지어 부럽기도 하지만, 그 마음 나란히 불편한 기분이 든다. 불편함은 아마 두 가지로부터 나올 것이다.

첫째는, 현실에서 오차장 같은 이가 결국 배신당할 것을 알기 때문이다. 일에 온힘을 다한다고 보상과 인정이 무조건 따라오는 게 아니라는 사실을 우리는 안다. 일을 향한 오차장의 자세는 윤리적 모범에 가깝다. 하지만 '정의로운 이가 결국 승리'하는 것은 할리우드 영화에나 어울리는 결말이다. 그런 우리의 예측을 저버려주면 좋았으련만, 만화 《미생》에서조차 오차장은 결국 직장에 배신당한다.

오차장은 고민 끝에 전무가 동아줄이라며 건넨 사업 아이템에 착수하긴 한다. 사실 처음부터 그에게 선택권은 없다. 비록 아이템을 받아들긴 했지만 오차장은 속사정을 하나하나 따져보기 시작한다. 일 처리에서만큼은 자신의 원칙을 지키고 싶은 마음에서였다. 그러나 그 탓에 적당히 묻힌 채 넘어갔을 일의 전모가 드러나고 동아줄을 내려주었던 전무는 자리에서 밀려나고 만다. 오차장이 원칙을 놓지 않은 결과 전무는 조직에서 잘려나가고 오차장 자신의 자리마저 위태로워진다. 동아줄을 건넨 상사의 목을 친 부하 직원이 조직에서 환영받지 못할 것은 불 보듯 뻔한 일이다. 여기서 상황을 더욱 서글프게 하는 것은 오차장 스스로 자신이 지켰던 원칙을 회의하게 되었다는 사실이다. 전무가 사리사욕을 채우려던 악인이었고 자신이 지켜낸 것이 선이었다면 그토록 뒷맛이 씁쓸하지는 않았을 것이다. 그러나 일의 세상에서 선과 악은 그렇게 간단히 나뉘지 않는다. 오차장에게 원칙이 있었듯이 전무 역시 자신의 원칙에 따라 일을 해왔다. 그 원칙은 놓이는 맥락과 해석하는 시선에 따라 좋은 것일 수도 나쁜 것일 수도 있다. 현실에서 잔뼈가 굵은 오차장이 그 사실을 모를 리 없다. 자신이 지키려고 했던 일의 의미가 한 사람의 30여 년 커리어에 종지부를 찍었고 자신의 자리까지 위태롭게 만들었다.

둘째는, 우리가 현실에서 오차장 같은 상사나 동료를 원하지 않기 때문이다. 오차장은 직업윤리의 모범처럼 비춰지고 사람은 대개 '지나치게' 윤리적인 사람을 옆에 두길 꺼린다. 오차장 같은 이가 보이는 열정 앞에 우리는 무언의 압박을 느끼며 죄책감을 강요당한다. 일이 곧 자기 자신인 사람 앞에서 우리는 초라함을 느낀다. 일이 돈벌이에 지나지 않는다고 자조하는 자신은 그 앞에서 속물이거나 게으름뱅이, 현실과 타협한 비겁자처럼 보인다. 누구도 그런 감각을 불러일으키는 사람이 일상의 반경 안에 놓이길 원하지 않는다. 그런 사람은 위인전이나 자기 계발서에 등장할 때만 존경할 수 있는 법이다. 더구나 그런 이와 열정을 비교당하고 열심을 경쟁해야 한다면 불편함이 분노로, 미움으로 번지는 것은 시간문제다.

일과 나, 그 사이의 거리

그러나 어찌 되었건, 사람의 마음이란 고약한 것이다. 오차장 같은 상사를 원하지 않는 한편, 오차장의 아픔에 마음이 저릿하다. 우리도 실은 일을 사랑하고 싶기 때문이다. 배신당하기 십상이라는 것을 알아도 그 마음을 간단히 거둬들이기는 어렵다. 더구나 묻지 않을 수 없다. 배신이 두려워 애착을 내려놓는 것은 해법이 될까? 세넷이 말했듯이 "일에 대한 애착심의 결핍은 심리적 혼돈과 짝을 이루게 마련이다". [5] 하루에 최소 여덟 시간씩 들여야 하는 활동에서 애착을 거둔다면 우리 삶은 과연 행복해질까?

　문제는 일에 너무 많은 의미를 쏟아 넣으며 자신과 동일시하는 것이 아니다. 일의 무엇에 의미를 부여하는지, 일의 무엇과 자신을 동일시하는지다. 오차장의 일은 철저히 직장의 승인을 조건으로 삼아왔다. 회사의 이익이 일의 준거가 되며, 그 준거에 부합해야 오차장의 일은 성공이라고 인정받는다. 이렇게 일이 곧 직장일 수밖에 없는 조건에 놓이기 때문에 우리는 일에 배신당한다.

일이 직장에 속박될 수밖에 없기에 스스로 일의 주인이 되지 못하고, 언제 얼마나 어떻게 일할지를 스스로 결정할 수 없기에 일에 배신당한다. 직장에서 떨어져 나온 순간 개인은 아무것도 아닌 존재가 되는 식으로밖에 일을 할 수 없기 때문에 우리는 뒤늦게 일에 배신당한다. 우리는 조직의 일원으로서 그 조직이 지닌 상징과 권력을 내 것 삼아 일한다. 자신도 모르게 조직의 것을 제 것으로 받아들이는 것이다. 그러나 조직이 주었던 것은 조직 안의 자리를 잃는 순간 아무리 거머쥐려 해도 손가락 사이를 빠져나가는 모래처럼 달음질쳐나간다. 조직과의 동일시가 가능한 것은 딱 그때까지다. 아마도 남는 것이 있다면 그 조직의 일원이었다는 희미한 상징자본뿐일 것이다(물론 그 상징자본도 한동안은 꽤나 쏠쏠한 이점을 가져다주는 것이 사실이지만).

그래서 《미생》 시즌 1의 결말이 오차장의 독립으로 끝나는 것은 만화 안에서 생각할 수 있는 최고의 해피엔딩일지 모른다. 오차장은 십수 년을 일했던 원인터내셔널을 떠나 자신의 회사를 차렸다. 자신이 함께 일하고 싶은 이들을 스스로 모아 팀을 꾸렸다. 이제 오차장은 일에 의미를 부여해도 좋은 처지에 조금 더 가까워진 것이 아닐까. 아무도 알아주지 않는 일에 의미를 부여하고 원칙을 고수했다가 회사로부터 버림받는 상황은 적어도 피할 수 있을 것이다. 물론 의미나 원칙을 낭만적으로 부르짖기엔 밥벌이의 무게가 여전히 무거울 것이다. 하지만 무엇이 회사에 좋은지를 짐작하는 방식으로 일하지는 않아도 좋을 것이다. 나는 오차장의 시즌 2를 즐거운 마음으로 기대하고 있다.

우리에게 필요한 것은 '사랑하면서도 거리두기'다. 일에 대해 필요한 거리는 연인 사이에 필요한 거리와 다르지 않다. 관계에 대해 흔히들 이렇게 얘기한다. "혼자서도 잘살 수 있는 사람이 둘이서도 잘살 수 있다"고. 그 사람이 아니면 죽을 것 같고, 그가 아니면 내 삶이 의미가 없고, 상대의 인정이 내 존재 가치를 규정한다고 믿어버린다면 그 연애는 결코 건강하게 오래 지속될 수 없다. 이런 집착이 있어야만 누군가를 사랑할 수 있는 것은 아니다. 그렇다고 그 반대 역시 해법은 아니다. 상처받을 것이 두려워서 기꺼이 사랑하지 못한다면 평생 제대로 관계를 맺기 어렵다. 되돌아올 사랑을 미리 확인하려 하고 끊임없이 마음을 유보한다면 관계의 현재를 온전히 누리지 못할 것이다.

일에서도 마찬가지다. 사랑의 상대를 객관적으로 바라볼 수 있어야 하듯, 일이 놓인 조건을 직시해야 한다. 일에서 성공하지 못하면 큰일 날 것 같은 집착 또한 버려야 한다. 그런 집착은 일하는 우리를, 그리고 결국은 일 자체까지 망치기 마련이다. 언제고 떠날지 모르니, 발을 반쯤만 걸친 태도도 답은 아니다. 그렇게 해서는 일이 주는 최고의 재미를 맛보지 못한다. 마음껏 사랑할 것, 그러나 객관성을 잃지 않을 것, 그 일이 아니더라도 어디서건 의미 있는 일을 또 찾을 수 있다고 믿을 것, 일의 성패가 당신의 가치를 말한다고 착각하지 않을 것. 건강한 연애에 대한 모든 원칙을 그대로 적용해도 크게 틀릴 구석이 없다. 결혼에 골인하느냐가 연애의 의미를 판단하는 유일한 준거가 아니듯이, 이 일을 평생 가지고 갈 수 있을지가 일에 마음을 다할 조건이 될 필요는 없다. 하나의 일과 사랑에 빠져서 결혼까지 하는 것은 누구나 누릴 수 있는 행운이 아니다. 아니, 실은 그것이 꼭 행운이란 법도 없다. 오차장이 원인터내셔널이라는 틀 밖에서 자신의 일을 어떻게 펼쳐나갈지를 미리 생각하며 살아왔다면 전무가 내린 동아줄 앞에서 번민이 조금은 덜하지 않았을까.

물론 이런 식의 거리두기가 모든 것을 해결해주지는 않는다. 내 마음을 다잡는 것으로 해결하기엔 우리 일의 조건이 녹록지 않다. 거리두기는 자신을 보호하면서도 일을 즐기기 위해 필요한 최소한일 뿐이다. 뒤에서 좀 더 자세히 이야기하겠지만, 어떤 일을 좋아한다고 말할 때 좋아함의 대상이 되는 것은 일을 이루는 활동뿐만 아니라 일이 놓인 조건까지다. 조건과 상황이 어떻든 언제나 한결같이 좋아할 수 있는 일은 없다. 열정으로 시작했던 일이 일상이 되는 순간 삶의 무게를 열정만으로 가볍게 끌어안을 수 있는 사람은 많지 않다. 어떻게 일을 좋아할 수 있는 조건을 만들 것인가, 일을 손에서 놓기 전까지 놓을 수 없는 질문이다.

2

우리가 일에 투사하는 욕망들

우리는 일 속에 다양하며,
때로 서로 충돌하는 많은 욕망을 투사한다.
일은 그저 돈벌이라고 치부하는 순간에도
사실은 그렇다.

어떻게 일하고 싶은가

"어찌 됐건 회사에서 인정은 받았습니다. 하지만 부서 밖으로 눈을 돌려도 비전을 보여주는 사람이 없어 답답했어요. 어떻게 하루, 일주일을 무탈하게 지낼까 자기 보신에 전전긍긍하는 사람들이 간부라고 앉아서 한 치 앞만 보고 있습니다."[6] 이른바 '신의 직장'에 다닌다는 2년 차 사원의 고백이다. "폭 180센티미터의 사무용 책상만이 내가 세상으로부터 허락받은 전부인 것처럼 느껴지는 날이 있다. 20명 남짓 노래하며 술을 마실 수 있는 식당을 섭외하기 위해 이 식당, 저 식당을 돌면서 '자기소개서에 내 장점을 왜 돌파력이라 썼을까'를 자책하던 날도 있었다." 이렇게 털어놓는 직장인 3년 차도 있다.[7] 금융기관에서 일한다는 50대 직장인은 또 이렇게 말한다. "저도 한때 일에 열정을 다 바쳤습니다. 입사하고 수년간은 자진해서 새벽까지 회사에 남았습니다. 대학에서 배운 걸 실제 업무에 여러 가지로 적용해보는 게 즐거웠습니다. 매달 돈까지 주니 환상적이었죠. 거기다 회사에서 맛있는 밥 사주고 술 사주니 나도 성공한 인생이구나 싶었습니다. 회사에서는 일한 사람과 그 성과를 가져가는 사람이 다르다는 것, 일의 내용보다 어떻게 포장해서 위에 보고하느냐가 더 중요한 문제라는 건 나중에 배웠습니다. 직급이 올라갈수록 재미있는 일과 멀어졌습니다."[8] 물론 일이란 것이 모두에게 이렇게 씁쓸하지만은 않다.

내 첫 직장은 컨설팅 회사였다. 일 많이 하기로 소문난 직종이다. 입사한 지 한 달쯤 지나 입사 동기 하나가 이런 말을 했다. "생각만큼 그렇게 많이 일하지 않아서 좀 실망이에요." 뭔가 김 빠졌다는 듯한 얼굴이었다. 그에게 일이란 일주일에 70시간을 하고도 모자란 것이었다. 일을 사랑하기로 치자면 빼놓을 수 없는 것이 스티브 잡스Steve Jobs다. 잡스는 스탠퍼드 대학교 연설에서 오늘이 인생 마지막 날이라고 생각했을 때 하고 싶은 일을 하면서 살라고 말했다. 췌장암으로 죽기 직전까지 잡스는 일을 손에서 놓지 않았다.

씁쓸하든 달콤하든, '일한다'는 것은 대부분에게 선택이 아닌 필수다. 요즘이라면 빠르게는 서너 살부터 대학을 졸업하는 스물 몇까지의 시간을 '어디서 무슨 일을 할 것인가' 결정짓기 위해 달린다. 왜 일하는지, 어떻게 일해야 하는지, 아니, 일을 정말 꼭 해야 하는지. 어쩌면 가장 먼저 물어야 했을 이런 질문은 직장인 2~3년 차쯤 되어서야 닥쳐온다. 일이 손에 익고, 회사 돌아가는 모양새가 눈에 들어오는 즈음에야.

우리는 일이 없는 삶을 원하는 것은 아니지만, 그렇다고 일을 너무 많이 하고 싶은 것도 아니다. 우리는 의미 있는 일을 하고 싶지만 일과 내 삶을 동일시하고 싶진 않다. 우리는 좋은 사람들과 일하고 싶지만 함께 일하는 동료와 모든 것을 나누고 싶진 않다. 우리는 놀듯이 일하고 싶지만 놀이 대신 일을 하고 싶진 않다. 이 사이 어디쯤에서 내가 원하는 일의 방식을 규정하는 것, 자신에게 좋은 일이 무엇인지 스스로 끊임없이 고민하는 것, 그것이 일할 수밖에 없는 우리가 행복해지는 방법이다. 그렇다면 여기서 다시 우리의 고민을 원점으로 돌릴 필요가 있을 것 같다. 대체 일이란 무엇일까? 우리가 무엇을 일이라 부를지 스스로 답을 찾을 수 없다면 행복하게 일한다는 것이 어떤 의미인지도 답할 수 없지 않을까?

'일'은 국어사전에서 "무엇을 이루거나 적절한 대가를 받기 위하여 어떤 장소에서 일정한 시간 동안 몸을 움직이거나 머리를 쓰는 활동 또는 그 활동의 대상" 혹은 "어떤 계획과 의도에 따라 이루려고 하는 대상"으로 풀이된다.[9] 노동은 "사람이 생활에 필요한 물자를 얻기 위하여 육체적 노력이나 정신적 노력을 들이는 행위" 또는 "몸을 움직여 일을 함"으로 정의된다. 이에 따르면 노동의 목적은 "생활에 필요한 물자를 얻기" 위한 것, 즉 생계 수단이 되는 활동이다. 그에 반해 일의 목적은 노동보다 포괄적이다. "무엇을 이루거나"에서 무엇은 그야말로 무엇이든 될 수 있으며, "적절한 대가"가 반드시 물질적 대가여야 하는 것도 아니다. 문자 그대로 보자면 '고된*' 육체 활동*인 노동은 그 자체를 즐기므로 고되게 느껴지지 않는 순간 더 이상 노동이 아니게 된다. 하지만 일은 다르다. 그 자체로 즐길 수 있으며, 사람에 따라서는 그 즐거움이 대가로 충분할 수도 있다. 또 하나, 노동은 순전히 행위만을 가리키는 반면, 일은 행위 자체와 행위의 대상을 모두 가리킬 수 있다. 일은 행위와 행위의 대상이 때로 분리되지 않는 활동이다.

일하지 않을 수 없는 우리, 그것도 일생의 상당 기간을 일해야 하는 우리에게 '일을 얼마나 어떻게 하고 싶은가'는 '어떻게 살고 싶은가'로 직결된다. 물리적으로나 심리적으로 일은 우리 일상의 중심을 차지한다. 습관적으로 우리는 일상을 '일'과 '일이 아닌 활동'으로 나눈다. 일을 뜻하는 그리스어 '아스콜리아ascolia'와 라틴어 '네고티움negótĭum'은 모두 여가를 뜻하는 단어의 부정형이라고 한다. 즉 일을 '여가가 아닌 것'으로 규정하는 셈이다. 영어에서 여가를 가리키는 단어 '레저leisure'는 '허락받다'라는 의미의 라틴어 '리케레licere'에서 왔다고 한다. 말인즉슨, 우리가 일을 멈추도록 '허락받은' 시간이 여가라는 의미다.[10] 이런 맥락에서 정의하자면 일은 '꼭 해야 하는 것', 즉 의무로서 부과되는 활동을 가리키기도 한다. 우리가 일이라는 단어에서 떠올리는 것이 대개 생계를 꾸리기 위해 하지 않을 수 없는 활동인 이유다. 그렇지만 의무로서의 일이 언제나 돈벌이나 생계 활동과 연결되는 것은 아니다. 6장에서 자세히 이야기하겠지만 일이 고용 노동과 같은 것으로 여겨지는 현상은 산업화 시대에 접어들면서 나타나기 시작했다. 인류 역사 전체를 놓고 보면 매우 최근에야 등장한 현상인 셈이다.

일이 의무로 주어지는 활동이라고 해서 늘 괴롭기만 하란 법은 없다. 스티브 잡스 같은 사람에게는 일이 세상 마지막 날에도 하고 싶은 것이기도 하다. 그러나 일이 선택이 아닌 필수인 현실에서 재미있는 일을 하는 사람은 엄청난 행운을 누리는 소수다. 내 첫 직장 동료 같은 사람이 하루에 12시간을 일하고도 부족하다고 하는 데는 다 이유가 있다. 재미있는 일을 하는 것이 특권임을 은연중에 알기 때문일 것이다. "나는 일이 재밌어"라는 말은 "나는 특별한 사람이야"라는 말과 크게 다르지 않다. 일 자체가 즐거운 것인지, 즐거운 일을 한다는 특권을 즐기는 것인지, 그 둘을 구분하기는 쉽지 않다.

인간을 어떤 존재로 바라보느냐는 일을 어떤 활동으로 바라보느냐와 궤를 같이한다. 오늘날 대부분의 사람들이 일이란 말에서 가장 먼저 직업으로서의 일을 떠올린다. 이때의 직업이란 경제적 수입을 책임져주는 일, 쉽게 말해 돈벌이다. 인간을 호모 에코노미쿠스[homo oeconomicus](경제적 인간)로 전제하는 세상이니 어쩌면 당연한 일이다. 인간을 호모 파베르[homo faber](만드는 인간)로 바라보는 관점도 있다. 이 관점에 따른다면 일은 창조의 행위일 것이다. 일이 돈이 되고 안 되고는 둘째 문제다. 스스로 결정하고 통제하는 과정을 통해 결과물을 '만들어' 내놓는 행위라면 그 행위는 '일'이 된다. 인간은 한때 정해진 섭리에 따라 묵묵히 일과를 따르며 하루하루 채우는 것을 미덕으로 여겼다. 그러던 인간이 자신의 삶을 스스로 만들어가는 대상으로 바라보기 시작하면서 일은 단순히 고된 노동이 아니라 창조적 활동이 되었다. 호모 파베르는 그렇게 탄생했다.

경제적으로 유리한 것이 합리적인 선택으로 받아들여지는 시대지만 일이 돈벌이면 족하다고 생각하지 않는 사람도 많다. 호모 에코노미쿠스이길 강요당하는 호모 파베르가 행복할 리는 없다. 팟캐스트 〈라디오 책다방〉에 만화 《먼지 없는 방》을 그린 김성희가 출연한 적이 있다.[11] 김성희는 만화를 그리는 것만으로는 생계를 꾸리기 어려워서 이런저런 아르바이트를 하며 돈을 번다고 했다. 속이야 잘 모르겠지만, 모르는 내가 듣기엔 그 말에 어떤 비애감이나 자괴감도 묻어나지 않아 참 좋았다. 만화 그리기가 아닌 활동으로 주로 돈을 번다고 해서 그가 만화가가 아니게 되는 것은 아니다. 그에게 "무슨 일을 하세요?"라고 묻는다면 그는 분명 "만화를 그립니다"라고 대답할 것이다. 이럴 때 그에게 일은 돈벌이가 아니라 창조로서의 일이다. 만화가 김성희라면 인간을 호모 에코노미쿠스라고 생각하지는 않을 것이다.

일을 즐기라고 부르짖는 사람이라면 인간을 호모 루덴스^{homo} ^{ludens}(놀이하는 인간)라고 생각하고 싶을 것이다. 놀이야말로 인간다움의 중요한 요소라고 믿는다면 깨어 있는 시간의 절반 이상을 쏟는 활동이 놀이 같기를 바라는 것이 당연하다. 인간을 호모 레시프로칸$^{homo\ reciprocan}$(상호적 인간)으로 바라보는 관점도 있다. 이런 관점은 일이 지닌 관계성에 주목할 것이다. 관계 위에 놓여 있지 않은 일은 없다. 일자리에서 겪는 관계가 파편화되어버린 요즘 세상에서도 일하는 우리는 어떤 식으로든 관계를 맺는다. 그 대상은 함께 일하는 동료일 수도, 우리에게 돈을 주는 고용주일 수도, 내가 만든 제품이나 서비스를 사가는 소비자일 수도 있다. 그들과 어떤 식으로 관계 맺는지가 일의 성격을 상당 부분 결정짓는다. 고로 호모 레시프로칸으로서의 인간에게 일이란 일종의 '세상과 관계 맺기'이기도 하다. "내가 만든 음식을 맛있게 먹는 손님들을 보면 뿌듯해요"라고 말하는 요리사가 바로 호모 레시프로칸이다. 야근 수당도 없고 상사가 알아주지 않아도 동료의 일에 손을 보태는 직장인에게서도 우리는 호모 레시프로칸을 본다.

욕망들 사이의 우선순위

아마도 일을 정의하려는 노력 자체가 행복한 일의 방식에 대한 고민과 맞닿아 있을 것이다. 사실 일이란 말이 이런 의미로도 저런 의미로도 두루뭉술하게 쓰인다는 사실이 일의 본성을 가장 잘 보여준다. 일은 때로 돈벌이고, 때로 창조적 활동이며, 때로 세상과의 관계 맺기이고, 심지어 때로 놀이이기도 하다. 말 그대로 그때그때 다르다. 이런 애매모호함이 우리가 일에 투사하는 욕망의 다양성을 보여준다. 우리는 일 속에 다양하며, 때로 서로 충돌하는 많은 욕망을 투사한다. 일은 그저 돈벌이라고 치부하는 순간에도 사실은 그렇다. 노동자로서의 정체성은 잊고, 당당한 소비자 행세만 하며 살아가는 쪽이 편리하다는 요즘 세상에서도 일은 여전히 우리 삶의 중심을 이룬다. 일로서 이루고픈 많은 것이 여전히 결코 소비로서 대체될 수 없다. 우리는 일을 통해 풍요로운 삶을 누리고 싶고, 사회적 인정도 받고 싶으며, 즐거움도 누리고 싶고, 좋은 사람과 교류하고도 싶다.

직장에 첫발을 내딛고 조금만 시간이 흐르면 일에 이렇게 많은 의미를 부여해봤자 실망할 것이 뻔하다는 것을 십중팔구 깨닫게 된다. 그러나 일에 투사하는 수많은 욕망은 쉽게 사라지지 않는다. 그래서 일하는 우리는 씁쓸함에 시달린다.

문제는 일에 열정을 쏟는 것도, 여러 가지 욕망을 일에 투영하는 것도 아니다. 자신이 왜 열정을 쏟는지, 그 욕망이 정말 내 것이긴 한지 알지 못하는 것이 문제다. 대기업에 취직하길 원하는 사람은 대기업 직원의 일상이 어떨지 잘 이해하고 있을까? 연봉은 많을수록 좋다고 당연히 생각하면서도 연봉을 위해 무엇을 버려야 하는지 생각해보았을까? "눈높이를 낮추라"는 뻔한 조언은 여기서 아무런 효과를 발휘하지 못한다. 세상이 좋다고 하는 것을 자신이 좋아하는 것으로 착각할 때 이른바 '눈높이'가 높아진다. 대기업에서 출발하느냐 아니냐가 평생 벌어들일 소득을 좌지우지하는 것은 분명한 현실이다. 더 적은 소득을 감수할 만큼 좋아하는 일이 있지 않다면 소득을 기준으로 삼는 게 자연스러운 일이다. 대부분의 아이들이 그런 식으로 직업을 줄 세우는 소리만을 듣고 자란다. 자신의 미래를 다른 방식으로 상상해볼 기회를 가진 사람만이 그런 기준으로부터 자유로울 수 있다.

또 다른 한쪽에는 즐길 수 있는 일을 찾으라는 '멘토'들이 즐비하다. 이 말에 즐기지 못하는 자신을 부끄러워하는 사람도 많다. 눈높이를 낮추라는 말이 무익하듯이 "좋아하는 일을 찾으라"는 조언도 별 힘을 발휘하지 못하기는 마찬가지다. 일을 즐기는 사람의 이미지는 많은 사람을 매혹한다. 하지만 스물 몇 살이 되도록 좋아하는 일보다는 해야 하는 일을 하도록 교육받는 마당에 자신이 무엇을 좋아하는지 이해하지 못하는 것도 이상한 일은 아니다. 일자리를 구할 때가 돼서야 '좋아하는 일'을 찾으라면 그 좋아하는 일은 '해야 하는 일'의 다른 이름에 불과하다. '좋아함'을 강요받는 것이다.

어쩌면 우리는 자신의 욕망을 오해하고 있는지 모른다. 원하는 대로 일할 수 없다고 고민하기 전에 자신이 정말 무엇을 원하는지 곱씹어볼 필요가 있다. 우리에겐 자신의 욕망을 이해하는 훈련이 필요하다. 걸음마를 떼는 아기처럼 차근차근 연습해나가야 한다. 내 안의 욕망들을 하나하나 짚어보며 그 욕망들의 우선순위를 이해해야 한다. 거기서부터 우리는 조금씩이나마 자유로워진다. 그렇게 자신만의 우선순위에 따라 스스로 '나의 일'을 정의하는 데서부터 우리는 조금씩 내 일의 주인 자리에 가까워진다.

매슬로^{Abraham H. Maslow}의 욕구 단계설에 따르면 사람들의 욕구는 위계를 따라 가장 1차적인 생리적 욕구로부터 안전에 대한 욕구, 소속과 사랑에 대한 욕구, 자존의 욕구, 그리고 마지막으로 가장 고차원적인 자아실현의 욕구로 차례차례 나아간다. 즉 1차적인 욕구가 충족되고 나서야 그보다 고차원적인 욕구를 품게 된다는 의미다. 이것이 사실이라면 배가 고픈 사람은 사랑이나 인정에 대한 욕구가 없다. 그러나 현실에서 사람들의 욕구는 이런 식의 위계를 기계적으로 따르지 않는다. 매슬로 자신도 일부 사람은 이런 도식에서 벗어난 욕구 체계를 가지고 있다는 사실을 인정했다. 심지어는 한 사람을 놓고 보아도 욕구의 위계는 때에 따라 상황에 따라 변한다.

매슬로의 이론은 세상의 상식을 보여주는 하나의 사례일 것이다. 그러나 중요한 것은 세상의 상식이 아니라 자신의 마음이다. 세상이 말하는 우선순위를 곧이곧대로 받아들이는 것은 세상이 내 인생의 결정에 권력을 행사하도록 내버려두는 것과 다르지 않다. 우리에게 필요한 것은 자신의 다각적인 욕구와 그 사이의 우선순위, 그리고 그 상호작용을 이해하는 것이다.

내게 가장 중요한 조건은 무엇인가

2012년 2월 사법연수원을 졸업한 변호사 이미연은 자신을 '동네 변호사'라고 칭한다. 의정부시장 한복판에 카페와 함께 변호사 사무실을 꾸리고 있다. 연수원 시절 검찰 연수에서는 조직의 위계질서에 거부감이 들었고 대형 로펌 사무실에서는 입구에서부터 위축되었다고 한다. 조직에 속한다는 것이 자신에게는 어울리지 않는 것 같았고, 또 어려운 일이 닥친 사람들이 친숙하게 찾을 수 있는 공간을 만들고 싶었다고 한다. 그래서 차린 것이 '동네 변호사 카페'다. 대형 로펌에 다니는 친구들처럼 돈을 많이 벌지는 못하지만 여가도 즐길 수 있고 자신이 가치 있게 여기는 일들에 힘을 보탤 수도 있다. 돈이야 '마이너스만 아니면 되지 뭐'라는 생각이다. 사무실을 크게 키울 생각도 없다. "그냥 딱 이 정도가 좋고 혼자 할 수 있는 선까지 해나갈 것"이라고 말한다.[12] 돈을 많이 벌고 싶은 욕구나 이름 난 조직에 속하고 싶은 욕구는 이미연의 욕구가 아니었다. 앞으로의 꿈을 묻는 질문에는 이렇게 대답한다.

"여기서 할머니 변호사가 되는 것. 계속 이 자리에 있어서 의정부의 랜드마크처럼 되는 게 제 꿈이에요. 왜 사람들은 직업을 구하기 위해서 서울로 가려고만 할까, 그게 되게 싫었거든요. 서울 가봐야 사람도 많고 공기도 안 좋고 박봉이고, 거기서 살아봤자 내 월급 다 집값으로 나가는데 왜 사람들은 지역으로 가려고 하지 않을까 하는 게 항상 궁금했거든요. 그래서 지역사회를 활성화하는 데 도움이 되었으면 하는 바람이 있어요."[13]

2012년 도시 생활을 뒤로하고 경북 봉화로 귀촌한 스물일곱 살의 유라는 '청년 농부 육성 프로젝트'를 추진 중이다. 집안 사정이 넉넉하지 않아 대학 진학을 포기한 유라는 각종 아르바이트, 경리, 텔레마케팅, 공장 일을 하며 돈을 벌었다고 한다. "딱히 하고 싶은 일도 없어서 돈이라도 제대로 벌어보자고 생각했죠. 공장 기숙사에 머물면서 열두 시간씩 주야 교대로 일하며 악착같이 살았어요." 그러다가 일터에서 만나는 고졸 친구들의 삶이나 대학을 졸업해 번듯한 직장에 다니는 학창 시절 친구들의 삶이나 '돈'으로 귀결되기는 마찬가지라는 사실을 깨달았다고 한다. "제 삶도, 다른 모두의 삶도 다 자기 것이 아니라는 생각을 많이 했어요. 매달 월급이 꼬박꼬박 나왔지만 그뿐, 거기에 진짜 '나'는 없었던 거죠." 우울증에 시달리며 간신히 일상을 이어가다가 양부모가 있던 봉화를 오가며 시골에서의 삶에 매료된 유라는 결국 귀촌을 결심한다. "산속을 누비며 생전 처음 산나물을 뜯고 요리하면서 깨달았죠. 내가 할 수 있는 일을 찾아서 하고 그만큼만 되돌려 받는 것. '이런 게 진짜 사는 것이지 않나'." 일단 돈을 벌면 좋다는 세상의 말을 유라 역시 따르며 살아보았지만 그것이 자신에게 중요한 욕망이 아니라는 사실을 깨달은 것이다.

그런 유라가 새로이 품은 꿈이 바로 '청년 농부 육성 프로젝트'다. 전남 곡성의 작은 땅에 '대한민국 제1호 청년 농부 양성소'를 세워서 청년들과 함께 농사를 짓고 품앗이를 시작한다고 한다. 농부의 삶이 청년들에게 어엿한 하나의 선택지로 자리 잡게 하는 것이 유라의 목표다.

"막상 가서 살아보니 '이게 아니다' 싶을 수도 있고 문득 새로운 일이 하고 싶어질 수도 있는데, 그럴 땐 다시 도시로 가면 된다. 현재와 미래에 대한 선택은 각자의 가치관에 따라 얼마든지 달라질 수 있지만 부족한 현실 때문에 어떤 꿈이 시작하기도 전에 좌절되는 일은 없어야 한다."[14]

그물코 대표 장은성은 2004년 8월 서울에서 출판사를 창업하고 2년이 지난 뒤 홍성으로 내려왔다. 창업하고 얼마간은 책이 꽤 잘 나갔지만 '큰 출판사'가 하는 식으로 영업하는 데는 한계가 있었다. 결국 홍성에 오면 빈 사무실을 그냥 쓸 수 있다는 후배의 말에 홍성행을 택했다. 홍성에 내려온 첫해에는 그냥 "놀았다"고 한다. 그러고서야 자신에게 맞는 방식을 조금씩 찾아가기 시작했다.

"서울의 출판 시스템에서 벗어나보니 어떻게 출판사를 운영할지 오히려 윤곽이 보였다. 작은 출판사는 작은 출판사에 맞게 운영을 해야 했는데, 유통과 제작 모두 큰 출판사가 하는 식으로 따라 하고 있었다는 걸 뒤늦게 깨달았다."

그는 출판사의 규모에 걸맞은 '작은 출판'을 선택했고, 큰 출판사 따라 하기를 그만두었다. 그러자 뜻하지 않게 오히려 큰 소리를 칠 수 있게 되었다. 한번은 인터넷 서점 메인에 책이 노출되었다고 한다. 서점에서 책을 100부가량 주문할 테니 기존 도서공급률보다 할인해 보내달라고 했다. 장은성의 답변이 인상적이다. "내가 메인 화면에 올려달라고 했나요. 인터넷 서점에서 올려놓고 책값을 깎아달라니, 지금 당장 메인 화면에서 내리세요." 자신만의 우선순위를 가졌기에 부릴 수 있는 호기다. 장은성은 "커지면 할 수 없는 일, 작아야, 가난해야 할 수 있는 일"이 있다고 믿는다. 그가 믿는 출판은 "큰 조직이나 편집 방향, 활발한 선전이나 유능한 세일즈맨에게 의존하는 것이 아니라 한 사람의 인간이 편집자로서 그리는 꿈의 활력에 의존"하는 것이다.

장은성이 감행한 변화는 '작은 출판'에서 그치지 않았다. 이제 홍성 생활 10년째인 장은성은 더 이상 '출판사 대표'로 자신의 직업을 한계 짓지 않는다. 주민들이 '마을에 서점이 있어야 한다'고 해서 2006년에는 동네에 헌책방도 열었다. 현재 장은성은 그물코 출판사 대표이자 헌책방 주인이자 홍동밝맑도서관 사무국장이다. 2013년까지는 농사도 지었다. 마을에 하나뿐인 협동조합 호프집에서 일주일에 두세 번 닭도 튀기고 청소도 한다.[15]

동네 변호사 이미연, 산골 처녀 유라, 홍성의 장은성은 세상이 좋다는 것이 아니라 자신에게 좋은 것을 이해했고 그것을 향해 움직였다. 사람들이 '변호사'라고 하면 흔히 떠올리는 고액 연봉과 근사한 간판은 이미연에게 전혀 중요하지 않았다. 유라는 무엇보다도 '시골에 사는 것'이 자신에게 중요하다는 것을 깨달았다. 돈을 잘 벌려면 도시에 사는 것이 유리하겠지만 그런 삶이 자신을 황폐하게 한다는 사실을 직시했다. 장은성은 책을 많이 파는 것보다 원하는 책을 만드는 것이 자신에게 더 중요하다는 것을 알았다. 이들 셋의 현재가 통상적인 성공의 사례를 보여준다고 말할 수는 없다. 이런 시도들은 대개 첫발을 내딛는 시기에 있으므로 성패를 따지기는 아직 이르다. 거기에 더해, 애초에 일반적인 성공과 실패의 기준 밖에 서 있기도 하다. 그러나 분명한 것은 하나 있다. 이들이 '다른 방식으로 일'하기 위해 현재를 희생하고 있지는 않다는 사실이다. 그 끝이 어디에 가닿을지는 아무도 모르겠지만 지금 이들은 스스로 만들어낸 방식으로 즐겁게 일하고 있는 것 같다.

일에 대해 생각한다는 것은 일을 이루는 활동, 일이 낳는 결과와 함께 일이 놓인 차원과 일을 통해 형성되는 국면을 이해하는 일이다. 이를 통해 우리는 "어떻게 일하고 싶은가?"라는 문제를 훨씬 더 정교하게 구성하게 된다. 무슨 일을 어디서 누구와 얼마나 오랫동안 어떤 방식으로 할 것인가? 재미있는 일을 원한다면 나는 어떤 것에서 가장 큰 재미를 느끼는가? 나는 어떤 상황을 가장 견딜 수 없어하는가? 돈을 벌어야 한다면 얼마를 벌어야 하는

가? 나에게 가장 가치 있는 것은 무엇인가? 어째서 그것을 가장 가치 있게 생각하는가?

현실이 쉽지 않은 것은 분명한 사실이다. 그리고 앞으로 우리 사회에 닥칠 현실은 지금보다 더 나쁠 가능성이 커 보인다. 그렇지만 우리에겐 생각보다 많은 선택권이 있다. 다만 원하는 모든 것을 가질 수는 없을 뿐이다. 구체적으로 일을 고민할 때, 내 욕망들 사이의 우선순위를 이해할 때, 그때만 우리는 일의 다른 실천으로 나아갈 수 있다. 해답은 사표일 수도, 전직이나 이직일 수도, 창업일 수도, 부업일 수도 있다. 물론 현재의 자리가 최선이라는 답이 나올 수도 있다. 당분간 지금 자리에 머물며 준비할 것의 목록을 답으로 얻을 수도 있다. 그 해답은 우리의 일을 재구성할 것이고, 일이 재구성되면 필연적으로 삶이, 삶이 놓인 관계망이 재편될 것이다.

많은 사람이 입버릇처럼 '일하기 싫다'고 말하지만 싫은 것은 대개 일 자체라기보다 일이 놓인 조건이다. 그저 싫다, 괴롭다 토로하는 대신 정확히 어떤 부분이 싫은지 구체적으로 파고들어야 한다. 거기서부터 무엇이든 하나씩 지금과는 '다르게' 해보아야 비로소 실마리가 드러난다. 이미연은 큰 조직에 속하기 싫다는 조건에서 출발해 새롭게 일을 설계했다. 유라는 산골에서 살아야겠다는 조건에서 출발했다. 장은성은 작은 규모에 맞는 출판이라는 화두를 붙잡았다. 이들은 자신에게 가장 중요한 욕망이 무엇인지 이해했고, 거기서부터 출발했다. 무엇이 가장 중요한지 알았기에 그들은 기꺼이 '다르게 사는' 비용을 치를 수 있었다. 그 덕에 그들은 일의 주인 자리에 뚜벅뚜벅 오를 수 있었다. 그들의 삶이 완벽히 행복할 리는 없다. 하지만 어쩔 수 있나. 그럼에도 조금 더 행복하게 일하고 싶다면 할 수 있는 데서부터 하나씩 다르게 시도해볼 수밖에. 그렇게 나아갈 뿐이다.

3

일은 언제나 기대를 배반한다

어쩌면 '좋아하는 일'이란
물 위에 떠 있는 부표 같은 것인지 모른다.
그 부표 아래에 버티고 있는 일상이,
실제의 시간을 채우는 관계와 활동이 어떤 모습인지
우리는 결코 미리 알지 못한다.

"좋아하는 일을 하라"는 주문

2014년 '우리 시대의 일하기'라는 주제로 세미나를 꾸렸다. 꽤 폭넓은 연령대의 열댓 명이 모였다. 취업 준비 중인 졸업반 대학생부터 이제 1~2년의 직장 경력을 쌓은 20대 후반의 직장 초년생, 서너 곳 이상의 직장을 이미 거친 40대 초반까지. 일에 대한 경험의 폭도 길이도 제각각이었다. 어느 날 졸업을 앞둔 대학생 친구의 쪽글이 열띤 반응을 불러왔다.

그렇다면 우리는 어떻게 대처해야 하는가? 책을 읽으며 많은 고민을 했지만 만족할 만한 해답은 찾지 못했다. 다만 한 가지는 곧 죽어도 자신이 '좋아하는' 일을 하자는 것이다. 자신이 좋아하는 일을 택하여 열심히 한다면 적어도 일했던 그 순간만큼은 행복하게 지냈다고 평가할 수 있을 거라 생각한다.

가슴 뛰는 일을 찾아 열정을 다하는 모습을 동경하며 성장했을 세대이니, 이런 생각은 하나도 이상할 것이 없다. 그런데 이 친구가 마지막 문장의 낭독을 채 마치기도 전에 "그러면 안 돼요"라는 말이 여럿에게서 쏟아져 나왔다. 이유는 가지각색이었지만, 직장 경험이 있는 사람은 단 한 명도 빠짐없이 그런 생각이 위험하다고 했다.

"조건이 좋지 않으면 아무리 좋아하는 일이라도 좋아할 수만은 없게 돼요."
"좋아하는 일이라는 걸 어떻게 알죠? 아직 한 번도 해보지 않은 일일 텐데요."
"좋아하는 단 하나의 일이 있을 거라는 생각은 환상일 수도 있어요."
"언제나, 늘, 매 순간 좋은 일이라는 게 있을까요?"

그 자리에 모인 사람들은 사실 내가 보기에는 모두 어떤 의미로든 일을 좋아했다. 세미나를 진행할수록 일을 '어떻게 하면 조금 할 것인가'보다는 '어떻게 하면 마음껏 좋아할 수 있는가'를 고민하는 자리에 가까워졌기 때문이다. 그러나 일에 대한 애정에도 불구하고 모두가 알고 있었던 것 같다. 절절한 연애가 결혼이라는 일상이 되는 순간 무수히 많은 결이 생겨나듯이, 일 역시 다르지 않다는 것을. 그래서 그저 좋아하는 일을 하겠다던 그 대학생 친구를 모두가 말렸던 것이 아닐까.

"좋아하는 일을 찾으라"는 말은 현실에서 너무 쉽게 허망해진다. "좋아서 하는 사람은 못 당한다", "정말 하고 싶은 일을 찾으라"는 말이 경구처럼 떠받들어지는 시대다. 동시에 "좋아하는 일은 취미로 두는 것이 좋다"는 말에도 여전히 수많은 사람이 고개를 끄덕인다. 진실은 아마 그 중간 어디쯤에 있을 것이다. 문제는 대체 그 '좋아한다'는 것이 무슨 의미이냐다. 그리고 더 큰 문제는 대개가 그놈의 '좋아하는 일'이 무엇인지 알지 못한다는 것이다.

번역가 정영목은 1991년 출판 번역에 입문하여 100권이 넘는 책을 옮겼다. 출판 편집자 사이에서 믿고 맡기는 번역가로 열 손가락에 꼽힐 정도다. 정영목은 2008년 〈씨네21〉과의 인터뷰에서 아래와 같이 회고한다.

"저희 세대의 진로 고민은 지금 세대와 달랐을 거예요. 제 경우에는 직장을 선택할 때 우선 고려한 것이 최소한의 시간만 일을 하고 칼퇴근을 해서 나머지 시간에 다른 일을 할 수 있는가였어요. … 직장을 나온 뒤에는 돈을 벌기 위해 학원 강의와 과외, 번역 같은 일을 했지요. 하지만 가르치러 왔다고 남의 집 대문을 두드리는 일이 싫어져서 과외는 그만두고 수입은 시원치 않지만 번역만 하게 됐어요. 번역은 1991년부터 시작했는데 '부업의식'의 여파는 꽤 오래갔어요. … 제게 번역은 첫사랑 같은 느낌이 전혀 없고 어쩌다 보니 같이 살고 있는 상대에 가까우니까요."

어떻게 보아도 정영목은 '좋아하는 일'을 직업으로 선택하지는 않았던 것 같다. 돈벌이로서 그나마 받아들일 수 있는 일을 고르다가 '어쩌다 보니' 번역가의 길로 들어선 것이다. 그나마 그에게 작동했던 중요한 기준은 '덜 싫은 것'이었던 듯하다. 정영목은 "수입은 시원치 않지만" "가르치러 왔다고 남의 집 대문을 두드리는 일"은 하지 않아도 되는 번역을 선택했다. 그리고 번역을 시작한 지 10년이 되어서야 번역이 생업이라는 자의식이 생겨났다고 고백한다. 그는 "사람이 못나서 하던 일을 관성적으로 하게 된 것"이라고 겸손하게 말한다. 하지만 어떤 분야에서 열 손가락에 꼽히는 사람이 되었다면 그 관성은 가벼이 볼 만한 것이 아니다. 그의 관성은 마구잡이로 돈벌이를 하며 일을 때우는 종류의 관성이 아니다. 정영목이 이야기하는 번역의 철학에서 나는 나름의 방식으로 일을 '사랑하는' 장인을 본다. 정영목은 번역 의뢰를 수락하는 기준이 무엇인지, 번역가로서 가장 성취감을 느꼈던 책이 무엇이었는지 묻는 질문에 이렇게 대답한다.

"처음 읽었을 때 독자 입장에서 제가 느끼는 호감이 중요합니다. 기본적으로 소설이나 인문사회과학서라면 좋겠다는 바람이 있고요. 무엇이건 제가 어느 한 부분을 건드려주는 책이길 바라죠. 그런 동기가 없으면 몇 달의 작업을 어찌 견디겠습니까? … 일단 《마르크스 평전》이 떠오르네요. 《지젝이 만난 레닌》도 작업은 힘들었지만 보람 있었어요. 존 스타인벡의 《통조림공장이 있는 골목》도 대단하다는 생각을 했죠. 마치 어려서 읽은 한국의 민중소설, 그것도 아주 잘 쓴 작품을 보는 것 같았어요. 현실을 끌어안는 품이 푸근한데 그 위에 예술적 깊이와 온기도 대단해서 각별했습니다." [16]

돈벌이를 해야 하는 현실을 받아들였지만 돈을 많이 버는 것만을 무조건 좇지는 않았다. 돈은 덜 될지언정 정말 하기 싫은 것을 피할 수 있었던 일이 번역이었다. 그렇게 번역가가 되고 20년 가까운 세월이 지났다. 이제 "어느 한 부분을 건드려주는 책"을 골라 "그런 동기"로 "몇 달의 작업을 견뎌"낸다. 그 과정이 주는 성취감을 털어놓으며 애정을 담아 책을 소개한다. 내 눈에 그는 자신의 일을 좋아하는 것처럼 보인다. 나는 정영목의 선택이 자신의 호불호와 현실 사이의 냉정한 타협이었다고 생각한다. 그랬기에 '관성'이라는 것이 생겨났다고 믿는다. 그 관성이 "번역할 책을 제가 고를 수 있는 위치"로 그를 데려다주었다. 그 덕에 정영목은 번역 일을 좀 더 좋아할 수 있게 되었을 것이다.

때로 지극히 현실적이고 구체적인 이유가 "그 일이 제 가슴을 뛰게 해요"라는 이유보다 훨씬 오래가는 동력을 선사하기도 한다. 일은 일상을 이루며, 일상의 매 순간 뛰는 가슴만을 즐기면서 살 수 있는 사람은 흔치 않기 때문이다. 오래가는 동력은 결국 어떤 일을 '잘'할 수 있게 만들어주며, 잘한다는 것은 똑같은 일을 훨씬 더 좋아할 수 있는 조건을 선사한다. 같은 번역이라 해도 스스로 고른 책을 번역하는 일은 내키지 않지만 어쩔 수 없어 맡은 책을 번역하는 일과 같지 않다. "번역할 책을 제가 고를 수 있는 위치"에 이르고 나서야 번역가로서의 자의식이 생겼다는 그의 말에는 중요한 교훈이 담겨 있다. '일을 향한 열정만이 성공의 필수 조건'이라는 흔한 말보다 훨씬 현실적인 교훈이다.

다른 한쪽에선 현실에서 잔뼈가 굵은 후에조차 아래 같은 꿈을 품는 사람들이 있다. "50대 초반 한 금융기업 부장 ㄷ씨"의 '가상 사표'에 등장하는 이야기다.

> "퇴직하고 나면 우리 가족 브랜드를 만들어 경영해보자는 이야기를 종종 나눕니다. 애들은 요리에 관심 있고 만화와 소설이 좋다니 출판업도 좋습니다. 제 아이들은 저처럼 좋아하는 일이 아닌 데 시간 쓰면서 살지 않길 바랍니다."[17]

20년 넘게 '일'했던 ㄷ씨는 어쩌다 일에 대해 이렇게 낭만적인 환상을 품게 되었을까. '요리에 관심 있으니 요식업', '만화와 소설이 좋다니 출판업' 식의 생각은 얼핏 보면 '좋아하는 일을 하라'는 흔한 가르침을 따르는 것처럼 보인다. 그러나 요리는 요식업의 일부에 지나지 않고, 만화와 소설을 좋아한다고 출판업을 잘할 수 있는 것도 아니다. ㄷ씨와 그의 아이들이 좋아하는 요리, 만화와 소설은 일이 아니다. 요식업의 일에는 진상 손님과 승강이를 벌이는 것도 포함된다. 재료비와 인건비를 따져서 음식 값을 정하느라 골머리를 앓는 것도 들어 있다. 이런 일로 하루 대여섯 시간을 보내는 일상과 맞닥뜨리면 ㄷ씨는 바로 이렇게 생각할지 모른다. '이건 내가 좋아하는 일이 아니었어.' 그가 꿈꾸는 요식업에는 어떤 리얼리티도 없다. (물론 요리에 관심이 있어 요식업에 발을 들인다고 해서 무조건 포기하리란 법은 없다. 요리 이외의 고단한 잡무를 견뎌내는 사람도 없지 않을 것이다. 그러나 그 지점에 다다르려면 '요리를 좋아하는 것'을 넘어서는 훨씬 많은 것이 필요하다.) 그에 반해 "가르치러 왔다고 남의 집 대문을 두드"릴 필요가 없어 좋은 일이 현실에선 오히려 진짜 좋아하는 일에 가까울지도 모른다.

일은 직업보다 크다

어린 시절에는 "네 꿈이 뭐야?", 조금 더 나이가 들어서는 "무슨 일을 하고 싶어?"라는 질문을 받는다. 대답은 대개 직업의 이름이다. 연예인, 아니면 의사나 변호사, 교사 같은. 이때 직업의 이름 옆에 나란히 놓이는 것은 그 직업의 이미지다. 화려한 무대 위의 모습, 수술실에서의 모습, 법정에서의 모습, 교단에 선 모습. 현실적 계산에 밝다면 이런 직업인들이 누리는 고소득, 권위, 안정성 등을 따져볼 것이다. 그러나 그 직업에 진짜 발을 들여놓았을 때 하루를 채우는 것은 이미지도 조건도 아닌, 일의 리얼리티다. 돈 잘 버는 의사가 되고 싶다면 매일 수십 수백 명의 감기 환자를 상대하며 똑같은 처방전을 쓰는 일로 일상을 채워야 하기 십상이다. 바이러스에 늘 노출되다 보니, 본인은 물론 온 가족이 언제나 감기를 달고 산다고 푸념하던 의사 지인도 있었다. 교사의 일상을 채우는 일은 수업만이 아니다. 숱한 서류 처리 업무에, 가끔은 막무가내 학부모를 상대하느라 진을 빼야 한다.

일은 언제나 직업보다 크다. 직업이 타이틀이라면 일은 일상을 채우는 활동이다. 운이 좋아도 최소한 여덟 시간을 일의 활동으로 채우며 산다. 활동은 늘 복잡다단한 여러 결을 지닌다. 실제 발을 들여놓기 전에 그 일이 어떤 식으로 일상을 채우는지 아는 사람이 있을까. 웹툰 〈어쿠스틱 라이프〉에서 말하듯, 내가 먹고 싶은 것이 짜장면인지 짬뽕인지, 카페라테인지 핫초코인지조차 끝끝내 확신하기가 어렵다. 기껏 결정을 내려 짜장면을 먹고 나서는 사실 "내가 정말 먹고 싶었던 건 짬뽕이었어, 그것도 굴짬뽕"이라고 중얼거리기도 한다. 하물며 평생을 하고 싶은 일이라니.[18] 하고 싶은 일이라고 생각해서 시작했지만 하루하루를 보내다 보면 이게 진짜 내가 원했던 삶이었나 의심하게 되는 순간이 오기 마련이다. 그럼에도 그 일을 계속한다면 그건 흔히들 말하는 '초심'이나 가슴 뛰는 열정 때문만이 아니다. 싫은 부분보다 좋은 부분이 아주 조금 크기 때문이거나, 그게 아니라면 현실의 필요나 사람에 대한 책임 때문이다. 그리고 그런 숱한 의심의 순간들을 지나 그 일을 정말 잘하게 된다면 일에서 누리는 즐거움은 애초에 상상했던 것과는 매우 다르기 마련이다.

우리가 추구하는 목표는 항상 베일에 가려져 있는 법이다. 결혼을 원하는 처녀는 자기도 전혀 모르는 것을 갈망하는 것이다. 명예를 추구하는 청년은 명예가 무엇인지는 결코 모른다. 우리의 행위에 의미를 부여하는 것은 우리에게는 항상 철저하게 미지의 것이다.[19]

어쩌면 '좋아하는 일'이란 물 위에 떠 있는 부표 같은 것인지 모른다. 직업이나 직장의 이름으로 표현되는 부표. 그 부표 아래에 버티고 있는 일상이, 실제의 시간을 채우는 관계와 활동이 어떤 모습인지 우리는 결코 미리 알지 못한다. 그것은 도달하기 전에 알 수 있는 성질의 것이 아니다. 그러나 목표에 가닿았을 때, 더 이상 옮겨갈 다른 곳이 없을 때 생생한 현실의 감각으로 다가오는 것은 부표가 아니라 그 아래의 일상이다. 실제의 삶을 규정하는 것은 닿기 전엔 완전히 미지의 것이었던 일상이다. 그제야 우리는 알게 된다. 부표는 그곳에 머무는 사람을 위한 것이 아니라 그곳을 바라보는 사람을 위한 것이라는 사실을.

사람들이 근사한 부표를 좇는 것은 자신이 좋아하는 일이 무엇인지 몰라서일 수도 있다. 이것저것 따질 필요 없이 한 가지 일에 무조건 몰입감과 짜릿함을 느낄 수 있는 사람은 지극히 소수다. 나이의 적고 많음과 상관없이 "진짜 하고 싶은 일이 무엇인지 모르겠다"고 토로하는 사람들을 쉽게 만난다. 직장을 그만두고 나니, 내게 "나도 이 일이 좋아서 하는 것이 아니"라고 고백하는 사람도 있었다. 나 역시 진짜 하고 싶은 일이 무엇인지 몰라 오래 방황했다. 내가 어쩔 수 없이 택했던 전략은 싫어하는 것을 하나씩 피하는 것이었다. 눈앞에 보이는 대안 중에 절대적으로 싫은 것을 피해가며 살아왔다. 그렇게 내가 싫어하는 것을 하나씩 알아가다 보니, 내가 좋아하는 '것-들'의 조합이 무엇인지 조금씩 뚜렷해졌다. 그리고 그 조합이 하나의 변치 않는 정답이 아니라는 것도 알게 되었다.

정답을 향해 곧바로 돌진할 수 있는 운 좋은 사람도 있기는 할 것이다. 하지만 그런 운이 따르지 않았다면 분명히 아닌 것을 하나씩 지워가는 것도 나쁘지 않은 전략이다. 그 과정에서 자신의 욕망에 대한 데이터가 쌓인다. 이런저런 재미를 느끼는 '일-들'을 만나게 된다. 어떤 일을 '좋아한다'는 것은 다양한 요소로 이루어진 상태이기 때문이다. 하고 싶은 일이 무엇인지 모른다고 큰 문제가 있는 것처럼 생각할 필요는 없다. 열정을 가질 대상이 있어야 한다는 강박에 쫓겨 하나의 일을 이상화하는 것보다 오히려 나을지도 모른다. 더구나 내가 변화하고 성장하는 만큼 좋아하는 일 또한 달라질 수 있다. 일이 놓인 조건이 변하면서 좋아하던 일이 좋아하지 않는 일이 될 수도 있다. 좋아하는 일을 이상화하며 집착하다 보면 오히려 그 모든 변화를 놓칠 수도 있다. 결국 좋아하지 않는 일을 좋아하는 일이라 착각하며 유통기한 끝난 열정을 쏟아붓기도 한다.

'좋아하는 일'이 성립할 조건

대기업 패션사업부에서 상품기획자로 일하던 이의현은 회사를 그만두고 로우로우^{RawRow}를 창업했다. 로우로우는 본질에 충실한 가방을 만들어 판다고 표방하는 회사다. 2011년 설립되어 2013년 35억 원의 매출을 기록했다. 대표 이의현은 자신이 하고 있는 일을 손쉽게 '좋아하는 일'이라고 부르기를 경계하는 듯하다. 반쯤은 농담이겠지만 "남들은 넌 좋아하는 일을 해서 좋겠다고 하지만 난 원래 농구선수가 되고 싶었다"라고 말한다. 덧붙여 이렇게도 말한다.

"살면서 참 많이 듣는 말 '하고 싶은 일을 해라', 굉장히 달콤한 말이에요. 그런데 그 멋진 말 뒤에 따르는 말들은 '그게 어디 말처럼 쉽냐?'라는 거지요. 그리고 그보다 더 심각한 건 '하고

싶은 일이 뭔지 모르겠다'는 것이었어요. 그럼 괜한 일 벌이지
말고 우선 '하면 안 되는 일부터 하지 말자'라고 생각했어요.
… 하고 싶은 일을 하는 건 분명 좋은 일이에요. 하지만 일단 목
표는 심플하고 분명해야 했어요." [20]

"나서는 것 좋아하고, 누구 뒤나 밑에 있는 것 싫어"하던 이의
현은 대기업에 들어가 4~5년을 일하고 나서야 "해야 할 일들이
눈에 보이기 시작했다"고 말한다. 이의현은 자신의 일을 '의적 활
동'에 비유할 만큼, 나름의 사회적 의미를 중요하게 생각하는 것
같다. 그에게 로우로우의 일은 '하고 싶은 일'보다는 '해야 하는
일'에 가깝다. 거기에 상품기획자로서의 경험 덕에 "원자재를 이
만큼 쓰면 가격이 얼마나 되고 얼마를 만들어야 마크업을 어느
정도 할 수 있다는 것도 감이 있었"고 "패션 산업 쪽에서 일을 했
기에 … 우리나라 유통 메커니즘에 대해서는 어느 정도 알고 있
었"다. 그에겐 로우로우의 일이 '해야 하는 일'인 동시에 '할 수
있는 일'이기도 했다.

로우로우는 '패션을 좋아하니 패션업체를 차리겠다'는 식으로
출발하지 않았다. 어린 시절 "조던 신발을 광적으로 좋아했다"고
하지만 "가장이기에 돈을 많이 벌고 싶었다"는 그에게 사업은 현
실이었다. 본격적으로 사무실을 얻어 시작하기 전에 혼자 "개인
사업자로 유통망을 뚫"었고 "판매를 하긴 했으나 베타 수준"으로
출발했다. 창업 팀을 꾸릴 때도 현실적인 기준이 작동했다. 동료

들은 모두 오래 같이 알던 친구였지만 "일을 하면 당연히 인건비를 줘야 하기에 '매출은 하나도 없지만 우리 서로 사랑하니까 들어와서 공짜로 일해줘'라고 할 수 없"었다. 그래서 "처음에는 모든 일을 혼자서 하다가 사업 가능성이 좀 보이고, 최소 동료들에게 정당한 대우를 해줄 수 있을 때 정도가 되어 요청을 했고 모셔들 올 수 있었다"고 말한다. 이의현은 흔히들 하듯, 일을 '하고 싶은 일', '할 수 있는 일', '해야 하는 일'로 나누어 생각하는 것 같지 않다. 그에게 일은 돈벌이의 현실이고, 어려서부터 품어온 내 브랜드 만들기의 꿈이며, 사회적 의미를 구현하는 의무이기도 하다. 그는 그중 하나만을 맹목적으로 좇는 대신 긴 시간을 들여 균형점을 찾아왔다.

이런 사례도 있다. 김정헌은 셰어 하우스를 통해 청년들의 주거 문제를 해결하고자 소셜 벤처 우주^{WooZoo}를 설립했다. 소셜 벤처는 경제적 이익보다는 소셜 임팩트$^{social impact}$, 즉 사회에 끼치는 영향을 최우선으로 두는 스타트업을 일컫는 말이다. 비영리기구의 성격을 띠지만 사업체로서 경제적 지속 가능성을 동시에 추구하는 기업이다. 김정헌은 우주를 설립하기 전에 은행과 컨설팅 회사에서 직장 생활을 했고, 딜라이트 보청기라는 또 다른 소셜 벤처로 첫 번째 창업을 경험했다. 그가 딜라이트 보청기를 다른 투자자에게 넘기고 두 번째로 창업한 회사가 우주다. 소셜 벤처의 길로 들어서기까지의 행보를 김정헌은 아래와 같이 설명한다.

"(창업을 해야겠다는 생각은) 대학 때 한 것 같아요. 고등학교 때 꿈은 컨설턴트였지만 대학에 진학하면서 소셜 벤처 창업을 해야겠다고 마음먹었어요. 그런데 창업하면 망할 것 같은 거예요. 그래서 직장 생활을 먼저 했어요. 첫 직장은 금융에 대해 배우자는 마음으로 은행을 택했고요. … 당시 경험을 통해 재무제표 읽는 건 이제 할 줄 알아요. 재무를 직접 할 순 없어도 잘됐는지 잘 못됐는지 얘기할 수 있는 정도는 되고요. 두 번째 회사는 일하는 방법을 배우자는 생각으로 컨설팅 회사를 선택했어요. 그 이후에 창업을 했고요. … 비영리에 대한 이해도는 나름 있었기에 반대로 영리 영역에 대한 부족한 부분을 채워야겠다는 생각이 있었어요. 고등학교 2학년 때부터 시작해 NGO 활동을 9년 동안 했어요. 대학에서는 경영학을 전공했고, 그러면서 영리와 비영리 사이의 영역에 대한 고민이 많았던 거 같아요. 아주 자연스럽게요. 사실 비영리 영역을 오래 겪어보고 든 생각은, 나 같은 사람은 여기 못 다니겠다는 거였어요. 희생과 헌신이 담보가 돼야 하는데 전 그렇게 고결한 사람은 아닌 것 같아서요. 그래서 착하면서 돈도 벌 수 있는 건 뭘까를 많이 고민했어요. 돈 벌고 나서 착한 것 말고요. 그러다 미국(미시간 주립대학교 시민사회연구소)에서 인턴을 하게 됐을 때 소셜 벤처에 대해 처음 알게 됐어요."[21]

김정헌도 마찬가지로 긴 시간에 걸쳐 자신의 여러 욕구를 관찰

하고, 그 욕구들을 조화롭게 해소할 해결책을 찾았다. 사회에 기여하고 싶은 마음이 있지만 희생하면서도 행복할 자신은 없다는 것을 직시했다. 돈도 벌어야 하지만, 그렇다고 사회에 기여하고픈 마음을 무시하지 않았다. 창업을 원하지만 망하지 않을 능력이 아직은 없다는 사실을 받아들였다. 김정헌은 마음 하나만으로 '좋아하는 일'에 곧바로 투신하는 대신 여러 욕구를 아우르는 균형점을 찾기 위해 차근차근 준비의 시간을 보냈다.

고등학교 때부터 비영리 쪽의 경험을 쌓아오던 김정헌이 은행이나 컨설팅 회사에 입사했을 때 그의 선택에 냉소를 보내는 이들이 있었을지 모른다. "돈 앞에서 어쩔 수 없다"는 말, "경험 쌓아 돌아오겠다지만 저러다 말 것"이라는 말을 들었다 해도 놀랍지 않다. 커리어의 기획을, 자기 일의 스토리라인 전체를 알고 있는 것은 자신뿐이다. 사람들은 과거와 현재만을 볼 뿐, 미래를 읽어내주지는 않기 때문이다. 그래서 때로는 결정보다는 유보에 더 큰 용기가 필요하다. 그것이 포기인지 유보인지는 미래에야 확인할 수 있다.

'좋아하는 일을 열정적으로 하라'고 쉽게들 말한다. 현재 하는 일에 마음이 설레지 않는다면 그런 일을 찾아야 한다고 말한다. 스티브 잡스가 남긴 말은 많은 젊은이들에게 현대판 경구로 자리 잡았다.

"매일 아침 거울을 들여다보며 자문했습니다. '오늘이 내 인생 마지막 날이라면 오늘 하려는 그 일을 하길 원할까?' 그 답이 '아니요'인 채로 너무 많은 날이 연속해 지난다면 무언가 바꾸어야 한다는 뜻입니다."[22]

얼핏 반박하기 어려운 말처럼 들리지만 현실에서 모든 날을 인생 마지막 날처럼 살 수는 없다. 나는 일하기를 제법 좋아하는 사람이지만 그것이 어떤 일이든 인생 마지막 날에 일을 할 생각은 없다. 그 정도로 좋아하는 일이 무엇인지 누구나 알 수 있는 것도 아니며, 애초에 그 정도로 좋아하는 일이 누구에게나 있는 것도 아니다. 좋아하는 일도 당장 하고 싶은 일, 1년만 하고 싶은 일, 10년 동안 하고 싶은 일이 다르다. 게다가 그것들은 때로 상충한다. 인생에 딱 하루가 남았을 때 하고 싶은 것과 10년이 남았을 때 하고 싶은 것이 같을까? 10년을 내다보며 하고 싶은 일보다 마지막 하루 동안 하고 싶을 일에 무조건 더 열정을 쏟아야 할까? 아니면 10년의 꿈을 위해 오늘 당장 하고 싶은 일을 다 유보하며 살아야 할까? 상충하는 여러 욕구 사이에서 우선순위를 결정하고 그 사이의 조화와 균형을 고민하며 나아갈 수밖에 없다.

좋아하는 일이라고 모든 면이 좋은 것도 아니다. 어떤 일을 좋아하는 일이라고 부르면서도 '그래도 싫은 부분'을 구체적으로 말할 수 없다면 아직은 그 일을 잘 모르는 것이다. '그 좋아함이 성립하는 조건'을 충분히 구체적으로 규정할 수가 없다면 '좋아한다고 지금 생각하는 일'일 가능성이 크다. 열정이나 꿈, '좋아하는 일' 같은 말이 절대적 목표인 양 추구되니, 일의 리얼리티 앞에서 모두가 속수무책이다. '좋아하는 일을 하라'는 말은 그래서 위험하다. 그 일이 놓인 조건, 일이 포함하는 다양한 활동, 그 안에서 맺게 되는 관계를 아우르며 총체적으로 일을 바라보아야 한다. 일이 놓인 조건에 만족하는 것과 일 자체에 만족하는 것은 다르지만 그 둘은 늘 서로 뒤섞여 있기 때문이다.

　무언가를 좋아한다는 것은 언제나 조건과 상태를 전제한다. '좋아한다'의 대상은 겉으로 드러나는 목적어와 함께 그 목적어가 놓인 상태를 늘 포함할 수밖에 없다. 구체적인 상태와 조건을 포함하여 하나의 일을 '좋아한다'고 말할 수 있어야 비로소 우리는 현실적인 '애호'를 갖게 된다. 이제 그 일이 이루는 일상을 살아낼 준비를 마친 셈이다.

　결코 즐겁기만 할 수 없는 일의 현실에 부딪혔을 때 많은 사람이 '어, 실은 내가 좋아하는 일이 아니었네'라는 실망으로 금세 치닫는다. 그러나 어떤 사람은 '정확히 무슨 이유로 나는 지금 이 일이 좋지 않을까'라는 생각으로 나아간다. 이 질문의 답을 하나씩 찾아나가면서 비로소 좋아하는 일의 조건을 깨닫게 된다. 자신의 애호가 작동하는 조건을 구체적으로 규정해나가는 것이다. 그래야 비로소 그 조건들을 하나씩 실현하기 위해 노력할 수 있다. "그 일의 무엇이 좋고 무엇은 싫은데, 이런 이런 조건에서는 그 일이 좋다" 정도로는 말할 수 있어야 진짜 좋아하는 일이 무엇인지 대답할 수 있을 것이다.

일의 세계에 발을 들인 지 꽤 오랜 시간이 지났지만 아직도 나는 단 하나의 좋아하는 일을 찾지 못했다. 내가 찾은 나름의 해결책은 내 일을 포트폴리오처럼 꾸려가는 것이다. 일에 대한 서로 다른 욕망들을 이해하고 그 사이에서 적절한 타협과 균형을 이뤄줄 일거리의 조합을 만들려고 애쓴다. 적당한 돈벌이와 적당한 사회적 의미와 적당한 자아실현을 조합하는 것이 지금으로서는 나의 최선이다. 욕망 사이의 우선순위는 나이에 따라, 상황에 따라 변화해왔다. 그래서 내 일의 조합 역시 늘 변하고 있다.

투자에서의 포트폴리오 전략이 리스크를 관리하는 방식이듯이, 일을 포트폴리오로 바라보는 것은 인생의 리스크를 관리하려는 시도이기도 하다. 어떤 투자자는 포트폴리오 같은 생각 없이 한쪽에 크게 배팅하는 고위험 고수익 전략을 구사한다. 완벽한 정보를 가지고 있다면 현명한 전략이다. 애석하게도 나는 내가 좋아하는 일이 무엇인지 완벽하게 알지 못한다. 롤링다이스의 코디네이터이며 번역가이며 경영 컨설턴트이며 글 쓰고 공부하는 사람인 요즘 이 총합이 내게는 아귀가 맞물려 돌아가는 내 '일-들'이다. 각각이 완벽하게 내가 좋아하는 일은 아니지만 지금으로서는 이 총합이 내 삶을 최적화해주는 조합이다.

포트폴리오로서의 일은 어쩌면 많은 사람이 미래에는 필연적으로 받아들여야 할 선택지인지도 모르겠다. 이탈리아의 경제학자 스테파노 자마니와 루이지노 브루니는 아래와 같이 말한다.

(우리가) 전환점에 다다랐다는 것이다. 탈-일자리^{dejobbing}, 즉 고정된 일터의 종말이다. 이것이 활동으로서의 일이 끝났다는 의미는 아니다. 지금의 전환은 능동적 자유의 측면에서 폭넓은 장을 열어준다. 그러나 불안정성의 내생성 탓에 사람들이 치러야 하는 비용도 있다. 각각이 일종의 '일의 포트폴리오'를 관리하고, 일하는 삶 전체에 걸쳐 그 포트폴리오를 최적화하고자 노력해야 하는 것이 현실이다. 오늘날 맞부딪히는 불안의 이유가 정확히 이것이다. 고정된 일자리는 소외를 일으켰지만 안정성은 주었다. 반면, 일의 포트폴리오는 각 주체의 재능, 심지어 숨겨진 재능에까지 가치를 부여해주지만 불안정성을 일으킨다.[23]

　원해서든 아니든, 점점 더 많은 사람이 고정된 일터 없이 일해야 하는 현실을 맞이할 것이다. 고정된 일터가 없더라도 여전히 활동으로서의 일은 존재한다. 따라서 동료도 있고, 고객도 있으며, 돈 주는 사람도 있을 것이다. 그러나 이 모든 것이 한 세트로 주어지지 않는다. 매번 자신에게 맞는 일을 능동적으로 선택해야만 한다. 앞의 말대로 '능동적 자유'가 엄청나게 확대되는 셈이다. 자신이 가진 여러 능력을 여러 일을 통해 발휘할 수 있는 가능성이 열린다. 그러나 이 능동적 자유는 본성상 불안정성을 품고 있다. 여기서의 불안정성이란 당연히 경제적 불안정성도 포함하지만 그것보다 훨씬 포괄적인 불안정성이다. 고정된 장소, 고정된 관계망의 밖에서 일함으로써 느끼는 불안정성은 단순히 경제적 불안정성으로 환원되지 않는다.

고정된 일터에서 '해방'되는 것이 기쁜 소식이기만 할 리는 없다. 불안정성을 그 대가로 받아들여 얻은 능동적 자유가 어떤 사람에게는 골치 아픈 숙제에 불과할 수도 있다. 하지만 이것이 필연으로 다가올 현실이라면 몸도 마음도 준비해두는 편이 낫겠다. 불안정성을 감수하며 능동적 자유를 선물로 받아들이려면 자신의 욕망과 현실을 동시에 이해해야 한다. 내가 무엇을 좋아하며, 그 좋아함이 어떤 조건 위에서 작동할 수 있는지 미리 고민해두는 편이 현명한 일이다.

4

가면이 필요한 순간들

나의 색이 바랠수록 관계의 긴장은 사라진다. …
나는 무채색이다. 그것이 나의 색깔이다.
핵심은 … 남아 있는 것이다.

《미생》 145수 중

위선 혹은 위악

첫 번째 직장, 첫 번째 프로젝트였다. 입사하자마자 딱 일주일 교육을 마치고 프로젝트를 배정받았다. 국내 유수 대기업의 구매원가 절감 프로젝트였는데, 신입인 내게 떨어진 꼭지는 당연히 그중 비중이 가장 낮은 '사무용품'이었다. 그래도 '사무용품'이라고 이름 붙였을 뿐, 통상적인 사무용품 외에도 전사의 광고 전단과 팸플릿에 대한 인쇄 비용, 판매유통점에서 쓰이는 각종 사은품까지 아우르는 적지 않은 덩치의 일이었다. 거기에 더 큰 문제는 '나를 돌봐줄 사람'이 마땅치 않았다는 것이다. 클라이언트 회사의 생산 거점은 지방이라 팀 구성원 대부분이 지방에 머물렀고 나만 혼자 서울에 남아 '사무용품' 꼭지를 해결해야 했다. 독일인 이사가 나를 가이드해주기로 되어 있었지만 이사는 풀타임으로 프로젝트에 붙어 일하는 사람이 아니었다. 결국 클라이언트 담당자와의 일상적 소통과 공동 작업에서 나를 이끌어줄 사람이 없는 셈이었다. 도움을 받기는커녕 모자란 영어 탓에 독일인 이사에게 상황을 보고하는 것 자체가 스트레스였다. 설상가상 클라이언트 쪽의 상대는 부장급이었다. 대기업 부장을 상대하며 현장에서 홀로 문제에 대처해야 하는 상황은 맡은 일의 크고 작음을 떠나 학교를 갓 졸업한 신입 사원에게는 버거운 일이었다. '우습게 보여서는 안 된다'는 생각이 가장 먼저 들었다. 적잖은 돈을 주고 컨설팅을 받는데, "저는 신입 사원이라서요"라는 말은 핑계가 되지 않을 것 같았다. 경력 6개월 미만 컨설턴트의 인건비는 프로젝트 비용에 포함되지 않는다는 이야기를 나중에야 들었다. 그걸 알았다 해도 바짝 기합이 들어간 신입이 '대강해도 되겠구나'라고 생각 하지는 않았겠지만 최소한 돈값을 해야 한다는 압박은 좀 덜했을 것이다.

사람 이름도 얼굴도 잘 기억하지 못해 곤란을 겪는 일이 많지만 첫 번째 클라이언트였던 그 부장님만은 아직도 또렷이 기억난다. 지금 생각해보면 참 좋은 분이었다. 사소한 일 하나에도 밀리지 않겠다고 바득바득 논리를 들이대던 내게 숱하게 져주셨다. 그때는 내가 옳은 이야기를 하니, 상대도 더 이상 어쩌지 못하는 것이라 믿었지만 직장 생활을 몇 년 더 하다 보니 깨닫게 되었다. 옳은 이야기에 옳은 논리라고 사람을 설득할 수 있는 것이 아니라는 사실을. 설득당해줄 마음이 있는 사람만 설득할 수 있는 법이다. 나는 바늘 끝 하나 밀리지 않으려고 논리의 철갑을 둘렀고 뭐든 상대가 내놓는 자료에 토를 달았다. 빈틈을 지적해서 내가 더 나은 구석이 있다는 것을 보여주지 않으면 '역시 별것 없는 풋내기'란 소리를 들을 것 같아 두려웠다. 온몸에 힘이 바짝 들어가 상대가 적군인지 아군인지도 모른 채 칼을 휘둘러대는 형국이었다.

그러다가 결국 탈이 나고 말았다. 몇 주쯤 지나 "이런 식이면 먹히는 거구나" 하면서 더욱 가열차게 칼을 휘두르던 즈음이었다. 부장님이 내 요청에 맞추어 준비한 자료를 내밀었을 때 나는 늘 그래왔듯 틀린 부분을 지적해대기 시작했다. 그런데 그날만은 달랐다. 부장님은 내 말이 미처 끝나기도 전에 들고 있던 볼펜을 책상에 냅다 집어던지더니, "아씨, 정말 못 해먹겠네"라는 일갈을 남기고는 담뱃갑을 챙겨 사무실을 나가버렸다. 파티션 너머에 앉아 있던 십수 명의 귀가 쫑긋하는 소리가 들리는 것만 같았다. 사무실이 유난히 조용하게 느껴지는 바람에 쿵쿵 뛰는 내 심장 소리를 들킬 것 같았다. 첫 프로젝트부터 일을 이렇게 망쳐버린 걸까, 눈앞이 아득해졌다.

그래도 부장님은 여전히 좋은 분이었다. 담배를 두어 대 피우고 돌아온 부장님이 먼저 사과를 건넸고 그 덕에 어찌어찌 상황은 봉합되었다. 아마 그분이 건방진 스물 몇 살짜리 컨설턴트에게 계속 분노를 뿜었다면 나는 도저히 그 상황을 혼자 해결해낼 수 없었을 것이다. 간신히 웃으면서 그 자리를 모면한 뒤에 무슨 정신으로 남은 하루를 보냈는지 기억이 없다. 다만 며칠을 '나는 원래 그렇게 재수 없고 건방진 인간은 아닌데'라는 생각으로 전전긍긍했던 것만은 잊을 수 없다. 이곳에서 살아남기 위해 어쩔 수 없이 써야 했던 가면이었다고, 나는 원래 그보다 훨씬 나은 인간이라고 스스로 위로했다.

프로젝트 두어 개를 거치고 경력이 좀 붙자 나는 유들유들함의 가면을 집어 들었다. 빠득빠득 설득해서 원하는 것을 얻든지, 머리를 슬쩍 숙이고 웃음 한번 흘려서 원하는 것을 얻든지, 결과는 마찬가지라는 사실을 깨우친 덕이었다. 아니, 오히려 후자 쪽이 훨씬 나은지도 몰랐다. 논쟁으로 원하는 것을 얻으면 상대의 마음엔 개운치 않은 뒷맛이 남기 마련이다. 나이 어린 여자와의 입씨름에서 밀리고는 전혀 개의치 않을 속 넓은 이들은 별로 많지 않다. 자신이 도움을 주었다며 의기양양한 기분을 느끼게 두는 편이 누이 좋고 매부 좋은 전법이었다. "하하, 부장님, 저 한 번만 봐주세요. 부장님 아니면 이 일 안 되는 거 아시잖아요." 이 정도의 말이라면 웬만한 일은 쉽게 처리되었다. 작든 크든 밥줄이 달린 일이 아닌 다음에야 약자의 태도를 취하는 젊은 여자의 부탁을 거절하는 남자는 흔치 않다는 것을 그때 알았다. 우습지 않아 보이겠다며 빡빡하게 구는 것보다 상대가 내게 기대하는 역할을 연기해주는 것이 훨씬 쉬웠다. 그러나 그런 내가 낯설지 않았다면 거짓말일 것이다. 유들유들하게 굴고 나서는 매 순간 '내가 이렇게 능글맞을 수도 있는 사람이었나' 하는 생각에 씁쓸했다.

이 모든 것이 대부분에게는 아무렇지 않은, 처세의 기술을 익혀 나가는 과정처럼 보일지도 모르겠다. 그래도 내 맘은 편치 않았다. 할 짓은 다 하면서도 '나'를 잃어버리는 듯한 비애감에는 영 익숙해지지 않았다. '프로페셔널한 행동'이라는 명분으로 내 쪽에 유리한 가면을 집어 드는 것이 아닐까 자책했다. 온전히 나로서 사람들을 만나고 소통하는 것은 선택지가 아니라는 사실이 서글펐다. 일에서의 관계 맺기란 위선 아니면 위악을 선택해야 하는 것처럼 여겨졌다. 일에서 '진짜' 관계를 바라는 것은 철없는 낭만 찾기일 뿐이라고 자신을 다독이려고 애써야 했던 시간이었다.

연기해야 한다면, 대본은 내가 쓴다

오늘날 일과 직업은 우리의 시간을 요구하는 데서 그치지 않는다. 일을 하는 우리 역시 일에서 보수만 얻기를 기대하지 않는다. 사람들은 "나는 회사원입니다"라든가, "나는 기자예요", "나는 디자이너입니다"라는 식으로 자신을 소개한다. 직업이 곧 신분이요, 세상에 나를 드러내는 간판인 셈이다. 그뿐만이 아니다. 직업과 직책에는 그에 걸맞은 페르소나가 있다. '능력 있는' 프로페셔널로 인정받으려면 그 페르소나를 제대로 연기할 줄 알아야 한다. 그 페르소나와 일치감을 느끼며, 그 안에서 이른바 '자아가 실현'되는 경험을 맛볼 수 있다면 그야말로 직업이 곧 나의 정체성, 일이 곧 나의 삶이 되는 행운을 누릴 수 있을 것이다. 그러나 내게는 그런 운이 따르지 않았기에 가면과 '나' 사이의 괴리가 때때로 수면으로 떠올라 불편한 감각을 자아내곤 했다. 내키지 않는 이 가면이 내 얼굴에 들러붙어 진짜 나는 사라져버리지 않을까 서글퍼지기도 했다.

가면을 쓰고 일하는 느낌은 나만 겪었던 현상은 아닌 듯하다. 단기 프로젝트 중심으로 팀이 구성되고 걸핏하면 조직 편제가 바뀌는 요즘, 모든 사람이 훌륭한 '팀플레이어'가 되기를 요구받는다. 팀플레이어란 누구와도 문제없이 일할 수 있는 사람을 가리킨다. 팀원이나 상사가 어떤 스타일이건 스스럼없이 맞출 수 있어야 이른바 '소셜 스킬social skill'이 뛰어난 사람으로 인정받는다. 여기에 '긍정적 태도'가 더해지면 금상첨화다. 어떤 과업이 주어지든 '할 수 있다'는 긍정적인 마인드를 보여주는 것이 좋다. "그렇게 하면 안 될 텐데요" 같은 말을 뱉으려면 "자네는 왜 이리 부정적이야?"라는 소리를 들을 각오를 해야 한다. 사정이 이러다 보니 시종일관 한결같은 발랄함과 쾌활함이 미덕이 되어버렸다.

사람들을 많이 상대하는 직종이라면 더욱 그렇다. 감정의 기복, 개인적 호불호를 드러내는 것은 '프로답지 못한' 태도로 취급받는다. 유들유들의 가면, 자신감의 가면, 노련함의 가면이 선택 옵션이라면 친화성과 긍정성의 가면은 모두에게 필수가 아닐는지.

언제든 즐겁고 무엇에든 긍정적이며 누구와도 잘 어울리면서 자신의 개성, 진짜 생각과 선호를 드러내는 것이 가능할까?《미생》에서 오차장이 회사를 떠나고 팀에 남은 천과장과 김대리는 새로운 팀장을 맞는다. 전에는 어떤 식으로 일해왔는지는 더 이상 아무 의미가 없다. 김대리는 이렇게 독백한다.

> "내 앞에 펼쳐진 판을 인정하는 것. 그것뿐이다. 맘에 맞는 팀과 함께할 수도, 스타일이 다른 팀과 함께할 수도. 나의 색이 바랠수록 관계의 긴장은 사라진다. … 나는 무채색이다. 그것이 나의 색깔이다. 핵심은 … 남아 있는 것이다."[24]

내가 직장을 떠난 지도 3년이 넘었다. 이제 한 직장에 속해 있지는 않지만 가면 쓰기로부터 완전히 해방된 것은 아니다. 나는 여전히 일을 위해 이런저런 가면을 쓴다. 상황에 맞춰, 사람에 맞춰 상냥해져야 하고, 화난 연기를 해야 하고, 쑥스러움을 숨긴 채 느물느물 굴어야 한다. 그렇지만 예전처럼 비애감을 느끼지는 않는다. 무엇이 진짜 나의 얼굴인지, 온전한 나인지 고민하지도 않는다. 그 가면들이 결국은 모두 나의 얼굴이라는 사실을 받아들이게 되었다. 그중에 진짜인 것과 가짜인 것은 없다. 사실 모든 인간에겐 여러 역할이 있는 만큼 얼굴도 여러 개가 있다. 아니, 그래야만 한다. 역할과 상황에 따라 적절한 얼굴을 꺼내 보이는 것이 어른스러운 일이다. "나는 원래 이래" 또는 "나는 솔직한 사람이야" 같은 말로 자기의 '진짜' 얼굴만을 고집하는 것이 오히려 자기중심적인 일이 아닐까.

리처드 세넷은 우회적으로 협력하고, 갈등을 관리하며, 회의와 협상을 통해 '함께' 일을 도모하는 모든 활동이 일종의 '공연'이라고 말한다. 그 모든 공연에서 우리는 "사교적 가면을 쓰고 다른 사람과 맺는 관계"를 "연극적으로 표현"한다.[25] 세넷에게 가면 쓰기는 자신의 이익을 위한 간교가 아니다. "은폐의 가면이 반드시 자기방어를 위한 것만은 아니다. 예의범절과 책략은 타인에게 상처를 줄 수 있는 감정을 가려주는 행동이다."[26] 자신의 역할을 이해하고 상황에 따라 적절한 연극을 할 줄 아는 것은 사회적 인간의 미덕이기도 하고 어른이 되어간다는 증거이기도 하다. 가면을 쓰고 연극을 한다고 해서 진정성을 내팽개치는 것도 아니다. 성숙한 진정성은 자신의 성격이나 감정을 노골적으로 드러내는 것으로 구현되지 않는다. 하고 있는 일의 목표와 가치를 스스로 얼마나 믿고 있느냐로 진정성은 판가름 난다. 믿지 않는 일을 하고 있다면 그 일의 과정에서 아무리 솔직히 '자기'를 드러낸다 해도 진정성 있는 일하기가 되기는 어렵다. 일의 가치를 믿는다면 나의 감정, 나의 성격쯤은 뒷전으로 밀려날 수도 있다. 그럴 때 우리는 '진정성 있게' 가면을 쓸 수도 연극을 할 수도 있다.

그러나 가면 쓰기의 과정에서 건강함을 잃지 않으려면 필요한 전제 조건이 있다. 스스로 주체가 되어 대본을 써내려갈 수 있을 때만 우리는 가면을 쓰고서도 소외나 자기연민의 덫에 빠지지 않는다. 그래야 비로소 그 모든 가면이 '나'가 된다. 일이 벌어지는 자리는 다양한 주체의 대본들이 교차하는 장場인 동시에 공동의 연극이 공연되는 무대다. 돌이켜보건대, 그 시절 내가 슬픔을 느꼈던 것은 내가 보이는 얼굴이 가면에 불과해서가 아니었다. 그 가면을 써야 하는 이유를 충분히 납득하지 못했던 것이 문제였다. 이해할 수 없는 대본을 연기해야 하는 배우가 느끼는 당혹감이 아마 이런 것이리라. 자리가 어떤 얼굴을 원하는 것 같아서가 아니라 일이 되려면 필요해서라고 스스로 믿을 때 우리는 그 얼굴을 조금 더 쉽게 꺼내 보일 수 있게 된다. 여기에 더해 그 일의 목표와 가치를 스스로 믿고 있다면 가면 쓰기에 서글픔이 끼어들 여지는 별로 없다.

지나친 자기애에 빠져 있다면 적절한 가면을 쓸 수 없다. 관계 맺기에 대한 두려움으로 움츠려 있을 때도 마찬가지다. 적절한 거리를 두고 일과 환경을 바라볼 때만 우리는 기꺼이 가면을 쓸 수 있다. 그때야 비로소 쓸데없이 상처를 받지도 주지도 않으며, 사회적 관계 안에서 적절한 역할을 해낼 수 있다. 더 많은 종류의 가면을 쓸 수 있어야 그 주체는 '사회적'인 주체일 것이다. (날것의 감정을 드러내는 것이 '비사회적'인 것은 명백하다. 그런 비사회성이 때로 진정성으로 포장되기도 하지만.)

가면과 그 뒤의 진짜 얼굴이라는 이분법은 오히려 일에서 상처 받지 않으려는 하나의 방어기제다. 보여야 했던 얼굴이 도저히 마음에 들지 않을 때는 '위에서 시켜서' 혹은 '먹고살아야 하니까' 같은 말 뒤에 숨는 것이 차라리 안전할지 모른다. 그러나 그런 식의 자기연민은 현실에서 별 도움이 되지 못한다. 쓸 수 있는 가면이었다면 아무리 불편했다 해도 내 얼굴 중 하나였던 셈이다. 그 얼굴을 드러내는 일이 거듭되다 보면 언젠가는 불편함이 사라지거나 도저히 더 이상은 그 얼굴을 보일 수 없거나, 둘 중 하나에 이르게 된다. 그 지점에서 자신이 어느 정도나 감당할 수 있는지가 정확히 드러난다. 불편함을 극복할 수 있다면 한때 불편했을지언정 그 일이 주는 반대급부를 향한 욕망이 더 컸던 것이다. 결국 더 이상은 견딜 수 없다면 그와는 다른 얼굴로 살고 싶은 마음이 그 일자리가 주는 안온함보다 큰 것이다. 계속 그렇게 살 수 있다면 반대급부를 향한 자신의 욕망을 흔쾌히 인정하는 편이 낫다. 참을 수 없다면 스스로 원하는 얼굴을 보이면서 일할 수 있는 다른 자리를 찾아나서야 한다. 설사 버려야 하는 것이 있을지라도.

가면을 쓸 수밖에 없는 가련한 처지에 자신을 대입하고 연민한다면 선택은 내 몫이 아니게 된다. 물론 현실은 언제나 원하는 것에 미치지 못한다. 그렇지만 선택의 여지가 전혀 없는 것은 아니다. 자신에게 아무런 선택권이 없다고 믿어버린다면 정말 아무런 선택도 할 수 없게 되어버린다. 현실에서 우리는 언제나 선택 앞에 놓인다. 선택지가 더 나쁜 것과 덜 나쁜 것밖에 없을지라도.

2014년 5월 뜨거운 화제가 되었던 드라마 〈밀회〉의 오혜원을 보면서도 그런 생각을 했다. 오혜원은 '상류층'에 오르기 위해 완벽한 얼굴을 연기하며 살아왔다. 오혜원의 공식적인 일은 아트센터를 꾸리는 것이지만 이면에 숨은 진짜 역할은 재벌가의 비자금을 관리하는 것이다. 오혜원의 일처리는 언제나 흐트러짐 하나 없다. 친구이자 상사인 재벌가 딸 서영우의 모욕에도 오혜원은 눈 하나 꿈쩍 않는다. 이해관계가 묘하게 엇갈리는 재벌가의 회장, 아내, 딸 사이를 줄타기하며, 가치판단의 스위치를 꺼버린 듯이 오혜원은 묵묵히 제몫의 '일'을 해낸다. 어떤 상황에도 아무렇지 않았던 그 얼굴이 갑자기 견딜 수 없는 가면처럼 느껴진 것은 스무 살 연하의 이선재를 만난 탓이다. 이선재의 조건 없는 사랑을 받으며 오혜원은 잊고 있었던 자신의 다른 얼굴들을 떠올린다. 그럼에도 끊임없이 어쩔 수 없다면서 이 모든 것이 "어른의 세계"의 필연이라고 말하는 오혜원에게 이선재는 말한다. "제발 자신을 불쌍하게 만들지 마세요." 어쩔 수 없다고 생각하며 자신을 연민하는 것은 자기기만에 불과하다. 오혜원은 그저 상류층의 생활, 아트센터의 수장이라는 미래를 포기할 수 없을 뿐이다. 재벌가의 집사로 산다는 자괴감보다는 부와 권력에 대한 욕망이 컸을 뿐이다.

비자금에 대한 검찰의 수사망이 좁혀오자 재벌가는 오혜원에게 희생양이 되어줄 것을 종용한다. 한번 희생양이 되어주는 대가는 달콤할 것이다. 그러나 오혜원은 그 순간 이제까지 보여왔던 얼굴을 더 이상 제 것으로 삼지 않기로 마음먹는다. 그녀는 모든 비자금 자료를 검찰에 내어줌으로써 재벌가를 재판대에 오르게 한다. 그러나 비자금 관리의 한 축이었던 자신 역시 형사 처벌을 피할 수는 없었다. 오혜원은 재판의 최후 변론에서 이렇게 말한다. "(재벌가의) 저분들이 어떤 벌을 받건 관심이 없습니다. 제가 주범이 아니라는 말로 선처를 구할 생각도 없습니다. 제가 행한 모든 범법 행위는 그 누구의 강요도 아니고 오직 저의 선택이었습니다. 잘못된 거지요. 그 덕에 저는 분에 넘치는 호사를 누렸습니다."

오혜원은 이 말로써 "자신을 불쌍하게 만들"지 말라던 이선재의 애원을 받아들인다. 그리고 애초에 선택권이 자신에게 있었음을 인정함으로써 비로소 자신이 원하는 다른 얼굴을 선택할 수 있게 된다. 어쩔 수 없었던 것이 아니라 실은 그게 자신이 원했던 것임을 받아들이자 그녀에게 새로운 선택의 가능성이 찾아왔다. 형기를 마치고 세상에 나온 오혜원의 삶이 전보다 나을 것이라는 보장은 없다. 어쩌면 '한 번 더 더러운 꼴을 보아넘길걸' 하며 후회할지도 모를 일이다. 하지만 그 지점에서 그녀는 다시 스스로 선택을 내리며 살아가게 되지 않을까. 어떤 것도 필연은 아니라고 믿으면서.

2

지도를 다시 읽다

일에서 원하는 것

덜컹거리는 현실에서

그나마 최선으로 일하려면

일을 이루는 수많은 결을

하나하나 발라내

균형을 맞춰가지 않으면

안 된다.

그리함으로써

우리는 일의 다른 실천으로

나아갈 가능성을

포착할 수 있을 것이다.

5
당신의 욕망은 얼마인가

당신이 벌고 싶어 하는 그만큼의 돈,
왜 그만큼의 돈이 필요한가?

당신 숫자는 무엇인가

올리버 스톤이 연출한 영화 〈월스트리트:머니 네버 슬립스〉의 한 장면, 월스트리트 투자은행의 신참 직원인 제이콥과 대형 투자은행의 대표인 브레튼 사이의 대화다.

제이콥   당신 숫자는 뭔가요?

브레튼   무슨 소리야?

제이콥   얼마큼의 돈이면 그 자리를 떠나 그냥 오래오래 행복하게 사실 건가요? 제가 보니 모두가 그런 숫자를 갖고 있던데요. 그것도 정확한 숫자로요. 그래서 당신 숫자는 뭐냐고 여쭙는 겁니다.

브레튼　　더 많이.

　실제로 투자은행업에 잠시 몸담았던 때 "얼마 찍으면 은퇴하겠느냐"는 그 바닥 사람들의 흔한 심심풀이 대화 주제였다. 이 질문에 "아니, 나는 이 일이 좋아. 할 수 있는 한, 끝까지 할 거야"라고 답하는 사람은 하나도 보지 못했다. "돈이나 벌려고 하는 짓이지"라는 것이 그 동네의 쿨한 태도라 다들 그랬는지도 모른다. 어쨌든 그때 주어 삼키던 액수를 찍었으니, 이젠 됐다며 업계를 떠나는 사람은 단 한 번도 보지 못했다. 물론 그 액수를 찍었다고 해도 그 사실을 공공연히 털어놓을 사람은 없겠지만.

　영화의 브레튼처럼 다들 깨닫지 못할 뿐, 대다수에게 그 숫자는 '더 많이'다. 애초에 맘에 품었던 숫자에 도달하는 순간 그 숫자는 '더 많이'로 달음질쳐나간다. 영영 가닿을 수 없는 과녁인 셈이다. 돈을 벌면 벌수록 달라지는 것은 통장 잔고만이 아니다. 생활 방식 자체가 점점 돈이 더 드는 방향으로 바뀌기 마련이다. 예를 들면, 버스나 지하철을 타는 대신 택시를 타게 되고, 더 크고 좋은 차를 몰게 되며, 집을 늘리고 그에 따라 관리비도 늘어나고, 옷도 조금씩 더 값나가는 브랜드를 걸치게 되며, 약간 더 좋은 헬스클럽에 다니게 되고, 일상적인 점심에 치르는 무감각한 가격의 상한선이 1만 원쯤에서 2만 원 정도로 올라간다. 모든 것이 나도 모르는 사이 조금씩 변해가고 그 모든 것이 더해져 '현재의 생활

수준을 유지하는 최소액'은 점점 커져간다. 그리고 어느 틈엔가 '그만두고 싶어도 그럴 수 없어'의 함정에 빠지고 만다. 브레튼 같은 억만장자에게만 해당하는 이야기가 아니다. 꼭 필요하다고 믿는 돈의 액수가 어디에서 출발했든, 벌면 벌수록 그 액수가 늘어나게 되어 있다는 것만은 누구에게나 해당한다.

브레튼의 문제는 여기서 그치지 않는다. 필요한 금액이 '더 많이'가 되고 마는 것이라면 차라리 희망은 있다. 자신의 소비를 돌아보고 곰곰이 그 필요를 되짚는다면 돈벌이의 쳇바퀴를 멈출 가능성이 없지는 않다. 그러나 '더 많이' 필요한 것이 아니라 '더 많이' 자체가 목표가 된다면 상황은 좀 더 심각하다. 돈을 도구로서가 아니라 그 자체로 사랑하는 상태에 빠진 것이다. 이른바 돈 중독, 브레튼 같은 사람이 앓는 병이다. 사실 돈벌이에 중독되어 목표 액수를 채우고도 돈벌이를 멈추지 못하는 사람은 허다하다. 아직 목표 액수를 채우지 못했다고 믿을 뿐이다. 돈이 어디에 쓰일지는 이미 관심사가 아니다. 그들이 탐닉하는 것은 돈벌이라는 게임이다.

월스트리트의 헤지펀드 트레이더로 일하다가 비영리단체인 그로서리십스Groceryships를 세운 샘 포크가 털어놓는 이야기는 알코올이나 마약 중독에서 벗어난 사람들의 회고담과 다를 바 없다. 샘 포크는 월스트리트에서 마지막으로 일한 해에 보너스로 360만 달러(약 40억 원)를 받았지만 액수가 적어 화가 났었다고 말한다. 그러면서 자신의 경험에 비추어보면 돈에 대한 탐닉과 집착이 알

코올 중독과 비슷했다고 고백한다. 그리고 그 바닥에서 돈 중독에 빠진 사람들을 숱하게 보았다고 털어놓는다. 그는 자신의 돈 중독을 깨닫고 월스트리트를 빠져나왔지만 모든 중독이 그렇듯 '해독'의 과정이 간단치는 않았다.

"제가 돈에 중독되어 있다는 것을 자각한 이후로도 월스트리트를 떠나는 것은 쉽지 않은 결정이었습니다. 돈이 바닥날까 두려웠고 제 주변의 모든 사람들이 돈 많이 버는 직장을 그만두는 것은 미친 짓이라고 말해서 더 어려웠습니다. 2010년에 저는 회사에 360만 달러 대신 800만 달러의 보너스를 요구했고, 제 상사는 만약 제가 몇 년 더 일한다고 약속하면 보너스를 올려주겠다고 말했습니다. 저는 회사를 그만뒀습니다. 그 첫해는 무척 힘들었습니다. 돈이 없어지는 악몽을 꾸기도 했고 제 동료가 승진했는지 기사를 샅샅이 뒤지기도 했습니다. 하지만 시간이 지날수록 괜찮아졌습니다. 저는 여전히 충분한 돈이 있다는 사실을 자각하게 되었습니다. 하지만 돈 중독은 쉽게 사라지지 않았고 때론 복권을 사기도 했습니다."[27]

돈벌이에 중독된 사람들에게 일은 순전히 돈벌이를 위한 수단일 뿐이다. 일 자체의 재미나 의미를 묻는다면 그들은 코웃음 칠 것이다. 순진해빠졌다는 소리가 돌아올지도 모른다. "왜 일을 하느냐고? 당연히 돈을 벌기 위해서지!" 여기서의 돈벌이는 밥벌이를 훌쩍 넘어선다. 돈은 밥을 위한 것이 아니라 그 자체가 궁극의 목표로 자리 잡는다.

그러나 다른 한편, 돈벌이로서의 일을 낮추어보는 세상이 있다. 지난해 '뉴스타파'의 인턴 채용을 두고 논란이 일자 뉴스타파의 최경영 기자는 트위터에서 "뉴스타파에서의 경험을 돈으로 계산하려는 분은 응시하지 마십시오"라는 일갈로 대응했다. 3개월의 정해진 기간을 두고 인턴을 채용하려던 뉴스타파의 시도 자체가 옳으냐 그르냐를 논하려는 것은 아니다. 다만 최경영의 저 발언에 "경험을 돈으로 계산"하는 일(여기서 '경험'은 분명 '노동'이요, '일'이다)을 낮추어보는 시각이 묻어 있다는 점만은 짚어두자. 이것이 최경영 한 사람의 유별난 시각은 아니다. 사실 비영리 부문이나 문화예술계에서는 이런 생각과 흔히 맞닥뜨리게 된다. 인턴이든 상근직이든, 노동의 대가로 치자면 턱없이 적은 돈을 가져가는 것이 그 판의 현실이다. 그러나 비영리 부문이나 문화예술계에서 처우를 개선해달라고 주장하는 일은 쉽지 않다. 그 분야의 조직들이 대체로 넉넉지 않은 형편인 데다가 돈을 이야기하는 것이 '비영리 활동'이나 '예술 작업'의 가치를 깎아내리는 짓이라고들 암묵적으로 생각하기 때문이다. "돈 벌려고 이 일 하냐"는 질문 앞에 활동가나 예술가는 너무 쉽게 속수무책이 된다. 이런 질문은 돈벌이냐 '활동(혹은 작업)'이냐, 둘 중 하나를 선택하라고 강요한다. 그리고 브레튼의 바닥과는 달리 여기서의 돈벌이는 밥벌이 그 자체다.

현실에서 일은 '그저 돈벌이'도 아니고, '감히 돈벌이'도 아니다. 사람은 다층적 존재이며 현실의 삶에는 수많은 요소가 복합적으로 작용한다. 일에도 여러 결이 존재한다. 브레튼의 일은 돈벌이의 결 하나만을 인정한다. 브레튼 앞에서 그 외의 다른 결을 이야기하는 것은 한가하거나 순진해빠진 소리다. 일을 이렇게 돈벌이의 결로 환원해버리는 것이 합당하지 못하듯이 일에 존재하는 돈벌이의 결을 무시하는 것도 똑같이 현실을 부인하는 태도다. 활동가의 일에는 '사회적 의미'라는 결이 가장 위에 놓이겠지만 그 아래에 돈벌이의 결, 즐거움의 결 등도 분명히 존재해야 한다. 돈벌이가 전부라는 중독에 빠지지 않으면서도 돈벌이의 무게를 부인하지 않아야 얼마큼의 돈벌이를 감당하며 살아갈지 냉정히 판단할 수 있다. 거기서부터 시작이다.

물론 돈과 보람과 즐거움 모두를 원하는 만큼 주는 일자리는 세상에 없다. 그러나 적어도 셋 사이의 균형점을 고민해볼 수 있어야 한다. 얼마큼의 보람을 위해 얼마큼의 돈벌이를 포기할 수 있는지. 또 얼마큼의 돈벌이를 위해 얼마큼의 즐거움을 내려놓을 수 있는지.

어쩌면 일에 대해 고민한다는 것은 문제를 정교하게 구성하는 작업일지 모른다. 일을 그저 돈벌이라고, 혹은 사회적 헌신이라고, 혹은 꿈을 이루기 위한 것이라고 뭉뚱그린다면 우리가 머릿속에 그리는 일은 늘 현실에서 몇 발자국 떨어진 환상일 것이다. 덜컹거리는 현실에서 그나마 최선으로 일하려면 일을 이루는 수

많은 결을 하나하나 발라내 균형을 맞춰가지 않으면 안 된다. 그리함으로써 우리는 일의 다른 실천으로 나아갈 가능성을 포착할 수 있을 것이다.

필요와 욕구에는 가격표가 있다

"돈을 왜 버는가"라고 묻는 것은 어리석겠지만 "왜 그만큼의 돈을 버는가"라는 질문은 던져볼 만하다. 아니, "이만큼밖에 벌 수 없어서지!"라는 성난 대답이 돌아올지도 모르겠다. 그렇다면 "당신이 벌고 싶어 하는 그만큼의 돈, 왜 그만큼의 돈이 필요한가?"라고 바꿔 물어도 좋다.

나는 직장을 그만두기 전에 꽤 오랜 시간 고민했다. 아마 족히 3년 정도는 고민을 붙들고 전전긍긍했던 것 같다. 길었던 고민 끝에 결심을 했지만 매달 꼬박꼬박 들어오던 돈이 사라지는 상황에 대해선 여전히 겁이 났다. 두려움은 마음을 다잡고 용기를 낸다고 떨칠 수 있는 것이 아니다. 두려움의 대상이 무엇인지, 그 대상이 실제로 존재하는지 정확히 이해해야 한다. 잠시 다른 얘기를 하자면, 비즈니스 컨설턴트가 되어 처음 배우는 것은 '문제를 규정하는 법'이다. 비즈니스 컨설팅이란 하나의 '문제 해결 과정'이다. 그 첫 단계는 해결할 문제가 무엇인지 규정하는 것이다. 올바른 문제를 선택하는 것, 그 문제를 충분히 구체적으로 규정하는 것이, 조금 과장하면, 컨설팅의 절반이다. 삶의 많은 측면에서도 똑같은 원칙이 적용된다고 나는 믿는다. 어려움에 부딪혔을 때 돌파해야 할 문제가 무엇인지 정확히, 구체적으로 이해하지 않고서는 앞으로 나아갈 수 없다. 돈 문제는 비교적 구체적으로 규정하기 쉽다. "월급이 끊기면 먹고살기 힘들 거야. 무서워." 이런 식으로 두루뭉술하게 생각해서는 그저 마음을 다잡으란 결론에만 도달할 뿐이다. "현실이 그런 것이니 참으라"거나, "다 먹고 살게 되어 있으니 용기를 내라"거나. 그 흔한 '정신력' 타령이 이와 별반 다르지 않다.

"나에겐 매달 최소한 ××원의 돈이 필요하고, 좀 더 여유 있게는 ○○원이면 좋겠다. 직장을 그만두고도 ××~○○원의 돈을 벌 방법이 있는가?" 적어도 이 정도로 구체적으로 문제를 규정해야 한다. '최소한 ××원부터 여유 있게 ○○원까지'라는 범위는 필요(욕구)를 구체적으로 이해해야 설정할 수 있다. 최소한 6개월 분량의 가계부를 쓴다. 이제 지출 항목을 2×2 매트릭스로 나눠보자. 한 축은 그 항목의 우선순위가 높은지 낮은지에 따른 분류, 다른 한 축은 그 항목에 지출하는 돈이 큰지 작은지에 따른 분류다.

우선순위라 함은 그 항목으로 해소하는 필요가 얼마나 긴박한 것인가를 가리킨다. 일상을 꾸리기 위해 반드시 필요한 것이라면 우선순위가 높은 소비 항목이다. 주거비나 기본적인 식비가 여기에 포함될 것이다. 없어도 큰 무리가 없는 것이라면 우선순위가 낮게 분류한다. 대개의 사람들이 중요하게 여기지 않더라도 자신

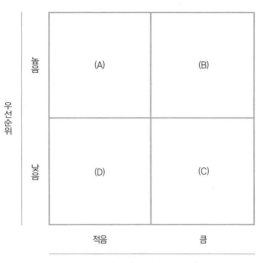

드는 돈(=돈벌이 일의 시간)

은 포기할 수 없는 중요한 욕구가 있다면 우선순위가 높은 것으로 보아야 한다. 사람마다 욕구의 우선순위는 다르기 때문이다. 우선순위를 정했다면 이제 소비 항목들을 오른쪽의 매트릭스에 집어넣는다. 우선순위가 높은데 돈이 크게 들지 않는 항목(A에 해당)이라면 '최소한'의 범위에 집어넣는다. 우선순위가 낮은데 돈이 많이 드는 항목(C)이라면 최대한 버리고 가는 것이 현명하다. C에 들어가는 항목이라면 '여유 있게'의 범위에조차 넣지 않을 수도 있다. 매트릭스를 그려보고서야 이런 불필요한 곳에 이렇게 많은 돈을 쓰고 있었나를 깨닫기도 한다. 우선순위가 낮고 돈도 크게 들지 않는 항목(D)에는 때에 따라 상황에 따라 돈을 쓸 수도 쓰지 않을 수도 있다. '최소한'에는 들어가지 않지만 '여유 있게'에는 들어가는 항목인 셈이다.

우선순위가 높으나 돈이 많이 드는 항목(B)이 가장 큰 고민이다. 하나하나 현실의 형편과 자신의 마음을 점검하고 소요되는 금액을 줄일 수 있는지 따져봐야 한다. 얼마큼을 꼭 필요한 돈으로 볼지는 얼마큼의 돈벌이 노동을 감당할 것이냐로 정확히 환산된다. 그 정도의 시간을 돈벌이 노동으로 채울 만큼 그 소비 항목이 중요한지 스스로 묻고 답해야 한다. 돈벌이 노동이 그다지 괴롭지 않다면 크게 고민하지 않아도 좋을지 모르겠다. 이 매트릭스를 따져보기 시작했다면 이미 그렇지 않을 공산이 크지만.

물론 이런 분류와 판단은 지극히 기계적인 도식이다. 그럼에도 내 경험에 비추어보면 이 과정은 두려움을 더는 데 큰 도움이 되어주었다. 실제로 얼마를 어디에 쓰고 있는지, 그중 고정비와 변동비가 얼마인지, 내 욕구의 우선순위와 지출순위가 얼마나 정렬되어 있는지 알고 나자 두려움이 한결 줄었다. 그리 중요하지 않은데도 생각보다 많은 돈을 쓰고 있는 항목이 꽤 됐다. 그런 항목들을 정리해보니, '최소한' 필요한 돈의 액수는 어림짐작하던 것보다 적었다. 나의 '감'은 필요한 돈이 아니라 벌고 싶은 돈 쪽에 가까웠던 것 같다. 물론 나는 운이 좋은 경우였을 것이다. 일단 부양할 가족이 줄줄이 있는 처지가 아니었으니, 나 자신의 욕구만 곰곰이 들여다보는 것으로 답을 찾을 수 있었다.

현실에서 이 매트릭스는 고정된 것이 아니다. 필요와 욕구의 우선순위는 상황에 따라 달라진다. 각 항목에 드는 돈도 마찬가지다. 서울 한복판에서 회사에 다니며 금융업계 사람들과 교류하던 시절의 내 욕구와 대관령에 내려와 글을 옮기고 협동조합 일을 하며 사는 지금의 내 욕구는 크게 달라졌다. 예전에는 꼭 필요하다고 생각했던 것도 지금은 전혀 그렇지 않다는 것을 발견하곤 한다. 지출 금액뿐만 아니라 항목 자체가 달라졌다. 과거의 내 욕구를 버리겠다고 마음을 다잡았기 때문이 아니다. 사는 환경과 만나는 사람이 달라지면 자연스레 욕구가 변한다. 물론 전에 없던 새로운 욕구가 생기기도 했다. 다행히도 새로 생긴 욕구는 사라진 욕구보다 유지 비용이 적게 든다. 돈을 버는 데 쓰는 시간이 줄어들면 일상도 다른 방식으로 재편된다. 이때 돈을 쓰는 방식으로 남은 시간을 보내느냐 아니냐에 따라 매트릭스의 모양새는 크게 달라질 것이다.

돈의 구속력에서 한 뼘 놓여나기

최근 일본 고등학생 35만 명에게 물은 결과 응답자의 절반 이상이 "자신의 미래에 대단한 기대를 갖고 있지 않으며 '경쟁해서 출세하고 싶다'는 생각 따위는 하지 않는다"고 답했다고 한다.[28] 일본의 철학 하는 발명가라 불리며 이른바 '발명창업학원'을 운영하고 있는 후지무라 야스유키는 이런 '평화공생지향' 젊은이들이 1990년대 후반 대거 시골로 이주했지만 그 결과는 참담했다고 말한다. 이들은 시골에서 그 대단하지도 않은 기대를 채울 만큼의 돈벌이조차 찾을 수 없었고, 결국 도시로 돌아와 울며 겨자 먹기로 경쟁의 대열에 다시 합류할 수밖에 없었다고 한다.

야스유키는 이 문제를 해결하려는 생각으로 '3만 엔 비즈니스'라는 아이디어를 내놓았다. 3만 엔 비즈니스란 말 그대로 한 달에 3만 엔(약 30만원)을 벌 수 있는 사업을 가리킨다. 여기에는 몇 가지 조건이 따른다. 첫째는 한 달에 이틀 이상 일해서는 안 되고, 둘째는 경쟁을 유발하지 않는 '착한' 사업이어야 한다. 만일 3만 엔으로 부족하다 싶으면 3만 엔 비즈니스를 여러 개 하면 된다. 그러나 하나의 3만 엔 비즈니스에서 3만 엔 이상을 벌어서는 안 된다는 것이 기본 전제다. 야스유키가 생각하는 독신 젊은이의 적절한 소득액은 9만 엔이다. 따라서 3만 엔 비즈니스를 세 가지 하면 이 액수를 달성할 수 있다고 말한다. 한 아이템에 이틀 이상 일해서는 안 되니, 9만 엔을 벌려면 한 달에 엿새 일하면 되는 셈이다. (이틀 일하고 3만 엔을 버는 것이 가능한지는 여기서의 논점이 아니다. 그것이 정말 가능한지 따져보고 싶으신 분은 《3만 엔 비즈니스, 적게 일하고 더 행복하기》에서 야스유키가 소개하는 사업 아이템들을 살펴보시길.) 자, 이제 남은 24일을 채울 당신의 욕구가 무엇인지가 문제다. 그 욕구에 드는 돈이 얼마인가가 3만 엔 비즈니스를 통한 삶의 지속 가능성을 결정한다. 돈은 '착하게' 버는데 소비 욕구는 '착하지' 않다면 9만 엔이 '적절한 소득액'이 되어줄 리 만무하다.

홍대 인근에 둥지를 튼 '문화로놀이짱'이란 사회적 기업이 있다. 폐목재를 재활용하여 가구를 만드는 공방인 동시에 손노동이 깃든 삶의 방식을 알리는 시민 학교다. 2006년 안연정 대표는 나눠 쓰고 공유하는 시장을 만들기 위해 홍대 부근에 작은 공동 마켓을 열었고 그곳에서 알음알음 알던 재주꾼들과 뭉쳐 2010년 문화로놀이짱을 설립하기에 이른다.[29] 문화예술 기획자였던 안연정은 우연한 계기로 손노동의 기쁨에 눈을 뜨게 되었고 그렇게 얻은 새로운 감각이 삶의 소비구조를 달라지게 했다.

"(딱 원하는 물건을 시장에서 살 수 없으니) 그럼 직접 만들어볼까 생각하고 작업을 시작했는데, 엄청난 무아지경에 빠졌다. 내가 사용할 수 있는 에너지의 총량을 쓰지 않고 있구나, 총량을 쓸 때 만족감이란 이런 거구나, 몸으로 하는 노동이 주는 엄청난 몰입의 기쁨이 있구나 하는 환기가 있었다. 몰입의 기쁨을 느끼고 직접 만들어보는 경험을 하다 보면 자연스럽게 문제 해결력이 생긴다. 주변의 물건들이 어떻게 조립되었는지 관심을 갖게 되고 집 안에서 생긴 작은 문제들도 스스로 해결해보고자 하는 마음이 생기고, 그러다 보면 내가 화폐를 교환하면서 사는 삶 말고는 할 줄 아는 게 없다는 걸 깨닫게 된다. 형광등을 갈고, 문을 고치고, 이렇게 직접 할 수 있는 일이 하나씩 생기다 보면 내 삶의 규모가 어느 정도만 돼도 되겠구나 하는 생각이 들기 시작한다. 주변에 비슷한 생각을 하는 친구들이 있고 자꾸 모이다 보면, 술집 가서 10만 원 내고 술 먹는 것보다 내 집에 친구들 초대해서 음식 만들어 먹고, 친구들이 가지고 있는 기술들 같이 배워 가방 같은 것을 직접 만들어 쓰는 게 훨씬 재미있다는 걸 알게 된다. 내가 갖고 싶은 걸 만들 수 있기도 하고. 그러다 보면 내 집도 직접 꾸미고 싶단 생각도 들고. 이런 식으로 시간을 소비하는 방식이 달라진다. 모든 게 연결되어 있다. … 손노동을 하면서부터 몸의 감각이 깨어나고, 그러다 보면 일상에서 찰나 같은 것들을 경험할 수 있는 여유와 시각이 생기는 것 같다. '인간으로 태어나 누릴 수 있는 것들과 생성시키고 개발할 수 있는 감각이 이렇게 많았구나'를 알게 되면서 세상의 시선이나 구조에 크게 연연하지 않게 되었다. 돈의 양, 경제적 형편 때문에 주눅 들지 않고 자존감이 생겨났다."[30]

돈 아니면 해결할 수 없는 욕구를 줄이는 만큼 돈벌이의 무게를 덜 수 있다. 안연정이 말하는 삶에서는 많은 욕구가 돈 없이 혹은 매우 적은 돈으로 해결된다. 어쩌면 이런 것이야말로 진짜 '경제적 능력'의 확대가 아닐까? 경제활동이 곧 화폐를 버는 활동이 된 것은 그리 오래된 일이 아니다. 경제economy라는 말은 그리스어 오에코노미아oekonomia에서 비롯되었다고 한다. 오에코노미아는 '가정oikos'과 '질서nomos'가 합해진 말로, 원래 뜻은 '집안 살림'이었다. 최초의 경제학자로 불리곤 하는 아리스토텔레스는 집안 살림을 꾸린다는 의미의 오에코노미아와 재물을 획득하는 기술을 명확히 구분했다. 오에코노미아는 '돈 버는 일'로 간단히 환원되지 않는다. 경제학자 홍기빈은 이 개념을 빌려와 '돈벌이 경제'와 구분되는 '살림살이 경제'라는 개념을 제시한다. 돈벌이 경제가 화폐로 계산되는 경제활동만을 포함한다면 살림살이 경제는 "사람이 살아가면서 느끼게 되는 정신적·물질적 욕구를 충족하기 위한 유·무형의 수단을 조달하는 행위" 전체를 아우른다.[31] 살림살이 경제에서는 해소해야 하는 욕구가 물질적 욕구만을 포괄하지 않으며, 또 그 욕구를 해소하기 위한 수단이 꼭 돈만인 것도 아니다. 경제가 곧 돈벌이 경제라고 자연스럽게 받아들이는 사회에서는 돈을 많이 벌고 많이 쓰는 사람이 커다란 경제적 능력을 가진 셈이다. 그렇지만 이런 셈법이 정말 맞는 것일까? 한쪽에는 한 시간 동안 돈을 10만 원 벌면서 그 자체로 즐거워하는 사람이 있는가 하면, 다른 한쪽에는 한 시간 동안 20만 원을 벌지만 똑같은 즐거움을 누리려면 20만 원을 써야 하는 사람이 있다고 생각해보자. 양쪽은 똑같은 즐거움을 누렸지만 전자에겐 10만 원이 남았고 후자에겐 한 푼도 남지 않았다(이 역시 매우 '화폐적' 계산법이기는 하다). 과연 어느 쪽의 경제적 능력이 더 큰 것일까?

자신이 원하는 물건을 직접 만들고 뚝딱뚝딱 스스로 집을 꾸미는 일은 GDP에 잡히지 않는 '비'경제적 활동이다. 하지만 살림살이 경제의 기준으로 보면 매우 경제적인 활동인 동시에 아주 '효율적'이기도 하다(주류 경제학에서는 그 시간에 가장 잘하는 일을 해서 돈을 버는 쪽이 가장 효율적이라고 말하겠지만). 1만 원을 들여 샀어야 할 물건을 직접 만들었다면 1만 원을 아낀 데다가 추가로 몇만 원쯤 들여야 누렸을 즐거움까지 공짜로 누린 셈이다. 안연정이 말하는 손노동이 돈을 버는 일인지 아닌지는 생각하기 나름이겠지만, 명실상부한 살림살이 경제활동인 것만은 분명하다. 이런 삶에서는 돈 쓰는 소비와 돈 버는 생산의 경계가 희미해진다.

소비와 생산의 이분법에서 벗어난 살림살이 활동이 늘어나는 것은 탈산업사회가 필연적으로 요구하는 해법이기도 하다. 3차 산업혁명으로 생산성은 현저히 높아졌고 사회 전체를 놓고 보면 엄청난 시간이 생산 공정으로부터 해방되었다. 그러나 산업 시대에서 벗어나지 못한 제도 환경은 그 시간을 '자유'가 아니라 '실업'으로 바꿔놓았다.[32] 산업사회가 정의하는 '생산 활동'만을 일로 규정하고 그 나머지를 모두 '소비 활동'에 쓸어 넣어버린다면 수많은 사람이 불가피하게 실업에 시달릴 수밖에 없다. 얼마 남지 않은 일자리를 두고 경쟁은 점점 더 치열해진다. 일자리를 차지한 이는 지키기 위해 고달프고 차지하지 못한 이는 쓸모없는 존재로 전락한다. 누구도 행복할 수 없는 사회다. 사회적으로나 개인적으로나 우리에겐 새로운 일의 정의가 필요하다. 그리고 새로운 일의 정의는 새로운 '소비'의 정의를 가져오고, 결국 새로운 방식의 삶을 상상할 수 있게 해줄 것이다.

안연정이 겪었다는 삶의 변화가 보통 사람은 엄두내지 못할 어려운 시도로 보이지는 않는다. 모두에게 손노동의 체험만이 정답은 아닐 것이다. 돈 많이 벌고 돈 많이 쓰는 삶보다 어떤 식으로든 돈 들이지 않고 놀며 사는 능력을 조금씩 기르는 것, 더 나아가 돈 들이지 않고 살 수 있는 관계망을 차근차근 쌓아가는 것이 필요하지 않을까. 그럴 때만이 '돈벌이라 어쩔 수 없이 하는 일'의 굴레에서 벗어나 비로소 일을 즐길 수 있을지도 모르겠다. 그 때쯤에는 소득과 소비의 셈법, 앞서 구구절절 설명한 매트릭스 같은 것을 좀 잊고 살아도 속수무책은 아닐 것이다.

돈을 적게 쓰는 삶의 구조를 만들기 위해 욕구를 무작정 줄여야 한다면 그 구조는 지속 가능하지 않다. 나는 인간 욕구의 총량을 줄일 수 있다고는 믿지 않는다. 우리는 그저 하나의 욕구를 다른 욕구로 대체할 수 있을 뿐이다. 욕구를 대체하려면 삶의 다른 배치로 들어가야 한다. 저비용 구조로 자신의 욕구를 재편하고 싶다면 다른 장소와 다른 관계망 안으로 들어가야 한다. 일상에서 무엇을 하고 무엇을 보고 무엇을 듣는지, 어떤 사람과 시간을 보내는지가 우리 욕구의 많은 부분을 결정한다. 다른 종류의 활동을 하고, 다른 종류의 관계를 맺고, 다른 종류의 경험을 시도하지 않는다면 다른 종류의 욕구가 생길 리 만무하다.

나 역시 그렇게 조금씩 시도를 넓혀보려고 노력 중이다. 시장사회에서 살아가면서 돈으로부터 완전히 자유롭게 삶을 꾸리는 일은 물론 불가능할 것이다. 우리의 일은 언제나 돈벌이의 결을 포함할 수밖에 없다. 하지만 그 결이 일 전체를 지배하여 다른 모든 결들을 집어삼키지 못하게 하려면 화폐경제 밖에서 해결할 수 있는 필요와 욕구를 늘려가야 한다. 자신의 일상을 돈벌이 경제 밖에서도 그럭저럭 꾸릴 수 있다고 믿을 때, 그것도 꽤 즐겁고 행복하게 그럴 수 있다고 생각할 때 생계에 대한 우리의 공포는 사라진다. 공포만 사라져도 일은 훨씬 더 수월해질 것이다. 어느 날 일자리를 갑자기 빼앗기고 돈벌이 경제 밖으로 밀려난다고 해도 삶 전체가 당장 나락으로 빠져들지는 않을 것이란 믿음이 오늘의 고된 일을 좀 더 견딜 만하게 해줄 것이다. 그렇게 되면 일의 다양한 결들이 좀 더 모습을 드러내게 되고 일이 지닌 돈벌이의 결조차 한층 부드러워질 것이다.

6

돈되는 일만 일일까

가격표가 없다면 인간은 게을러지려고 하고
그 능력과 상상력이 부패하고 녹슬게 된다고 생각하는 건
인간의 본성을 무시하는 일이다.
지그문트 바우만

'잉여짓'은 왜 일이 아니란 말인가

회사를 그만두고 얼마 지나지 않아 광화문 부근에서 첫 직장 동료와 우연히 마주쳤다. 내가 회사를 그만두었다는 소식은 이미 전해 들은 모양이었다.

"요즘 어디에 있어요?"

"대관령에 있는데요."

잘 알고 있다. 그 어디는 이 어디가 아니라는 것을. 하지만 나는 못 알아들은 척, 곧이곧대로 답을 한다.

"거기서 뭐해요?"

"그냥 놀아요."

구구절절 내가 하는 일을 설명하기 뭣할 때, 상대가 '진짜 대답'을 이해하지 못할 것 같을 때 나는 세상의 프레임에 따라 대답하는 것을 그리 꺼리지 않는다. 그럴 때 대답은 "그냥 놀아요"다. 실은 '백수가 과로사할 지경'이란 말을 몸소 실천하며 어느 때보다도 바쁠 때였다. 아침부터 저녁까지 꽉꽉 채운 시간표를 소화하다가 앓아눕기까지 했다. 하지만 딱히 고정된 돈벌이를 갖고 있지 않았으니, 일반적인 도식에 따르자면 '그냥 논다'는 말이 거짓말은 아니었던 셈이다.

'잉여'라는 말은 이제 흔히 쓰이는 일상어가 되어버렸다. 이른바 '잉여 현상'에 대한 담론도 한 차례 휩쓸고 지나갔으니, 더 이상 분석하고 말고 할 것도 없다. 잉여라는 말은 마르크스의 '잉여가치'라는 용어를 떠올리게 한다. 마르크스가 말하는 잉여가치는 자본가가 투입한 비용 이상으로 거두어들이는 이윤을 일컫는다. 마르크스는 그 잉여가치가 인간의 노동에서 나온다고 보았다. 그러나 아이러니하게도 오늘날 '잉여인간'이나 '잉여력'이나 '잉여짓'은 잉여가치를 만드는 데 쓰이지 못하는 사람이나 노동력이나 활동을 가리키는 말이다. 여기서 잉여라는 말은 이윤이 아니라 쓸모없는 과잉의 것을 가리킨다. 돈이 아니고는 넘쳐서 좋을 것이 하나도 없다. 돈이 되지 않는 모든 것이 쓸모없는 과잉이고 잉여다.

잉여와 잉여 아닌 것을 가르는 기준은 돈벌이가 되느냐 아니냐다. 그 기준을 따르자면 일은 돈벌이와 같은 말이다. 돈벌이가 필요한 이유는 뻔하다. 먹고살기 위해서는 말할 것도 없고, 그밖에 우리의 욕망 대부분이 시장을 경유한다. 훌륭한 소비자가 곧 능력 있는 인간으로 치환되는 사회다. 벌어들이는 돈의 양으로 일의 성과가 측정되는 것은 자연스러운 일이다. 돈벌이를 해야 하는 우리는 모두 카지노에 발을 들여놓은 사람들이다. 카지노에서 게임의 자원으로 인정받는 것은 오로지 칩뿐이다. 무엇이 칩이고 무엇이 칩이 아닌지 결정하는 것이 바로 카지노가 지닌 권력의 핵심이다. 카지노에 입장한다는 것은 칩이 통용되는 유일한 자원임을 인정한다는 의미다. 카지노에서 일이란 칩을 늘리기 위한 것이고, 칩을 늘리는 일에 얼마나 유용한지에 '쓸모'라는 이름이 붙는다.

칩이 오고 가는 테이블에 앉지조차 못한 이들을 우리는 '잉여'라고 부른다. 이들이 테이블에 앉으려고 노력하기는커녕 허튼짓만 벌인다면 그 활동은 '잉여짓'이 된다. 사회학자 지그문트 바우만이 지적한 대로, 오늘날의 잉여는 일시적인 비정상 상태가 아니다. 과거 '실업unemployment'이 직업을 '잠시 잃은' 상태를 일컬었다면 오늘날의 실업은 정상 사회가 언제나 포함하고 있는 일상적 현상이다. 높은 실업률이 현대사회의 고질적인 문제로 자리 잡은 것은 이미 하루 이틀 일이 아니다. 경제 성장률이 조금 나아지는 시기에조차 실업률은 그다지 개선될 기미를 보이지 않는다. 이런 실업의 문제는 청년층으로 갈수록 더욱 심각해진다. 제대로

된 일자리에 아예 발을 들여놓지 못하는 사람들이 부지기수다. 불안정 고용이나 실업 상태가 일상인 사람들이 사회에 필연적으로 존재하는 하나의 계층으로 자리 잡은 지 오래다. 일상적 실업에 놓인 사람들은 잉여로 일컬어진다. 그러나 이 잉여들이 아무것도 하지 않을 리는 없지 않은가. 그들에게도 일상이 있는 한, 그들 역시 무언가에 에너지를 들여 일을 한다. 그러나 이들이 벌이는 일은 '일'이라고 불리지 못한다. 그들 자신조차 잉여짓이나 할 뿐이라며 자조한다. 그 활동이 무엇이냐가 그 활동을 잉여짓으로 불리게 하는 것이 아니다. 돈벌이가 되느냐, 즉 가격표가 붙어 시장에 진열될 자리가 있느냐가 그 활동을 일로 또는 잉여짓으로 만든다.

'잉여' 인구 전체가 배출되지 않은 채 '쓸모 있고' '적법한' 사람들과 함께 밀집 상태로 남아 있을 때 일시적인 무능력자와 절대적인 쓰레기 범주에 해당하는 이들을 구분하는 경계선은 흐릿해지고 더 이상 알아볼 수가 없어진다. '쓰레기'가 된다는 건 예전처럼 사람들 가운데에서 격리된 일부의 문제가 아니라 모든 이들에게 가능한 전망이 된다.[33]

청년 고용률이 30퍼센트대까지 추락했다는 요즘[34] 잉여로 전락할지 모른다는 위협으로부터 안전한 사람은 많지 않다. 잉여가 된다는 것은 더 이상 그리 특이한 일이 아니다. "장판이 난지 내가 장

106

판인지 모르게"[35] 방바닥에 눌러 붙은 잉여들은 인터넷을 통해 서로의 존재를 확인한다. 이제 잉여라는 지칭은 하릴없는 타인을 향한 비하의 말이 아니다. 많은 사람이 오히려 스스로 잉여라고 이름 붙이는 쪽을 택한다. 이제는 너도 나도 잉여를 자처하며, 서로의 존재를 위로 삼는다. 온라인 커뮤니티를 중심으로 자칭 잉여들은 스스로의 문화를 만들어낸다. 덕분에 그야말로 '잉여력 쩌는 쓸고퀄(쓸데없이 고高 퀄리티)' 이미지와 동영상이 화려한 '드립'과 어우러진다. 그러나 유머의 옷을 입은 잉여의 자칭은 늘 씁쓸한 웃음을 자아낸다. 자조적으로 잉여임을 자처할 때 그 바닥에 깔리는 정서는 무력감이다. 돈벌이에 고용되지 못한다는 사실은 생계에 대한 공포에 직접적으로 노출되지 않은 경우에조차 괴로움을 자아낸다. 돈벌이에 쓰이지 못하는 것이 곧 세상에서 쓰이지 못하는 것과 같은 의미가 되기 때문이다. 그래서 스스로 잉여임을 내세우는 모습에서는 '차이기 전에 먼저 차겠다'는 식의 방어 심리가 읽히기도 한다.

한편 "잉여가 뭐 어때서?"라는 식의 적극적 전략을 취하는 쪽도 있다. 이들은 잉여라는 말에 적극적인 의미를 부여한다. 일이라 불리지 못하는 내 활동이 실은 잉여짓이 아니라고 선언하는 식이다. 잉여인 편집장, 이른바 '잉집장'이라고 자신을 소개하는 최서윤은 2년 동안 거푸 언론 고시에 낙방하자 "더럽고 치사해" 스스로 언론인이 되기로 마음먹고 〈월간 잉여〉를 펴내기 시작했다. 〈월간 잉여〉는 "잉여의, 잉여에 의한, 잉여를 위한 잡지"를 표방하는[36], 세상 잉여들의 경험과 시선을 담은 잡지다. 〈월간 잉여〉를 펴내는 일이 그에게 돈벌이가 되어주지는 않는 것 같다.[37] 그렇다고 그 자신이 잡지를 펴내는 활동을 일이 아닌 무엇으로 취급하는 것 같지도 않다. 그럼에도 잉집장이란 타이틀을 직업으로 보아야 하지 않겠냐는 질문에 최서윤은 이렇게 대답한다.

"사전적 의미인 직업인처럼 일할 때도 있었어요. 그런데 지금은 직업이라는 자의식보다는 제가 하는 여러 가지 일 중 하나라고 생각해요. 글 쓰는 사람, 문화 기획자, 사회 활동가로 일하거든요. 민폐 끼치지 않고 먹고살기 위해서 자립은 필요하죠. 하지만 그 방식이 규모를 갖춘 회사에 들어가서 몇 십 년씩 근무하는 형태에서 벗어나는 시대가 될 거라고 생각해요. 제가 하고 있는 일이 징후가 아닌가 싶기도 하고요. 이제 '가지가지 하는 그 모든 것들'이 업이 아닐까요. 한 가지의 직업을 갖기 위해 투쟁하는 게 아니라 먹고사는 문제를 해결하기 위한 노력은 하되 가지가지 하고 사는 거죠."[38]

돈이 되고 안 되고를 떠나 최서윤은 제 스스로 자신의 일을 만들었고 파편화된 활동들로 남았을지 모를 잉여짓을 〈월간 잉여〉라는 이름 아래 하나의 스토리로 꿰어냈다. 그것이 그의 브랜드가 되었고 직업이 되었다. 그리고 거기에서 파생된 여러 활동 덕에 그는 오히려 잉집장의 타이틀과 자신을 동일시하는 지점을 넘어선 것처럼 보인다. 하나의 직업으로 자신의 일을 규정하는 것이 아니라 자신의 다양한 욕구를 담아내는 "가지가지 하는 그 모든 것들"을 자신의 업이라고 부르고 있다. 최서윤도 자신의 일을 포트폴리오처럼 꾸려가는 것 같다.

롤링다이스(롤다)의 조합원 한나는 작년에 두어 달 동안 실직 상태에 있었다. 다시 직장을 구할 수 있을까 불안하긴 했지만 '그래도 나한테는 롤다가 있으니까'라는 생각이 불안함을 덜어주었다고 했다. 롤다는 조합원에게 월급을 주지 않는다. 각 조합원의 자본금 계좌로 돈이 쌓이고는 있지만 현재로서는 그 돈을 급여나 배당의 형태로 지급하지 않고 있다. 그러니 한나가 롤다로부터 느낀 일말의 안도감은 돈 때문이 아니었던 것이 분명하다. 당시 한나는 실직 상태였던 '덕'에 롤다에서 평소보다 훨씬 많은 일을 해주었다. 세상의 기준에 따르자면, 롤다의 일을 잉여짓이라고 부른다 해도 딱히 반박할 구실은 없다. 그렇지만 롤다는 한나에게 명함을 주는, 즉 세상 속의 좌표를 찍어주는 장소이자 자신의 잉여력에서 쓸모를 찾아내 감사해주는 장소였다. "어디서 일해요?"라는 질문에 "롤링다이스에서 일해요"라고 말할 수 있는 것이 위안이라고 한나는 말했다. 한나는 다시 취직했고 지금은 롤다의 다른 사람들처럼 투잡족이 되어 살고 있다.

미국 하버드 대학교에서 박사 후 과정 중인 이효석은 2012년 7월 친구들과 의기투합해 〈뉴스페퍼민트〉를 만들어 지금까지 이끌어오고 있다. 〈뉴스페퍼민트〉는 주요 외신 기사를 골라내 번역하고 요약해 소개하는 사이트다. 이효석은 필진들이 "평균적으로 매일 한 시간 반에서 두 시간"의 시간을 들이는 것 같다고 말한다. 적지 않은 시간을 투자하는 셈이다. 그럼에도 〈뉴스페퍼민트〉는 아직까지 어떤 수익모델도 시도하지 않고 있으니 현재로서는 운영자와 필진에게 돈벌이가 되어주는 일은 아닌 셈이다. 인터뷰 기사에 따르면 〈뉴스페퍼민트〉의 작업에 일손을 보태려는 자원자들도 적지 않다고 한다. 지금의 필진이나 자원자들이 〈뉴스페퍼민트〉 활동에서 기대하는 것은 무엇일까?

이효석은 "돈 안 되는 일을 하는 이유"를 묻는 기자의 질문에 첫째로 즐겁고, 둘째로 "이 일이 저희의 정체성에서 큰 부분을 차지하고 있다"고 대답한다. 〈뉴스페퍼민트〉가 미래에도 지금처럼 '돈 되지 않는 일'의 형태로 남아 있을지는 미지수다. 실제로 돈 버는 사업으로 전환할 가능성을 배제하고 있지는 않다고 한다. 돈 문제가 사이트의 지속 가능성과 결부되어 있기 때문이다. 하지만 "1년 뒤, 5년 뒤, 10년 뒤"의 전망을 묻는 질문에 이효석은 "일단은, 지금 이대로의 형태라도 그때까지 유지할 수 있다면 좋겠"다고 말한다. 그에게 〈뉴스 페퍼민트〉가 돈벌이로 나아가기 위한 준비 단계에 불과하지는 않은 것 같다.[39]

잉집장 최서윤과 롤다의 한나 그리고 〈뉴스페퍼민트〉의 이효석, 이들 셋의 돈 안 되는 짓은 일반적인 의미의 일은 아니다. 하지만 일이 아니라면 또 무엇이겠는가. 무엇보다도 이들 스스로 자신의 활동을 일이라고 부르는 데 별 주저함이 없는 것 같다.

2012년 〈포브스〉에 실린 한 칼럼[40]에서는 이런 현상에 멀티커리어이즘multi-careerism이라는 이름을 붙였다. 밀레니엄 세대라 불리는 오늘날의 청년층은 대부분 하나의 직업이나 직장이 자신을 설명해준다고 생각하지 않는다는 것이 이 칼럼의 논지다. 예전 세대가 자신을 '삼성맨'이나 '현대맨'으로 생각했다면 밀레니엄 세대는 자신을 '스마트폰을 만드는 사람'이라거나 '자동차를 디자인하는 사람'이라고 생각한다. 직장보다는 직업이 훨씬 큰 의미를 갖는다. 멀티커리어이즘은 여기에서 그치지 않는다. 동시에 여러 직업을 가지는 사람도 점점 늘어나고 있다. 밀레니엄 세대의 정체성은 하나의 일자리에 얽매이지 않는다. 자신이 어떤 '일-들'을 할 수 있느냐가 자신을 설명한다. 한 사람이 작가이며 프로그래머이며 동시에 목수인 것은 이 세대에게 그렇게 이상한 일이 아니다. 이런 사람에게 글쓰기와 프로그래밍과 목공은 모두 일로 불려야 마땅한 그의 업이 된다. 이 셋이 돈벌이가 되어주지 못한다 해도 모두 자신을 설명하는 한 부분이라는 점에서는 똑같다. 연구자인 이효석이 〈뉴스페퍼민트〉 일이 "저희의 정체성에서 큰 부분을 차지하고 있다"고 말하는 것도 그런 의미일 것이다.

시장의 가격표를 넘어서는 일하기

세상은 돈벌이만을 일로 여긴다고 했지만 여기엔 좀 과장이 섞여 있긴 하다. 학생이 공부를 하는 것, 주부가 가사를 살피고 아이를 돌보는 것은 돈을 받는 노동이 아니지만 대체로 별 거리낌 없이 일이라고 불린다. 그럼에도 돈벌이만이 일로 대접받는다는 말이 근본적으로 틀린 것은 아니다. 이 활동들조차 어떤 식으로든 결국 돈벌이로 연결된다고 여겨지기 때문이다. 학생의 공부는 일자리를 얻기 위한 준비. 가사 노동은 가장의 돈벌이 노동을 위한 보조적 활동으로 취급된다. 그래서 오늘날의 일반적인 가족 구조는 돈벌이 노동과 가사 노동 그리고 돈벌이의 예비 과정을 한 세트로 묶어내는 단위나 다름없다. 돈을 벌어오는 가장과 돈벌이를 보조하는 아내 그리고 후일 돈벌이에 나설 준비 중인 자녀. (점점 늘어나는 맞벌이 가정에서도 상황은 근본적으로 별로 다르지 않다. 가사 노동은 돈벌이를 보조하는 노동으로 늘 2차적인 것이며, 여전히 주로 여성의 몫으로 돌아간다.) 급진적 사상가 이반 일리치는 이렇게 "상보적이면서도 서로 배타적인 두 종류의 노동—하나는 주로 남성에게, 또 하나는 여성에게 부과된—을 연결하는 매개로 존재"하는 가족의 개념은 역사상 어디에도 존재하지 않았노라고 이야기한다. 가족은 언제나 경제의 단위로서 기능해왔지만 그 안에서 이루어지는 노동 사이에 이렇게 뚜렷한 위계가 생겨난 것은 산업화의 산물이다.[41]

일에서만 위계가 생기는 것이 아니다. 비슷한 방식으로 '놀이'에도 위계가 생긴다. 돈 잘 버는 사업가가 휴가를 내 만화를 본다면 그 모습에 잉여라는 단어를 떠올릴 사람은 드물 것이다. 사업가의 만화 보기는 나중의 열띤 돈벌이를 위한 재충전인 셈이다. 그에 반해 직업 없는 백수가 방바닥과 합체되어 만화를 보는 모습은 그야말로 완벽한 잉여의 그림이다.

　재충전으로서의 놀이는 돈벌이 노동을 보조한다는 의미에서 일의 연장선상에 놓인다. 돈 버는 사람에게만 허락되는 종류의 놀이인 셈이다. 놀이를 포함한 인간의 모든 활동에 '생산성'이라는 잣대가 드리워진다. 직원의 복지와 처우 개선이 그 자체로 가치 있는 목적이 되지 못하는 것도 같은 이유다. 생산성 증대에 궁극적으로 기여할 것이라며 정당화할 수 있을 때만 직원의 처우 개선은 합리적인 선택으로 받아들여진다. 직원의 복지 자체를 목적으로 삼는 기업이 있을 수 없듯이(그러나 여기에는 예외가 있다. 이 책의 뒷부분에서 소개할 것이다), 놀이 역시 이유와 의미를 증명해야 하는 활동이 된다. 직장인이라면 주말에 잘 놀아야 일도 더 잘할 수 있다거나, 어린이라면 잘 놀아야 창의성이 발달한다는 식이다.

　오늘날 사회가 따르는 일의 규정은 산업사회의 것이다. 브루니와 자마니는 현대사회가 골머리를 썩고 있는 실업 문제를 해결하려면 '일자리 활동job activity'의 개념과 그보다 훨씬 큰 '일work activity'의 개념을 나누어 생각할 필요가 있다고 말한다. 실업이라는 용어는 일자리 활동의 범주에서만 의미를 얻는다. 두 학자의 주장에 따르면 탈산업화사회는 일에 대한 수요가 충족되지 않은 채 넘쳐나는데도 동시에 일자리 부족, 즉 실업의 문제로 고통받는다. 풀어 쓰자면 일자리 활동, 즉 돈벌이 노동의 수요는 줄어 실업률은 점점 높아지지만 일 자체의 수요는 줄지 않고 오히려 늘어난다는 것이다. 일자리 활동이 아닌 일에는 우리가 이른바 잉여짓이라고 칭하는 각종 문화 활동이나 이른바 '관계재relational goods'를 생산하는 사회적 돌봄 활동이 포함될 수 있다. 예를 들면 장애인과 소수자 계층을 돌보는 활동에 일손은 언제나 부족하다. 다만 이런 활동은 일이 될 수는 있을지언정, 일자리 활동은 되지 못할 뿐이다.

1차 산업혁명 이전에 일과 일자리 활동은 같은 것이었다. 일한다는 것은 일자리를 갖는다는 뜻이었고 그 역도 성립했다. 공장 생산 체제가 탄생하면서 일자리는 사회적인 것으로 재탄생했다. 더 이상 자기 혼자 일하는 것이 일자리가 되지 못한다는 의미다. 이제 한 사람의 일자리란 대량생산 시스템 내에서의 좌표를 가리키게 되었다. 산업사회에서 일자리를 가지려면 자본에 '고용'되어야 한다.

산업화 초기에는 일자리에 노동자를 채워 넣는 것이 관건이었다. 산업화 이전에 사람들은 고용되지 않고도 스스로 일자리를 만들어 일하며 살아왔다. 산업자본은 그런 사람들을 고용된 일자리에서 일하도록 유인하는 데 골머리를 썼다. 탈산업화 시대에 접어든 지금, 상황은 역전되었다. 사람들은 일자리를 원하지만 자본은 예전만큼 사람을 필요로 하지 않는다. 브루니와 자마니는 산업 시대에나 탈산업화 시대에나 일자리와 일의 경계가 똑같이 적용되는 것이 근본적인 문제라고 지적한다. 그들은 "모두에게

임금 노동의 형태로 일자리를 제공한다는 개념은 좋게 봐주어도 순전한 유토피아적 발상이며, 나쁘게 보면 위험한 거짓말"이라고 말한다.[42] 일을 고용 중심으로 규정하는 산업 시대의 사고방식에서 이제 벗어나야 한다. 일의 규정을 고용시장 바깥에서 벌어지는 활동까지 아우를 만큼 넓히지 않는다면 '고용 없는 성장' 시대를 극복할 방법은 없다. 이를 위해서는 복지에 대한 새로운 정의, 일에 대한 새로운 보상 체계가 필요할 것이다. 구조적이고 사회적인 해결책이 필요한 지점이다.

개인의 층위로 다시 돌아오면, 일의 가치를 돈벌이의 크고 적음으로 따지는 것은 얼마나 허무한 일인가. 앞서도 말했듯이, 하나의 일에는 무수한 결이 존재한다. 다른 결들이 모두 무시되고 돈벌이의 층위로만 일이 가늠될 때 일은 그 자체로서의 본질적 가치를 잃고 그저 수단으로만 전락하고 만다. 일의 영역에서조차 돈으로 대가를 받지 못하는 노력은 이른바 '쓸고퀄'의 잉여다. 급여나 인사고과 점수로 환산되지 않는 노력은 기울이지 않는 것이 영리하다. 회사원이든 교사든 예술가든 누구든, 자신의 일 자체를 그저 더 잘하기 위해 애쓸 이유는 없다. 학급 아이들의 평균 점수만으로 평가받는다면 교사가 아이들의 마음에 애정을 기울이는 것은 불필요한 짓이 되고 만다. 한 시간당 몇 건의 콜을 소화했는가로 평가받는 콜센터 직원이라면 고객과의 통화에 성의를 들이는 것은 바보 같은 짓이다. 시험에 나오지 않을 것에 시간을 쏟는 학생은 요령이 없다는 핀잔을 받는다. 손님은 알아주지도 않는데, 천연 재료로 국물을 내느라 돈과 시간을 들이는 식당 주인은 실속 없는 고집을 부리는 셈이다.

돈벌이라는 목적에 딱 필요한 만큼만 일을 추구한다면 우리의 일은 점점 더 빛을 잃어갈 것이 뻔하다. 일은 즐거운 활동이 될 수도, 스스로 뿌듯함을 느낄 정체성이 될 수도 없다. 역량을 키울 수 있는 배움의 장이 될 수도, 사회에 의미를 보태는 공헌이 될 수도 없다. 그러면 이런 무수한 다른 욕구는 이제 어디로 가야 할까. 일이 돈벌이로 전락한 사회에서 그 모든 다른 욕구가 돈 쓰기에 쓸어 담기는 것은 당연하다. 그러나 돈을 벌지 못한다면 돈을 쓸 수도 없는 노릇이다. 그리하여 결국 돈벌이를 하지 못하면 다른 욕구도 채울 수 없게 된다.

이런 구도에서 자유로워지는 방법이 없는 것 같지는 않다. 잉집장 최서윤과 롤다 조합원 한나, 〈뉴스페퍼민트〉 운영자 이효석의 일은 세상의 일반적인 일의 기준에서 벗어나 있다. 이들에게 공통점이 있다면 돈 안 되는 잉여짓을 '내 일'이라고 말하는 데 거리낌이 없다는 것이다. 이들에게 돈 안 되는, 심지어 돈을 까먹는 일이 '일'이 될 수 있는 이유는 무엇일까? 답은 간단하다. 그들 스스로 일이라고 생각하기 때문이다. 이들은 무엇이 자신의 일인지 아닌지 정할 권리를 세상에 넘겨주지 않았다. 좋든 싫든, "무슨 일을 하세요?"라는 질문은 "당신은 누구세요?"라는 의미다. 당신의 일은 당신을 설명한다. 타인과 세상의 시선만이 그런 것이 아니다. 스스로 정체성을 되짚는 시선은 자신의 일이 무엇인지 묻는다. 그 시선이 세상의 시선을 고스란히 따른다면 돈벌이가 되지 못하는 일은 모두 쓸모없는 일에 불과하다. 결국 돈벌이에 나서지 못한 자신은 '잉여인간'인 셈이고 돈벌이가 아닌 모든 일은 '잉여짓'이 되고 만다.

그러나 이 세 사람은 돈벌이가 아닌 일을 '일'이라 부르며, 그일이 자신의 정체성 중 한 부분이라고 망설임 없이 말한다. 더구나 애초에 그 일은 스스로 만들어낸 일이다. 〈월간 잉여〉도 롤링다이스도 〈뉴스페퍼민트〉도 피고용인으로 선택받아 안착한 일자리가 아니었다. 이들은 자신의 욕구를 이해했고 그 욕구를 담아내는 일을 스스로 시작했다. 덕분에 그 이름들 아래 자신의 '일-들'을 쌓아가고 있다. 이제 그 일들은 그들을 설명하는 하나의 스토리가 되어준다. 이 일이 언젠가 그들에게 진짜 그럴듯한 돈벌이까지(직접적으로나 간접적으로나) 되어줄지는 모르겠다. 내 판단으로는 그들이 그걸 원한다면 그럴 가능성도 적지 않아 보인다. 하지만 그들이 이 일들에 부여하는 의미가 돈벌이의 가능성으로 결정되는 것은 아닌 것 같다. 이 활동들은 이미 그들에게 어엿한 '일'이고, 정체성의 일부이며, 자기 삶의 서사를 이루는 중심축 중 하나다.

나는 이들의 모습에서 새로운 일의 윤리를 본다. 지그문트 바우만은 《새로운 빈곤》에서 다음과 같이 말한다.

시장 중심의 가치 평가와 거기에서 비롯되는 제약들로부터 노동을 해방하려면 노동시장 속에서 형성된 노동 윤리를 장인 의식workmanship의 윤리로 대체해야 한다. … 인간은 창조적 존재이 므로 가격표가 노동과 무노동을, 성실과 게으름을 구별해준다 고 생각하는 것은 스스로 품위를 떨어뜨리는 일이다. 그 가격표 가 없다면 인간은 게을러지려고 하고 그 능력과 상상력이 부패 하고 녹슬게 된다고 생각하는 건 인간의 본성을 무시하는 일이 다. 장인 의식의 윤리는 근대 자본주의사회에서 형성되고 뿌리 를 내린 노동 윤리가 인정하지 않았던, 존엄성과 사회적으로 인 정되는 것의 의미를 인간의 본성으로 되돌려놓을 것이다.[43]

바우만은 성실성을 도덕적 가치로서 강조하는 노동 윤리의 대 안으로 '워크맨십workmanship'의 윤리를 제안한다. 여기서 워크맨십 을 '장인 의식'으로 옮기는 것은 뭔가 아쉽다. 워크맨십의 의미 를 이해하려면 '-십ship'이라는 접미사에 주의를 기울여야 한다. '-십'이라는 접미어는 앞에 오는 명사에 따르는 조건이나 자격, 권리와 능력을 총체적으로 가리킨다. 어떤 단체에 대해 '멤버십 membership'을 갖는다고 하면 구성원(멤버)으로서 조건과 자격을 갖 췄으며 권리와 능력을 누린다는 의미다. '오너십ownership'이라는 말을 떠올려도 이해가 쉬울 것이다. 오너십은 소유한own 상태 자 체를 일컫는 동시에 소유한 자가 갖는 권리를 가리키기도 한다. 그러니 보다 엄밀히 옮기면 멤버십은 '구성원-됨'이고, 오너십 은 '주인-됨'이며, 워크맨십은 '일하는 자-됨'이다. '일하는 자-됨'의 윤리는 스스로 '일하는 자'로서의 조건과 자격, 권리와 능력을 규정하고 획득하는 윤리다.

시장이 나의 활동에 금전적 대가를 지불하느냐 아니냐는 물론 중요한 문제다. 시장을 경유하여 의식주를 해결할 수밖에 없는 사회에서 시장으로부터 완벽히 자유로운 사람은 없다. 그러나 자신이 일하는 자인지 아닌지를 판단하고 그 조건과 자격을 규정하기 위해 시장의 가격표를 참조할 필요는 없다. 우리는 어느 정도 카지노에 발을 걸치고 살 수밖에 없다. 카지노에 발을 걸쳤다면 "내게 칩은 필요 없어"라는 말은 허락되지 않을 것이다. 그러나 칩을 늘리는 것만을 목표로 삼으라는 명령에 따를지, 스스로 '일하는 자-됨'을 규정할 자유를 택할지, 선택은 각자의 몫이다.

돈벌이가 되느냐로 일의 자격을 결정하는 규정 밖에서 일을 하는 데는 훨씬 큰 치열함이 필요할 수도 있다. 하루치 돈벌이 노동의 가치는 임금으로 손쉽게 환산된다. 그 가치는 일하는 자 스스로 증명하지 않아도 쉽사리 증명된다. 다만 그 자신이 납득할 수 있는지 없는지는 문제가 되지 않는다. 반대로, 돈벌이 노동의 규정 밖에서 일이 지니는 가치는 스스로만이 증명할 수 있다. 시장이 납득해줄 것인가를 완전히 무시할 수는 없겠지만.

우리에겐 더 많은 '쓸데없는 일', 잉여짓이 필요하다. 그것이야말로 돈과 시장을 경유하지 않고도 즐거울 수 있는 방법이기 때문이다. 그 쓸데없는 일이 늘 재미있기만 하라는 법은 없다. 그 쓸데없는 일도 역시 우리에게 좌절을 안기기도 하고 피로함을 일으키기도 할 것이다. 그러나 스스로 규정한 일에서만 우리는 그러한 좌절과 피로를 즐거움의 일부로 받아들일 수 있다. '일하는 자-됨'의 윤리란 그런 것이 아닐까.

7

놀듯이 일하거나 일하듯이 놀거나

논다는 것은 무엇이고 일한다는 것은 무엇일까?
그저 열정을 다해 일하면 그게 놀듯이 일하는 것일까?
일에서 재미를 찾을 수 있다면 그것으로 된 걸까?

일과 놀이가 분리된 세상

요즘 세상에 "직업은 X이고 취미는 Y입니다"라는 식으로 자신을 소개할 수 있다면 나쁘지 않은 인생이다. 일단 먹고살 방편이 되는 직업이 있고 웬만큼 내세울 취미도 있는 처지란 뜻이기 때문이다. 하지만 Y가 아무리 근사하다 해도 취미는 취미일 뿐이다. X가 늘 Y에 우선해야 하는 것이 직업인의 소양이요, Y가 한두 개쯤 있는 것이 중산층 소비자의 양식이다. 직업으로 뼈 빠지게 돈 벌고 취미에 돈 쓰는 것이 자연스러운 세상이다. 더구나 직업에서 돈을 많이 벌면 벌수록, 그러고서 취미에 돈을 많이 쓰면 쓸수록 능력 있는 인간으로 대접받는다. 그렇게 능력 있는 인간이 되려면 금수저를 물고 태어난 것이 아닌 이상 '일'과 '자기 계발'에 더 많은 시간을 쏟아야 한다. 결국 취미에 들일 수 있는 시간은 점점 줄어든다. 시간이 쥐꼬리만큼 남았을 때 가장 효과적으로 즐기는 방법은 돈 쓰는 일이기 마련이다. 그리하여 우리의 취미는 언제나 소비 활동으로 수렴하고, 일이 채워주지 않는 무수한 욕구는 소비자의 모자를 쓰고서야 미약하게나마 돌봄을 받는다.

그 와중에 그나마 삶의 균형을 지켜내는 전략이라면 나인투식스[9 to 6]와 그 외로 일상을 갈라 살아가는 것이다. 직업의 시간을 최소화하면서 돈을 벌고, 직업으로 해결 못 하는 욕구를 취미로 해소하며 산다. 그러나 일이 고이 9시부터 6시까지 머물러주는 행운은 흔한 것이 아니다. 취미는 늘 직업에 잡아먹힐 수 있는 운명이며, 그 점에 대해 공식적으로 아무 불평을 해서는 안 되는 것이 직장인의 마땅한 도리다. 요즘 세상에서 밥 벌어 먹고살려면 직업과 취미의 구분, 그리고 둘 사이의 칼 같은 우선순위를 받아들여야 한다. 직업은 신성한 '일'이고 취미는 직업 덕에 누릴 수 있는 한가한 '놀이'라고.

이런 도식에서 무엇이 일이고 무엇이 놀이인지 규정하는 기준은 철저히 시장의 것이다. 그 활동으로 돈이 벌리면 일이요, 돈이 벌리지 않으면 놀이라는 식이다. 돈을 받고 하는 일은 아무 열의 없이 대충 처리해버린다 해도 쓸데 있는 일로 인정받는다. 그런데 돈이 벌리지 않는 활동은 온 열정을 다한다 해도 한가로운 놀이에 지나지 않는다. 예를 들어 은행 다니는 사람이 주말마다 열의를 다해 목공을 배워 가구를 만든다면 그 가구를 돈 받고 팔기 전까지 그의 목공은 놀이이고 취미일 뿐이지만, 가구 공장에서 일하는 사람이 일당 채우겠다는 생각으로 설렁설렁 기계를 돌린다면 그의 활동은 일이 되는 식이다.

사실 놀이라고 쉽고 편하기만 한 것은 아니다. 돈이 벌리건 벌리지 않건, 무엇에 열심을 기울이는 데는 수고가 따른다. 마찬가지로 흔히 일이라고 불리는 활동이 꼭 힘들고 수고스럽기만 한 것도 아니다. 심지어 친구와의 술자리가 때로는 일보다 피로하다. 몰입하여 시간 가는 줄도 모르고 하는 일은 때로 놀이보다 짜릿하다.

태국에서는 '일'을 뜻하는 단어와 '파티'를 뜻하는 단어가 같은 어원을 가지고 있다고 한다. 태국 사람들에게 '일은 괴로운 것'이라는 등식은 성립하지 않는가 보다. 태국에는 '사눅sanuk'이란 말이 있는데, 자연스럽게 우러나는 근심 없는 즐거움, 현재의 활동에서 느끼는 만족감을 뜻한다. 우리말로 치자면 '재미'쯤에 해당하겠지만 태국 문화의 중심을 이루는 개념이라 할 만큼 다층적인 의미를 지닌다. 태국 사람들은 사눅이란 것에 큰 가치를 두어 모든 활동을 '사눅(재미있는)'과 '마이 사눅mai sanuk (재미없는)'으로 나눈다고 한다.[44] 한 웹사이트에서 누군가 사눅의 의미를 문자 책의 한 구절을 인용하여 이런 답이 달렸다. "태국 사람들이 일보다 놀이를 더 좋아하고 일과 놀이를 뒤섞는 것처럼 보일지 모른다. 하지만 사눅의 의미를 좀 더 자세히 들여다보면 사눅의 중요한 전제 조건은 그게 일이건 놀이건, 자신이 하는 활동에서 만족감과 기쁨을 끄집어내야 한다는 것이다."[45] 태국 사람들의 생각을 따르자면 일과 일 아닌 것, 일과 놀이가 단순히 재미가 있느냐 없느냐로 나뉘는 것 같지도 않다.

그렇다면 우리는 무엇을 놀이라고 부를까? 요한 하위징아는 '놀이'야말로 인간을 규정하는 중요한 특징이라고 보았던 역사학자다. 그는 호모 파베르(만드는 인간)와 호모 사피엔스[homo sapiens](생각하는 인간) 옆에 호모 루덴스(놀이하는 인간)라는 말을 동등하게 올려놓겠다고 선언했다.[46] 하위징아가 꼽는 놀이의 중요한 특징은 바로 '~인 체하기[only pretending]'다.[47] 놀이를 가리키는 영어 단어 '플레이[play]'에는 '연극'이나 '연기'라는 의미도 있다. 현실과는 다르게 작동하는 무대를 갖는다는 점에서 연극과 놀이는 같은 것이 될 수 있다.

다시 말해 놀이가 '체하기'의 특성을 갖는다는 것은 놀이가 현실과는 별개로 작동하는 고유의 층위를 갖는다는 뜻이다. 아이들의 인형놀이나 소꿉놀이, 모든 종류의 스포츠나 게임을 떠올리면 쉽게 이해할 수 있다. 예를 들어 골대에 공을 집어넣는 것은 축구라는 스포츠의 층위에서만 의미 있는 일일 뿐이다. 축구라는 게임의 존재를 모르는 외계인의 눈에 축구 선수들의 행동은 해괴하고 불가해한 일로 보일 것이다. 인형놀이와 소꿉놀이는 그 자체로 한 편의 즉흥극이다. 놀이는 현실 위에 고유한 가상의 세계를 드리운다. 놀이에 열중하다 보면 어느 순간 그 고유의 층위가 유일한 층위처럼 느껴진다. '체하기'의 감각이 사라져버린다. 그 순간 놀이하는 사람에게 놀이와 현실의 구분은 존재하지 않는다. "놀이가 진지함이 되고 진지함이 놀이가 된다. 놀이는 아름다움과 숭고함의 높이를 획득하여 진지함 따위는 저 아래로 떨어뜨린다."[48] (이런 기준으로 보면 욕구 해소용 돈 쓰기 취미는 감히 놀이라고 할 수 없을 것 같기도 하다.)

나는 회사에 다니던 시절에도 '돈 안 되는 짓'에 공 들이기를 좋아했다. 롤링다이스의 시초가 되었던 철학 세미나에 열을 올릴 때는 학교에 다니던 때보다 더 책을 들이팠다. 세미나 멤버 몇 명과 함께 읽을 글 한 편을 쓰겠다고 사나흘을 꼬박 들이기도 했다. 때로는 운동에 지나치게 열을 올리기도 했다. 그러다가 부상을 입고 나서야 후회한 적도 부지기수다. 성과에 가격표를 붙일 수 없어도 내가 느끼는 재미와 의미만으로도 족한 일, 그런 일에 알아주는 이 없는 공을 들이는 것이 즐거웠다. 회사 일이 주는 재미와 의미로 충분했다면 좋았겠지만 그런 상태는 불행히도 그리 오래가지 않았다. 매일 최소한 여덟 시간을 보내는 직장에서의 일이 어느새 그저 돈벌이에 지나지 않는 것 같았다. 그래서 늘 '돈 안 되는 짓', 그렇지만 재미있는 짓을 한두 개쯤 만들지 않고는 견딜 수가 없었다. 결국 직장인이기를 멈추기로 마음먹은 순간 이왕 어딘가에 공을 들일 거라면 그게 곧 일이면서 놀이면 좋겠다고 생각했다. 일과 놀이를 가르는 세상의 기준에 갇히지 않기를 바랐다. 열심히 돈을 번 다음 놀려고 돈을 쓰느니, 그냥 돈은 덜 벌리더라도 놀이 같은 일을 할 수만 있다면 결국은 더 나은 것이 아닌가 싶었다. 그런데 논다는 것은 무엇이고 일한다는 것은 무엇일까? 요즘 유행하는 말처럼 그저 열정을 다해 일하면 그게 놀듯이 일하는 것일까? 일에서 재미를 찾을 수 있다면 그것으로 된 걸까?

'놀듯이 일하고 일하듯이 논다'는 것이 '열정을 갖고 일하라'는 말과 꼭 같은 것은 아니다. 하위징아가 이야기한 놀이의 특성을 다시 생각해보자. 그에 따르면 일을 놀이처럼 한다는 것은, 첫째로는 일에 새로운 층위를 창조한다는 의미다. 둘째로는 그 층위 밖의 것을 잊을 만큼 몰입할 수 있어야 한다는 뜻이다. 열정 자체가 그 일을 놀이로 만들어주지는 않는다. 열정의 대상은 일 자체일 수도, 일의 성과일 수도 있기 때문이다. 성과에 열정을 품는 사람은 마지막에야 일이 주는 기쁨을 누린다. 그런 사람에게 일의 과정은 마지막을 위한 수단일 뿐이다. 성과가 나오지 않으면 과정은 무의미해진다. 아무리 열정을 쏟아도 그런 과정은 놀이가 될 수 없다. 돈을 버는 재미나 인정받는 재미는 놀이의 재미와 근본적으로 다르다. '놀듯이' 일할 때 열정의 대상이 되는 것은 스스로 부여한 층위에서 일어나는 활동 그 자체다. 놀이가 되는 일에서 일하는 이는 자신만의 기준을 가진다. 현실에서 작동하는 성과 평가의 기준은 더 이상 그의 일을 한계 짓지 않는다. 상사의 인정, 그 덕에 주어지는 승진이나 급여 인상을 마다할 이유야 없겠지만 오직 그 때문에 일을 하는 것은 아니다. 인정이나 승진, 보너스가 주어지기 '전에' 그는 이미 일을 즐기고 있다.

2013년 12월 초 IT개발자들이 모인 컨퍼런스에서는 '개발자 몸값 안 올리기'라는 도발적인 제목의 발표가 있었다. 한 인터넷 매체에 소개된 발표 내용을 보면 이렇다.[49] "연봉 4500만 원을 넘어가면 수입이 늘어난다고 해도 그 덕에 만족감이 더 늘어나는 것은 아니다. 오히려 몸값을 올리는 데 집중하느라 행복에 더 큰 영향을 미치는 다른 요소들을 소홀히 할 수 있다." 발표자였던 애자일 컨설팅 대표 김창준은 "몸값을 올리려고 할수록 몸값의 함정에 빠질 수 있다"며 "객관적인 성공보다 스스로 만족감을 높이는 주관적인 성공에 초점을 맞추려는 노력이 필요하다"고 했다. 쉽게 예측할 수 있듯이 발표를 소개한 인터넷 매체의 기사에는 비난 댓글이 수없이 달렸다. 의도한 것인지 아닌지는 모르겠지만 도발적인 제목이 논점을 흐렸기 때문이라고 생각한다.

"주어진 업무에서 내가 조절할 수 있는 자유 선택 범위를 찾고 스스로 일을 설계"함으로써 주관적인 만족을 추구하면 오히려 성공이 따라온다는 것이 김창준의 주장이다. "'행복해지기 위해' 몸값을 올리는 전략보다 '행복해져서' 몸값을 올리는 전략이 더 유효"하다는 것이다. 그러니 결국 '몸값을 올리지 말라'가 아니라 '몸값을 목표로 삼지 말고 결과로 따라오게 하라'는 이야기다. 그렇다면 직장에서 주어진 일을 하면서 어떻게 "스스로 일을 설계"할 수 있을까? 김창준은 "(쉬운) 일을 할 때는 시간적으로 제한을 줘서 더 빨리 처리해본다든가 내가 꼭 해야 하는 일은 아니지만 업무 범위를 넓혀서 해보는 것", "자신의 업무를 … 다른 각도로 바라보며 스스로 의미를 부여해보는 것" 등을 예로 든다. 직장에서 요구하는 결과물을 만들어내되, 그 결과물을 만들어내는 과정에 스스로 변화를 집어넣으라는 것이다. 똑같은 일의 패턴을 따르는 대신 그때그때 게임의 규칙을 만들어보거나 자신만의 의미를 부여해보는 식이다. 이렇게 현실의 일 위에 또 다른 층위를 스스로 창조해낼 때, 그리고 그 층위에 몰입할 수 있을 때 일은 몸값이라는 현실의 성과 기준과는 상관없이 작동하는 하나의 놀이가 된다. 놀이의 기쁨을 누리기 위해 제3자의 승인은 필요 없다. 성과가 확인될 때까지 기다릴 필요도 없다. 김창준이 말하는 "주관적인 만족감"이란 놀이의 기쁨과 같은 것인지도 모르겠다. 그런 의미라면 나는 원칙적으로 그의 이야기에 동의한다.

나는 여전히 놀이 같은 일을 꿈꾼다. 내가 결정지을 수 없는 문제에 내 일의 의미를 온전히 맡기고 싶지 않기 때문이다. 놀이에서만은 과정 자체로 기쁨을 누릴 수 있다. 일이 놀이와 다름없다면 일의 과정만으로 대가를 선물받게 된다. 내 일의 기쁨을 시장의, 사장님의 혹은 다른 제3자의 손에 맡길 필요가 없다. 비로소 결과에도 어느 정도 초연해질 수 있다. 좋은 결과를 얻는다면 그것은 보너스다.

놀이 같은 일의 함정

하지만 김창준의 발표에 비난 댓글이 쏟아진 것은 단순히 사람들이 그의 논점을 오독했기 때문만은 아닐 것이다. 사람들이 '놀이 같은 일'의 함정을 본능적으로 알기 때문일 수도 있다. "과정만으로도 즐거워요. 결과는(이 발표의 맥락에서라면 '몸값은') 상관없어요"라고 모두가 생각한다면 결국 그 덕은 누가 보겠느냐고 묻지 않을 수 없다. 이 질문 없이 '과정의 기쁨이 곧 보상'이라는 말로 만족한다면 놀이 같은 일은 이른바 '정신 승리'의 방편으로 전락하고 말 것이다.

요즘 청년들은 '좋아하는 일을 열정적으로' 하는 미래를 꿈꾸며 자랐다. 마지못해 하는 돈벌이가 아니라 그 자체로 가슴 뛰게 하는 일을 찾도록 교육받았다. 이들에게 일은 먹고사는 방편이기에 앞서 오히려 자아실현의 수단이다. 돈을 벌어 가족을 부양하는 것만으로 보람과 자부심을 느낄 수 있는 시대는 이미 지났다. (그러면서 다른 한편으로는 공무원이나 교사 같은 안정적인 직종의 취업 경쟁률이 꾸역꾸역 높아진다. 어찌 보면 지독한 아이러니다. 한쪽에서는 가슴 뛰는 일을 찾으라고 하고 한쪽에선 철밥통이 최고라고 한다. 결국 어느 쪽을 선택했든 갖지 못한 반쪽 탓에 고통받는 사람으로 넘쳐난다.)

문제는 그 가슴 뛰게 하는 일이 많은 사람에게 엇비슷하다는 점이다. 문화와 예술 분야, 그중에도 기획하는 일에는 유난히 청년들이 몰린다. 전 서울시 청년허브 센터장 전효관은 "일을 만들어

보겠다는 청년들의 제안 중에 50퍼센트 이상이 문화나 지식기반 서비스와 관련돼 있"다며 "청년들이 하고 싶은 일이 스스로 기획하고 관리하는 쪽에 많"다고 이야기한다.[50] 시스템의 한 부분으로 움직이는 일보다는 작은 시스템이나마 전체를 조망하며 기획하는 일에 끌리는 것은 어쩌면 당연하다. 그러나 그 결과는 서글프다. 비슷한 일에 몰려드는 사람이 많을수록 일의 값은 저렴해진다. 과정만으로도 "주관적인 만족감"을 누리며 기꺼이 일하는 사람들이 우글우글하다면 고용주가 일값을 제대로 치르겠다고 나서는 것이 오히려 이상하다. 문제는 주관적인 만족감만으로 밥그릇을 채우지는 못한다는 것이다. 과정의 즐거움은 분명히 '주관적' 보상이 될 수 있겠지만 그것만으로 충분한 사람은 다른 방편으로 밥벌이가 해결되는 사람뿐이다. 일을 할 수도 하지 않을 수도 있을 때 비로소 일과 놀이의 경계를 지우는 사치를 누려도 좋은 것이 아닐까. 결국 '객관적' 보상이 크게 필요 없는 사람에게만 놀이 같은 일이 허락된다. 극단적으로 말하자면, 돈이 좀 있어야 마음껏 놀듯이 일할 수 있다는 말이다. 놀이 같은 일의 첫 번째 함정이다.

물론 이런 함정 때문에 놀이의 기쁨을 추구하는 것 자체를 백안시할 일은 아니다. 일하기의 순간 놀이의 층위에 몰입하는 것과 현실에서 내 일이 받아야 할 정당한 대가를 따지는 것이 양립 불가능한 것은 아니기 때문이다. 놀이를 즐긴다고 해서 놀이가 온 일상을 장악하지는 않는 것과 마찬가지다. 어른이 되어가면서 우리는 놀이의 층위가 현실이 아니라는 것을 배운다. 적군과 전투를 치르듯 축구를 하더라도 휘슬이 울리면 상대편 선수와 유니폼을 바꾸며 악수를 나눠야 한다는 것을 우리는 안다. 일에서도 다르지 않다. 일을 놀이처럼 즐긴다고 해서 놀이의 요소가 일의 전부라고 착각하라는 법은 없다. 일하는 사람으로서 우리는 일이 놓인 현실의 층위와 내가 만들어낸 놀이의 층위를 오가야 한다. 놀이 같은 기쁨을 누리되, 객관적 보상을 공정하게 받고 있는지 따져보고 요구해야 한다. 이것이 자신의 복지를 지키는 방법이며, 동시에 동종업계 동료들에 대한 예의이기도 하다.

그런데 끊임없이 두 층위를 오가며 뾰족하게 신경을 곤두세우지 않아도 좋은 회사가 있다. 이곳에서만은 별 생각 없이 일을 놀이처럼 즐겨도 충분할 것 같다. 사우스마운틴 컴퍼니는 미국의 휴양지로 유명한 마서스비니어드 섬에 자리 잡은 건축 회사다. 이 회사의 창업자이자 대표인 존 에이브램스는 "나에게 일이란 언제나 삶 속에 녹아들어 있는, 놀이와 구분되지 않는 어떤 것이었다는 생각이 든다. 나는 아직도 그 둘이 어떻게 다른지 잘 모르겠다"고 이야기한다.[51] 보통의 회사라면 '오너인 당신에게나 일이 놀이 같겠지'라는 냉소를 보낼 법하다. 사우스마운틴은 "회사인 동시에 공동체"라고도 한다. 한술 더 떠 "일 자체가 자신의 표현 수단이자 삶의 가장 중요한 의미일 수 있다면 그보다 큰 행운은 없을 텐데, 나는 다행스럽게도 이 사실을 꽤 이른 시기에 깨달았다"며 염장을 지른다.[52] 그러나 존 에이브램스는 거리낌 없이 이런 말을 할 자격이 있는 몇 안 되는 사람 중 하나다.

그는 1975년 부모의 집을 지어주는 것을 시작으로 의도치 않게 사우스마운틴을 차렸고 1987년에는 회사를 직원이 공동으로 소유하는 기업으로 전환했다. 직원들이 회사 소유권을 공유하여 이윤을 나눠 가질 수 있게 된 것이다. 사우스마운틴에서 5년 이상 근속한 직원이라면 공동 소유주가 될 1차 자격을 얻는다. 그 후 본인이 원하고, 동시에 기존의 직원-소유주들이 동의한다면 그 직원은 사우스마운틴의 오너가 될 수 있다. 에이브램스가 직접 쓴 책 《가슴 뛰는 회사》에 따르면 "특별한 사고 없이 5년을 지내는 직원은 대개 오너가 된다".[53] 기업의 공동 소유주가 되어 이윤을 동등하게 공유할 수 있다면 일단 일 같은 놀이의 첫 번째 함정을 더 이상 걱정할 필요가 없다.

놀이 같은 일의 첫 번째 함정이 공정한 보상에 관한 것이라면 두 번째 함정은 일의 사회적 의미에 관한 것이다. 일하는 개인의 차원에서라면 현실에서 일이 낳는 결과가 연봉이나 직위로 표현되겠지만 사회의 차원에서는 그뿐만이 아니다. 모두가 '주관적 만족감'만을 좇아 놀듯이 일하는 데만 집중한다면 일이 현실 사회에서 어떤 결과를 낳는지는 소수의 결정권자 손으로 넘어가기 마련이다. 누군가 대신 설정해놓은 과녁을 향해 총구를 겨누고 '놀듯이 즐겁게' 방아쇠를 당기게 된다. 평범한 사람일 뿐인 우리는 나도 모르게 악한 일에 한몫을 하게 될지도 모른다.

사우스마운틴의 소유권에는 결정권이 따라온다. 소수의 경영진이 기업의 의사결정을 모두 좌지우지하지 않는다. 공동 소유주인 직원들은 모두 임원진이 되어 경영진이 따라야 할 정책을 결정한다. 여기에 더해 임원진의 모든 결정은 다수결이 아니라 합의로 이루어진다. 다수결이 오히려 비민주적일 수 있다고 생각하기 때문이다. 다수결 아래에서는 다수의 의견과 다른 소수의 의견은 없는 것처럼 취급된다. 합의제를 따르는 사우스마운틴에서는 모든 의견이 그게 다수의 의견과 같든 같지 않든, 똑같은 무게를 지닌다. 한 사람이라도 의견이 다르다면 논의를 계속한다.[54] 사우스마운틴에서라면 '당연히 해야 하는 것'이나 '원래 그런 것', '위에서 결정된 것' 같은 말 앞에서 스스로 생각하기를 멈출 필요는 없을 것 같다. 나의 총구가 어디를 겨눌지 자신이 결정해야 한다면 '시키는 대로 했다'는 핑계는 더 이상 통하지 않는다.

사우스마운틴에는 여덟 가지 경영 원칙이 있다. 이 원칙에서 일이 지니는 사회적 의미를 끊임없이 고민한 흔적을 발견할 수 있다. 그중 특히 눈에 띄는 것은 "성장이라는 불문율에 도전하기", "지역 주민을 보호하기", "성당을 짓는 사람처럼 생각하기"다.[55] 이 세 가지를 지키려면 자본주의의 주식회사가 당연히 여기는 규칙을 매 순간 다시 생각해야 한다. 사우스마운틴에서 기업의 매출 성장은 당연한 목표가 아니다. 건물을 지을 때는 건축을 맡긴 건축주와 회사의 입장만 생각하지 않는다. 그 건축물의 영향을 받을 지역 주민까지 배려하며 건축한다. 나아가 100년, 200년을 넘어서도 굳건한 성당을 짓듯 개인의 생애를 넘어서는 시간대를 고민한다. 이번 분기, 올 연말의 실적은 오히려 뒷전이다.

이런 원칙은 종이 위에서 폼만 잡고 있지 않다. 사우스마운틴은 수주 물량이 쏟아지며 고성장을 구가하던 1994년 직원-소유주들을 모아 회의를 열었다. 2년 전 수준으로 규모를 줄일지, 현재 수준을 유지할지, 아니면 계속해서 규모를 늘려갈지 의견을 묻기 위해서였다. 회의에서는 직원 대부분이 성장의 속도를 조금 늦추고 변화에 적응할 시간을 가져야 한다는 의견을 내놓았다. 이후 사우스마운틴은 2~3년 간격으로 비슷한 회의를 하며, "직원 수와 작업량 그리고 조화로운 작업 환경 사이에 세심한 균형을 맞추기" 위해 끊임없이 고민한다. 사우스마운틴에서 외형적 성장은 일반 주식회사에서처럼 당연히 좋은 것이 아니다. 사우스마운틴은 이렇게 놀이 같은 일의 두 번째 함정도 피해간다.

사우스마운틴 같은 구조에 발을 들여놓았다면 그제야 거리낌 없이 놀이 같은 일을 좇아도 좋을 것이다. 잠시 현실의 층위를 잊고 자신만의 놀이를 일 속에서 발견한다고 해서 공정한 대가를 빼앗길까 걱정하지 않아도 된다. 자본시장의 자동항법장치에 이끌려 나도 모르게 평범한 악에 동참하게 되지는 않을까 두려워할 필요도 없다. 매번 뾰족하게 날을 세우지 않아도 공동 소유 구조가 이윤을 제대로 나누어줄 것이다. 사회적 영향이 어떻든 내 일이 무조건 단기적 이윤을 향해 달음질치는 일도 없을 것이다. 비로소 "일과 놀이가 어떻게 다른지 모르겠다"고 천연덕스레 말할 자격이 생긴다.

아쉽지만 그런 행운을 누리기 전까지 우리는 양다리를 걸칠 수밖에 다른 도리는 없는 것 같다. 놀듯이 일하는 마음이 오롯이 내 힘으로 일의 기쁨을 누릴 수 있게 해준다. 그러나 동시에 생활인으로서, 또 사회의 구성원으로서 현실의 층위에 대한 고민을 놓지 않아야 한다. 나도 모르는 새 밥그릇을 빼앗길지도, 누군가의 밥그릇을 걷어찰지도, 태연히 악에 일조하게 될지도 모르기 때문이다. 열심히 고민한다고 모든 함정을 피할 수 있으리란 보장은 없다. 아무리 고민해도 내 일이 어떤 결과를 가져올지 완벽히 아는 것은 불가능하다. 얽히고설킨 세상에서 완벽하게 결백할 수 있는 사람은 없을지 모른다. 하지만 적어도 스스로 눈 가린 채 함정으로 뛰어들지는 않아야 하지 않을까.

한발 더 나아간다면 직접 존 에이브램스가 되기를 꿈꿔보는 것도 방법이다. 이런저런 눈치를 보지 않고도 마음껏 놀듯이 일하거나 일하듯이 놀기 위해서. 쉬운 일은 아니겠지만, 또 못할 일도 아니다. 마음 맞는 사람을 모아 공동으로 소유하고 공동으로 경영하는 회사를 만드는 것이 꼭 에이브램스만 할 수 있는 일이겠나. 사우스마운틴컴퍼니가 화려한 위용을 자랑하는 회사가 아니라는 것도 큰 용기를 준다. 내게는 스티브 잡스나 빌 게이츠보다 에이브램스가 훨씬 더 만만한 롤모델처럼 보인다. 에이브램스의 책 《가슴 뛰는 회사》를 읽으면서 제목 그대로 내 가슴도 뛰었던 이유다.

8

자발성 없이는 재미도 없다

어떤 재미가 지속 가능하려면
자발성이 깔려 있지 않으면 안 된다.
모든 놀이가 사실 그러하다. 자발적이지 않은 것은
본질적으로 놀이가 될 수 없다.

일의 네 가지 재미

직장을 그만두고 한동안은 만나는 사람마다 내게 물었다. "일은 왜 그만뒀어요?" 열 번이면 여덟아홉 번은 이렇게 대답했다. "재미가 없어서요." 롤링다이스를 시작한 후로는 "롤다는 어쩌다 하게 됐어요?"라는 질문을 자주 듣는다. 그러면 또 이렇게 대답했다. "재미있을 것 같아서요."

진지하게 답하기가 어쩐지 민망해서 하는 소리이기도 하지만 이 말이 농담이거나 거짓말인 것은 아니다. 재미있으면 그만이라는 식의 말이 누군가에겐 팔자 좋고 철딱서니 없는 소리처럼 들릴지도 모르겠다. 실제로 그런 얘기를 듣기도 한다. 재미없어서 그만뒀다면 "돈 많이 버셨나 봐요"라는 말이 돌아오기도 한다. 롤 링다이스에서 재미를 제일 중요하게 여긴다면 그건 각자 생업이 있기 때문이라고, 재미만을 찾으면 돈 되는 일이 되겠냐고 대꾸 하는 사람도 있다. 그냥 재미있는 것이 목표라니 너무 무책임한 소리라는 말을 들은 적도 있다. 모조리 틀린 말은 아니겠지만 그 런 사람들은 '재미'를 쾌락 같은 것쯤과 동의어로 생각하는지도 모르겠다. 국어사전에 '재미'가 어떻게 정의되어 있는지는 몰라 도 나에게 재미란 여러 종류가 있다.[56]

첫째, 활동 자체가 주는 재미다. 이런 재미는 심리학자 미하이 칙센트미하이$^{Mihaly\ Csikszentmihalyi}$가 말한, 이른바 '몰입'의 재미와 가 까울 것이다. 칙센트미하이가 말하는 몰입^{flow}은 '흐름'에 실려, 그 흐름과 하나가 된 듯한 감각이다. 몰입을 하면 몇 시간이 한순 간처럼 짧게 느껴지고 자신이 몰입하는 대상이 더 자세하고 뚜렷 하게 보인다. 대상 속에 빠져들어 일체감을 느끼며 '나'에 대한 의식이 사라진다. '나(주어)'와 '활동(동사)'의 구분이 사라지는 것이다. 그러나 무조건 언제나 재미있는 활동은 없다. 어떤 활동 이 재미있는지 아닌지는 사람마다 다르고, 한 사람에 대해서조차 상황에 따라 달라지기도 한다. 한 번 몰입의 재미를 느꼈다고 해 서 그 일이 언제나 재미있는 것은 아니다. 똑같은 상황, 똑같은 자극이 반복될 때 그 활동에 매번 몰입하기는 매우 어렵다. 그래 서 대체로 많은 사람이 재미있다고 여기는 것은 숙련도에 따라 자극의 종류가 달라지거나 날씨처럼 매번 다른 환경 변수가 주어지는 활동이다.

그밖에도 몰입의 재미를 방해하는 요소는 또 있다. 내 몰입이 낳은 결과가 내게 돌아오지 않는다는 것을 알게 되면 몰입하기 어렵다. 아무리 활동 자체가 즐겁고 몰입이 짜릿하다 해도 '재주는 곰이 부리고 돈은 되놈이 버는' 상황을 알아챘다면 얼마 안 가 몰입의 기쁨은 사라진다. 말 그대로 곰이 아니고서야 그런 상황에서 재주 부리는 것이 재미있기만 할 수는 없을 것이다. 아무리 일이 재미있더라도 공정한 보상을 받지 못하는 상황이 계속되면 누구든 일에 흥미를 잃어버리기 마련이다.

두 번째 재미는 원하는 판을 짜서 일하는 재미다. 이것은 자기 결정권의 문제다. 내가 원하는 판을 만들어 일한다고 그 일에 포함된 모든 활동이 재미있는 것은 아니다. 하지만 나 스스로 결정하고 그 결정을 책임질 마음으로 일하는 것, 거기에는 활동이 주는 재미와 또 다른 재미가 있다.

알랭드 보통은 21세기 일의 현장 열 곳을 직접 둘러본 뒤 그 취재기를 엮어 《일의 기쁨과 슬픔》을 펴냈다. 이 책에는 거대한 비스킷 공장이 등장한다. 비스킷 공장은 당연히 비스킷을 굽는 곳이다. 하지만 비스킷 공장에서 일하는 사람은 비스킷을 굽지 않는다. 다만 비스킷을 만들어 파는 프로세스의 한 부분이 되어 일할 뿐이다. 예를 들어, 정해진 시간 동안 정해진 자리에서 정해진 방법으로 비스킷 반죽에 식물성 유지를 넣는 사람이 있다고 하

자. 이 사람이 하는 일이 그 자체로 재미있기는 쉽지 않다. 그러나 '언제 어떻게 해도 좋으니, 사람들과 함께 네가 원하는 비스킷을 100개 구워내라'는 임무는 훨씬 재미있을 수 있다. 함께 일을 나누고 방법을 결정한 다음에 똑같이 비스킷 반죽에 식물성 유지를 집어넣는 일을 하게 될 수도 있다. 하지만 똑같은 활동이라도 여기서 느끼는 재미는 전과 같지 않을 것이다. 앞서 말했듯이, 문화 기획 일에 많은 젊은이가 몰리는 것도 바로 이 때문일 것이다. 원하는 판을 짜서 일하는 재미를 느낄 수 있는 분야이기 때문이다.

세 번째는 결과물을 만들어내는 재미다. 재미를 좇아도 생산성을 낼 수 있는 이유다. 여기서 말하는 결과물이란 '성과'와 같은 말이 아니다. 결과물이 좋다고 성과가 늘 좋은 것도 아니다. 글 쓰는 일을 예로 들면 결과물이란 글 자체다. 내 생각으로 문장을 만들고 종이를 채워 결과물, 즉 원고가 나올 때 글 쓰는 이는 재미를 느낀다. 머릿속 생각이 글자가 되어 빼곡히 종이를 채우는 것만 보아도 일단 뿌듯한 기분이 든다. 사람들이 글에 어떻게 반응하는지, 책이라면 그 책이 잘 팔리는지가 글이라는 결과물의 성과일 것이다. 결과물을 만들어내는 재미란 성과가 확인되기 전에 느끼는 것이다. 이런 재미는 두 번째 재미와 어느 정도 연결되는데, 내가 원하는 판에서 일하여 결과를 만들어내는 재미는 때로 지루하고 괴로운 활동을 견뎌내고 남을 정도로 크다.

네 번째는 좋아하는 사람과 함께하는 재미다. 혼자 하거나 잘

맞지 않는 사람과 할 때는 재미없는 일도 맘이 맞는 사람과 합을 맞추면 재미있는 경우가 얼마나 많은가. 진짜 별것 아닌 일인데도 단지 '그 사람'과 함께한다는 이유만으로 재미있는 일이 있음을 누구나 경험해봤을 것이다. 라면 하나를 끓여 먹어도 혼자 먹는 것과 둘이 먹는 것이 다르듯이 일도 마찬가지다.

내 경우, 활동 자체만 놓고 보면 직장 다닐 때 하던 일이 지금하는 일보다 꼭 재미가 없는 것은 아니었다. 그렇지만 첫째부터 넷째까지 재미의 모든 측면을 놓고 보면 지금 하는 모든 일이야말로 나에겐 나름대로 재미있는 일이다. 첫째부터 넷째까지 다채로운 재미를 느끼도록 내 일을 구성하려고 애쓴다. 직장을 그만두고 무슨 일을 할지 말지 늘 선택할 수 있었다. (물론 하고 싶은 모든 일을 할 기회가 주어지지는 않는다. 하지만 적어도 하기 싫은 일을 안 할 수는 있다.) 어떤 일을 하기로 마음먹는다면 거기에는 네 가지 재미 중 하나라도 있기 때문이다. 사실 네 가지 재미를 모두 주는 단 하나의 일은 애석하게도 아직 만나보지 못했다. 사실 그런 일이 있을 거라고 기대하지도 않는다. 완벽하게 재미있는 일은 없을 것이고 일에는 늘 괴로운 구석이 있기 마련이다. 문제는 그 일이 주는 어떤 종류의 재미가 그 괴로움을 뛰어넘느냐다.

프로젝트project 수준에서 재미있기 위해서는 태스크task 차원에서 재미없는 일을 감수해야 하기도 한다. 그렇지만 프로젝트가 잘 돌아갈 때, 기획했던 판이 짜이고 내가 좋아하는 사람들과 손발이 맞아갈 때 그것처럼 재미있는 일은 없다. 모두의 웃는 얼굴이 엄청난 에너지가 되어 돌아온다. 그리하여 모든 재미없는 태스크가 결국에는 재미있는 일이 되어버린다. 나에게 최고의 재미란 그런 것이다.

《노력 금지》라는 책을 펴낸 놀공발전소(놀공)가 추구하는 '재미'에도 비슷한 구석이 있다. 이 책의 부제는 "재미있는 게 이기는 거다!"다. 놀공은 "놀듯이 일하고 놀듯이 공부하고, 일상을 재미있게 만드는 법으로 신나게 밥벌이를 하는 사람들이" 모인 회사라고 소개된다. 창업자이자 대표인 피터 리는 게임 회사를 설립해 뉴욕에서 20년간 일하다가 2010년 한국으로 들어와 놀공을 세웠다. 놀공은 게임을 통한 교육, 마케팅, 축제 프로그램을 기획하고 개발하는 회사다. 피터 리는 "일 자체를 항상 즐기는 편인데" 디자이너로 몇 년째 일하다 보니 "완전히 만족한 느낌이 아니라 뭔가 비어 있다는 느낌이 있었다"고 한다. 그래서 돌파구를 찾아 게임 회사를 창업했고 한참을 "뉴욕의 게임 회사 최고경영자로 겉보기에 잘나가는 삶을" 살았다. 그러나 그 재미도 영원하지는 않았다. "회사 운영에 발목이 잡혀 디자이너로서 느꼈던 재미와 보람이 사라지"자 "설레는 일을 찾아 한국으로 돌아왔"다.

피터 리가 게임 회사를 창업하기 전에 느꼈다는 "뭔가 비어 있다"는 느낌은 활동 자체의 재미만으로 채워지지 않는 빈 구석에 대한 감각이었을 것이다. 회사를 창업해서는 원했던 판을 짜서 결과물을 만들어내는 재미를 만끽했을 것이다. 그렇지만 활동 자체의 재미가 사라졌다는 점에 결국은 결핍을 느꼈던 모양이다.

그 순간 "디자이너로서 느꼈던 재미와 보람이 사라"졌다고 생각했던 것 같다. 중요한 것은 네 가지 재미의 적절한 조화다. 그중 한두 가지만으로는 지속 가능한 재미를 누리기 어렵다. 물론 사람마다 중요하게 여기는 재미가 다를 것이다.

피터 리는 재미를 좇으라며 '노력 금지'를 외치지만 그의 재미와 노력은 사람들이 흔히 얘기하는 재미와 노력과는 좀 다르다. 그는 이 두 단어를 아래와 같이 규정한다.

> "'노력 금지'라는 게 열심히 살지 말라는 게 아니라 자연스럽지 않은데 인위적으로 하려는 것들을 하지 말라는 뜻이에요. … ('재미'는) 그냥 개그 프로그램을 보면서 웃는 즐거움과는 다른 개념이죠. 나에게 의미 있는 경험, 의미 있는 활동을 말해요. 좋아하는 일을 하면서는 밤을 새울 수 있잖아요. 다만 내가 이걸 왜 하는지 맥락context을 알아야 해요. 거창하지 않아도 구체적으로 인식할 수 있는 맥락이 있고 목적이 있으면 작은 거라도 동기부여가 되고 만족을 얻을 수 있는 겁니다. 내가 생각했을 때 가치를 갖는다는 것이 중요해요."

그런 만큼 피터 리가 가장 강조하는 것은 '자발적 의지'다. 스스로 맥락을 이해하고 가치를 부여할 수 있다면 자발성은 자연스럽게 따라온다. 자발성 없이 하는 일이 재미있을 수는 없는 법이다.

무엇보다 자발적 의지가 중요하다. 놀공에는 가이드가 많지 않다. 각자 알아서 결정하거나 해결해야 하는 일들이 많다. 누군가가 자기를 이끌어주길 바라는 사람에게는 맞지 않은 것 같다.[57]

어떤 재미가 지속 가능하려면 자발성이 깔려 있지 않으면 안 된다. 모든 놀이가 사실 그러하다. 자발적이지 않은 것은 본질적으로 놀이가 될 수 없다. 처음 경험하는 활동이라면 한두 번은 아무 전제 없이 그 자체만으로 재미있을 수도 있다. 그러나 스스로 원하는 마음이 없는데도 계속해서 일을 즐길 수 있는 사람은 없다. 자신이 시간을 들이는 일에 아무 의미가 없다고 생각하는데도 일이 재미있다고 느끼는 사람은 단 한 번도 만나보지 못했다.

치열할 자유가 곧 느슨할 자유

돌이켜보건대, 내 직장 생활 총 10년 중에 7년 정도는 정말 치열한 시간이었다. 처음 4년은 하루 15시간 넘게 일하는 것이 다반사였다. 주말도 최소한 하루는 일해야 했다. 나만 유별나게 많이 일했던 것은 아니다. 애초부터 그런 직장이었다. 첫 번째 직장에서 나는 오히려 형편이 괜찮은 축이었다. 그 회사에서는 직원들이 일주일에 몇 시간 일하는지 정기적으로 설문조사를 했고 지나치게 많이 일하는 팀에는 암묵적인 피드백이 주어졌다. 허구한 날 '100시간 넘게'를 적어내는 사람도 있었고 늘 사무실에 틀어박혀 있다고 별명이 '사무실 가구'인 사람도 있었다. 나는 한 달에 일주일 정도를 빼고는 대체로 70시간을 넘기지 않는 편이었지만 나로서는 참으로 열심히 일했던 시기였다. 두 번째 직장은 비교할 수 없을 만큼 심했다. 라이프스타일이 안 좋기로 악명 높은 직장이었지만 첫 번째 직장도 충분히 힘들었으니, '뭐, 더 나빠봐야 얼마나 나쁘겠어' 하는 마음으로 이직했었다. 그러나 내 생각은 처절히 틀렸다. 새벽 1시 즈음 퇴근하는 날이면 '그래도 오늘은 일찍 들어간다'고 생각할 정도였다. 새벽 4시, 5시 퇴근을 며칠 내리 하고서는 아침에 눈을 뜨는데 심장이 옥죄는 느낌이 들었다. 잠을 못 자 죽을 수도 있겠다는 생각을 진지하게 하기도 했다. 6개월 만에 직장을 옮겼다. 다른 이유도 있었지만 무엇보다도 '정말 이러다 죽겠다' 싶었다.

모두가 '치열'을 부르짖고 일을 최우선으로 삼는 것을 당연히 여기는 세상은 갑갑하다. 6시 정시퇴근을 하려면 무언가 핑계를 대야 하고, 끝없이 열정을 불태우는 자세를 보여야 프로페셔널하다는 소리를 들을 수 있는 세상도 싫다. 어느 나라보다도 긴 노동시간에서 우리 사회의 수많은 문제가 비롯된다고도 생각한다. 퇴근하고 나면 잠자느라 바쁜데, 어떻게 관계에 공을 들이며 사회 문제에 관심을 기울일 수 있겠는가. 몸이 피곤한 만큼 서로에게 날카로워져서 나도 모르게 상처를 주고 상처를 받는다. 세상일에 신경 쓸 겨를도 없지만 신경을 쓴다 해도 거칠게 분노로 치닫기 십상이다. 쏟아지는 정보를 꼼꼼히 가려내고 진짜 문제가 무엇인지 스스로 생각하려면 무엇보다 시간과 여유가 필요하다.

그렇지만 내 개인의 문제로 돌아오면 나는 '치열'하게 일했던 그 시간을 곱씹으며 억울하다거나 쥐어짜였다는 식으로 생각하지는 않는다. 물론 그런 말을 하기에는 돈을 제법 받았다. 그러나 그것 때문만은 아니다. 나는 그때 언제나는 아니더라도 대개 일이 좋았다. 잘하고 싶었고, 점점 잘하게 되는 것이 신났다. 지금 돌이켜보면 착각인 구석도 있었지만 내 능력에 비해 너무 큰일을 맡은 것 같아 때로 겁이 나기도 했고, 그러면서 그게 즐겁고 감사했다. 잠을 못 자 죽을 수도 있겠다고 생각했을 때만 빼고는 대체로 나는 일이 많은 것이 싫지 않았다. 그 시간 동안 나는 헤아릴 수 없이 많은 것을 배웠다. 그때 배운 많은 것들은 어디서 무슨 일을 하든, 갖고 있는 것이 다행인 능력들이다. 일주일에 70시간씩 일하지 않았다면 더 좋았을지도 모르지만 그 덕에 짧은 기간 동안 빨리 많은 것을 배웠다고 생각한다(물론 평생을 계속 그렇게 살라고 한다면, 그건 절대 사양이다).

나는 사실 여전히 느슨하고 여유 있게 사는 편은 아니다. 뭐라고 하는 사람이 없는데도 하루라도 빈둥거리면 마음이 불편한 성격이다. 출근을 하지 않게 되니, 출퇴근 개념이 사라져서 주말이나 휴일을 가리지 않고 내내 일하는 경우도 많다. 어머니는 아주 예전부터 나에게 "쓸데없이 피곤하게 산다"고 하시곤 했다. 사실

마지막 직장은 그만두기 전 2~3년 동안 대체로 여유가 있었다. 아마 그런 여유가 주어지지 않았으면 회사를 그만두지 않았을지 모른다. 회사 일이 바쁘지 않으니, 다른 일로 나를 바쁘게 만들었다. 그러다 보니 다른 삶의 가능성이 보였고 욕망이 움직여버렸다. 그러자 더 이상은 회사를 다닐 수 없는 지경이 되어버렸다.

이런 성격은 능력주의 사회에서 살아남기 좋은 조건인 것이 분명하다. 하지만 그 탓에 나는 그런 티를 내지 않는 것이 좋겠다는 생각을 하기도 하고 그런 성격에 고삐를 잡아당겨야 한다고 느끼기도 한다. 좋은 성과를 내서 인정받는 것이 싫을 리야 없다. 그렇지만 열심히 하는 것이 모두 인정과 보상을 바라서라고 간단히 환원되는 상황은 서글프다. 나 자신조차 일을 좋아하는 것이 내가 야심 찬 인간이기 때문이라고 생각했던 시기가 있었다. 그러나 야심 때문이었다면 여전히 좋았어야 할 일이 더 이상 좋지 않은 순간이 왔다. 그래서 호기롭게 '놀겠다'고 외치며 직장을 떠났지만 채 3개월이 되지 않아 나는 또 일을 찾아나섰다. 내가 종지부를 찍었던 것은 '직장'이었지 '일'이 아니었음을 지금은 안다. 그때는 두 가지가 어떻게 다른지, 명확히 구분하기 어려웠다. 학교를 졸업하고 10년간 나의 일은 언제나 직장에 갇혀 있었으니, 어쩌면 당연한 것이었다. '직업이 곧 나'라고 생각하며 살아본 적은 없지만 언제나 대체로 내가 하는 일을 사랑했었다. 그럴 수 없었던 시기는 그야말로 내 인생의 암흑기였다. 직장을 그만두고는 돈도 안 되고 티도 안 나는 일을 만들어 공을 들였다. 그제야 나는 내가 일을 좋아하는 데는 다른 이유가 있을지도 모른다는 생각이 들었다. 나조차 나의 열심을 오해하고 있었던 셈이다. 나는 일이 재미있었다. 그리고 일주일에 70시간이 넘게 일하던 때도 나는 일이 대체로 재미있었다. 그냥 그럴 수도 있다는 것을 뒤늦게야 알았던 셈이다.

출신 배경에 따라 삶의 질이 결정되는 경향이 높은 사회를 우리는 '불공정한 사회'라고 부른다. 그에 반해 능력주의는 공정한 사회의 기초로 여겨진다. 능력주의 사회에서는 출신 배경이 아니라 개인의 능력과 성과가 소득 수준과 삶의 질을 결정하기 때문이다. 다시 말해 자본주의 체제에서 공정한 사회란 대체로 결과가 평등한 사회라기보다는 기회가 평등한 사회다. 많은 나라, 특히 영미권 국가는 기회 균등과 능력주의로 공정 사회를 정의한다.

나는 2011년 여름을 영국의 정책 전문가 데이비드 핼펀의 저서 《국가의 숨겨진 부》를 번역하며 보냈다. 이 책을 옮기면서 '과연 공정하다는 것이 무엇일까?'라는 생각을 참 많이 했다. 이 책에서 말하는 '국가의 숨겨진 부'는 한 나라가 가지는 사회적 자본을 가리킨다. 저자는 이스털린 패러독스^{Easterlin Paradox}에서 출발하여 경제 성장률이라는 지표 하나에 휘둘리지 말고 국민의 진정한 행복에 영향을 미치는 정책, 즉 사회적 자본을 강화하는 정책에 눈을 돌리자고 주장한다(1인당 GDP가 일정 수준에 도달하고 나면 GDP가 더 성장하더라도 행복도가 그리 높아지지 않는다는 것이 이스털린 패러독스의 요지다). 이 책의 2장은 사회 불평등의 문제를 다룬다. 저자는 불평등이 능력주의의 결과일 수 있으므로 그 자체가 나쁘다고 할 수는 없고 계층 이동성 저하와 심한 불평등이 함께 나타나면 문제가 된다고 이야기한다(쉽게 말해 빈부격차가 매우 심한데, 개인의 능력이나 노력으로 그 격차를 극복할 수 없을 때가 문제라는 이야기다). 그러면서 저자는 지나가는 말로, 능력주의가 구현되어 기회의 평등이 완전히 이루어지면 사회의 불평등은 계급이 아니라 유전적 능력의 차이에 더 큰 영향을 받게 되리라고 내다본다.[58]

슬쩍 언급된 것에 불과했지만 이 말이 오래 머리를 떠나지 않았다. 사람들은 돈 많은 부모 밑에 태어나 잘사는 사람에게는 엄청난 반감을 느끼지만 능력이 좋아 돈을 많이 번 사람에게는 그다지 반감을 느끼지 않는다. 타고난 부에 따른 차별보다 타고난 능력에 따른 차별에 훨씬 관대하다는 이야기다. 물론 타고난 능력으로만 되는 것은 없을 것이다. 모든 일에 노력 또한 필요하며, 노력에 보상을 주는 것은 마땅하다는 것이 이 시대의 상식이기도 하다. 그러나 타고나길 개미인 사람이 있고 베짱이인 사람이 있다. 더구나 각종 학습 장애를 일으키는 선천적 특성이 발견되었다는 뉴스가 심심치 않게 보도되곤 한다. '집중하여 노력하는 성향'조차 어느 정도는 타고난다는 이야기다. 자칫하면 우생학으로 흐를 수 있는 위험한 소리라는 것을 안다. 하지만 타고난 잘난 사람과 타고난 못난 사람이 있다는 이야기를 하려는 것은 아니다. 애초에 능력의 총량이라는 것을 완벽하게 '공정하게' 평가해서 줄 세운다는 것이 가능한지조차 모르겠다.

세상에는 여러 종류의 능력이 있고, 각기 타고난 능력의 종류 자체가 다르다. 누가 누구보다 능력이 좋거나 나쁘다는 판단에는 능력의 종류 자체에 대한 선호가 바탕에 깔려 있을 수밖에 없다. 결국 능력주의는 능력이 더 뛰어난 사람을 높이 산다기보다는 시장이 원하는 종류의 능력을 가진 사람을 높이 사는 방식으로 작동하게 되어 있다. 그렇다면 이런 능력주의가 정말 '공정한' 것일까? 부모의 재력을 물려받아 유리한 것은 비난하면서 시장이 원하는 능력을 타고나 유리한 것은 어쩔 수 없다고 받아들여도 되는 걸까? 더구나 능력은 설사 유전자의 덕이 아니더라도 운 좋게 누린 양육 환경의 덕이기도 하다.

그렇다고 능력주의나 귀족주의나 다를 것이 없다는 식으로 손쉽게 결론짓자는 말은 아니다. 모두에게 똑같이 보상하라는 이야기냐고 묻는다면 그런 뜻도 아니다. 타고난 재능만으로 능력과 성과가 다 결정되지는 않을 것이다. 능력주의가 좋은 인센티브 시스템으로 작용해서 사람들에게 더 큰 능력을 끌어내기도 할 것이다. 그뿐만이 아니다. 재능에 따른 차별이나 물려받은 재력에 따른 차별이나 다를 것이 없다고 머리로는 생각해도 현실에서 빈둥거리며 일 못하는 직원과 성실하고 일 잘하는 직원을 전혀 차별하지 않을 재간이 있겠는가. 늘 그렇듯이 세상일은 그렇게 간단하지가 않다.

다만 능력주의가 절대적인 공정성을 의미하지 않는 것만은 분명하다. 이 책에는 흥미로운 설문 결과도 나온다. "같은 일을 하는 두 명의 비서 중에 일을 더 잘하는 비서가 돈을 더 많이 받는 것이 공정하다고 생각하십니까?"라는 질문에 대해 세계 각국 사람들이 어떻게 답변했는지, 1980년대 초반에서 2000년대 초반으로 오며 그 답변이 어떻게 변했는지 보여준다. 미국은 예나 지금이나 이 질문에 '그렇다'고 대답하는 사람이 압도적으로 많았다. 눈길을 끄는 것은 1980년대 초반만 해도 '그렇다'고 대답한 비율이 그리 높지 않았던 이탈리아, 스위스, 덴마크, 네덜란드 등 (50~60퍼센트 내외)도 시간이 흐르며 점점 미국 사람들과 비슷한 견해를 갖게 되었다는 점이다. 1980년대 초반에는 '그렇다'는 답변 비율이 70퍼센트 미만인 나라가 18개국 중 11개국이나 됐다 (2000년대 초반 즈음에는 단 한 나라도 없다).[59] 능력주의가 공정 사회와 같은 말이 된 것이 그리 역사가 오래된 현상은 아닌 모양이다.

어떤 사람은 일을 좋아하고 어떤 사람은 일을 좋아하지 않는다. 개미로 타고나 뭐든 열심인 사람이 있는가 하면, 느긋하게 타고난 베짱이 같은 사람도 있는 법이다. 개미만을 찬양하고 베짱이는 굶어 죽어 마땅하다고 믿는 사회에서 개미와 베짱이가 친구가 될 리는 만무하며, 베짱이가 개미를 미워하는 것은 당연한 귀결이다. 결국 능력주의를 스스로 뼛속 깊이 받아들이지 않는 한, 개미도 나름의 이유로 불행해질 수 있다. 개미가 개미답게 산 탓에 베짱이 몫을 가로채는 상황이라면 개미 역시 웬만큼 뻔뻔하지 않고서야 완전히 마음 편하기는 어려운 법이다. 결국 과도한 능력주의가 모두의 발목을 잡는다. 개미에겐 마음껏 치열할 자유를 가로막고 베짱이에겐 속 편히 느슨할 자유를 빼앗는다. 그저 생긴 대로만 산다면 개미는 사악한 승자가 되고 베짱이는 굶어 죽는다. 느슨할 자유가 결국 치열할 자유와 만난다. 느슨히 가도 좋은 세상에서만 개미 역시 생긴 대로 기꺼이 치열할 수 있다.

그뿐만이 아니다. 느슨히 가도 좋은 세상에서만 개미조차 비로소 치열의 대상을 스스로 선택할 권리를 누린다. 앞서 이야기했듯이 자발성 없이는 재미도 없다. 아무리 타고난 개미라도 억지로 하는 일에 흥이 날 리는 없다. 어쩔 수 없이 하는 일에 느려도 좋을 권리가 있어야 열심을 쏟을 무언가를 찾을 여백이 생긴다. 나는 한 인간의 '열심의 총량'을 마냥 늘릴 수 있다고 생각하지 않는다. 갖고 있는 열심 용량의 대부분을 밥벌이에, 그것도 그다지 원치 않는 밥벌이에 쏟아넣을 수밖에 없는 세상에서 재미있는 일을 찾기란 하늘의 별따기다. 그 때문에 개미에게도 베짱이에게도 세상이 재미없고 사회도 이 모양이라고 생각한다면 비약일까?

3

시대의 사막을 건너는 법

내리막 세상의 일하기

이제 우리는 일자리가

어떤 안정성도 담보해주지

않는다는 것을 안다.

성실성이 따뜻한 겨울을

약속해주지 않는다는

것도 안다.

그럼에도 마음을 쏟아

일을 하고 즐기려면

과거와는 다른,

아주 개인적인 방식의

동기부여가 필요하다.

9

하나의 직업이 나를 설명할 수 없다면

좋든 싫든, 명함은 당신의 현재를 말하고
이력서는 당신 삶의 역사를 말한다.
당신 삶의 스토리는 늘 이렇게 일과 함께 전개된다.
필연적으로.

이력서가 내 삶의 역사

리처드 세넷의 1998년 작인 《신자유주의와 인간성 파괴》에는 엔리코와 리코 부자가 등장한다. 엔리코는 오피스 빌딩의 관리인으로 20년을 하루같이 화장실을 청소하고 복도를 걸레질했다. 그의 일에 대단한 성취는 없었지만 엔리코는 20년을 일해 집 한 채를 장만했고 아들 리코를 전문직으로 길러냈다. "엔리코는 스스로 뚜렷한 인생 스토리를 조각해냈고, 그 스토리 안에서 엔리코의 경험은 물질적으로 정신적으로 차곡차곡 축적되었다. 따라서 그의 인생은 하나의 일관된 스토리로서 스스로 납득할 만한 것이었다."[60] 리코는 아버지가 기대한 대로 신분 상승을 이뤄냈다. 엔리코의 소득은 하위 5퍼센트에 속했지만 리코는 상위 5퍼센트에까지 발을 들여놨다. 리코는 뉴욕의 경영대학원을 졸업하고 테크붐이 일던 시기 실리콘밸리에서 커리어를 시작했다.

그 후로 14년 동안 이 직장 저 직장을 전전하다가 네 번째로는 결국 독립해 컨설팅 회사를 차렸다. 회사의 대표였지만 일감을 따내기 위해서 기꺼이 '유연하게' 일하지 않을 수 없는 처지였다. 말인즉슨, 고객이 원한다면 출퇴근 시간도 정해진 장소도 없이 일해야 한다는 의미다. 리코는 아버지에 비해 분명히 성공한 인생이었지만 리코 부부는 "언제라도 인생에 대한 통제력을 잃을지 모를 경계선에 서 있다는 두려움을 느끼곤 했다. 이런 두려움은 그들 일의 역사 속에 녹아들어 있었다".[61]

리코가 느끼는 두려움은 일에만 국한되어 있지 않다. '유연하게' 움직이는 일은 언제고 일 밖의 삶을 집어삼킬지 모르는 형국이다. 아이들을 위해 충분히 시간을 쓸 수 없는 형편인 데다가 아버지 엔리코처럼 자식들에게 어떤 윤리적 전범이 되어줄 수도 없다. 자신이 믿었던 가치가 미래에도 힘을 발휘할 것이라고 믿기에는 리코가 보는 세상이 너무도 급속히 변화하고 있기 때문이다.

리처드 세넷은 유연화된 자본주의 시대의 성공적인 인간상으로 빌 게이츠를 꼽으며, "특정한 하나의 직업 안에서 스스로 마비되기보다는 어떤 가능성의 네트워크에 자신을 위치시키는 것"을 선호한다는 게이츠의 말을 인용한다.[62] 안락한 평생직장보다는 변화무쌍한 가능성의 세계에 투신하는 것이 오늘날 성공한 사람들이 보이는 모습이다. 한 가지 기술을 익혀 그것으로 평생을 벌어먹을 수 있다면 안온한 삶일지는 모르나 지루하다는 느낌을 피할 수는 없다. 그보다는 "가능성의 네트워크에 자신을 위치"시키고 닥쳐오는 변화를 기회 삼아 살아가는 편이 낫다는 소리다. 근사한 말이 아닐 수 없지만 이 명제를 온몸으로 기꺼이 받아들일 수 있는 사람은 많지 않다. 일의 세계만 놓고 보면 변화에 유연히 대처하며 이리저리 표류하는 커리어를 껴안는 시늉을 할 수 있을지 모른다. 하지만 리코가 그런 것처럼 사람들은 여전히 삶의 닻을 내릴 정박지를 원한다. 그러나 하나의 직장이, 혹은 좀 더 양보해 하나의 직업이 정박지일 수 있다고 믿는다면 우리는 결국 정박지를 만나지 못할 것이다. 2010년의 한 조사를 보면 10년 차 직장인의 평균 이직 횟수는 3회였다.[63] 2001년에 일을 시작한 사람들이 10년 동안 세 번의 이직을 경험했다면 그 이후 직장에 발을 들인 세대의 10년을 따졌을 때 그 횟수는 늘어날 가능성이 크다.

이런 현실에서 우리에게 필요한 것은 다른 종류의 정박지를 마련해낼 상상력, 직업적 분열을 이어붙일 새로운 상상력이다. 직업으로 자신을 규정할 수 있다고 생각하는 사람은 점점 드물어진다. 이제 한 번 선택한 직업이 평생을 따라다니는 세상도 아니다. 그럼에도 여전히 우리는 좋든 싫든 우리가 하는 일 혹은 했던 일로 규정된다. 다만 그 규정이 과거처럼 견고하게 고정된 것이 아닐 뿐이다. 액체처럼 유동하며 기꺼이 표류를 감싸 안아야 하는 오늘날에도 "무슨 일 하세요?"란 말은 곧 "누구세요?"라는 질문이다. "예전엔 어떤 일을 하셨어요?"는 "어떻게 살아왔나요?"라는 뜻이다. 좋든 싫든, 명함은 당신의 현재를 말하고 이력서는 당신 삶의 역사를 말한다. 당신 삶의 스토리는 늘 이렇게 일과 함께 전개된다. 필연적으로.

줌파 라히리의 단편 소설 〈병을 옮기는 남자〉에 등장하는 카파시는 의사를 돕는 통역사다. 병원에 구자라티 지방 출신 환자가 많이 오는데, 의사는 구자라티 말을 모른다. 환자의 말을 통역해 의사에게 전하는 것이 카파시의 일이다. 즉 카파시는 '병을 (다른 말로) 옮기는 남자'다. 원래 카파시의 꿈은 외교관이나 정치인의 통역관이 되어 민족과 나라 사이의 갈등을 해결하는 것이었다. "분쟁의 양편을 이해하는 유일한 사람이 되어 화해의 가교를 놓고 싶었다." 하지만 그의 꿈은 이루어지지 않았다.

카파시는 중등학교에서 영어 교사로 일하다가 맏아들이 장티푸스로 죽자 아들을 치료했던 의사의 통역사로 일하게 되었다. 치료비에 더해 연이어 태어난 아이들의 양육비 부담까지, 두 배가 넘는 급료를 받아들이지 않을 도리가 없었다. 카파시는 "자신의 일을 그렇게 거창하게 생각한 적이 없었다. 그저 생색 안 나는 일로만 여겼다. 사람들의 병증을 옮기는 것은 대단하지도, 누가 알아주지도 않는 일이었다. 뼈가 어떻게 쑤시는지, 배가 어떻게 아프고 어떤 탈이 났는지, 손바닥 반점의 색과 모양과 크기가 어떻게 변했는지 끊임없이 옮기고 또 옮길 뿐이었다."[64] 이런 카파시에게는 일이 또 하나 있다. 병원 일을 쉬는 금요일과 토요일에는 관광 가이드로 일한다. 어느 금요일, 카파시는 다스 씨 가족을 손님으로 맞는다. 늘 그렇듯 이런저런 대화를 나누던 끝에 카파시는 자신의 본업에 대해 이야기하게 된다. 그런데 다스 부인이 유난히 관심을 보인다.

"환자들 운명이 카파시 씨한테 달린 거나 다름없네요. … 어떤 면에서는 카파시 씨가 더 중요한 일을 하시네요."[65]

별 볼일 없는 일로 여겼던 자신의 밥벌이에 다스 부인이 의미를 부여해준 것이다. 이 한마디로 다스 부인은 카파시에게 세상에서 가장 각별한 존재가 된다. 카파시는 남은 하루 동안 다스 부인과의 소심한 로맨스를 상상한다. 물론 하루가 채 다 가기 전에 카파시의 환상은 산산이 부서지지만.

카파시에게 병원 통역사 일은 언제나 외교관이라는 과거의 꿈과 경쟁한다. 카파시에게 "병원 일은 실패한 인생의 낙인 같은 것"이다.[66] 그가 자신의 일을 바라보는 시각은 과거에 멈춰 있다. 상황은 바뀌었고 현실은 움직였지만 과녁만은 여전히 과거에 머물러 있다. 오늘을 이루는 그의 직업은 결코 그 과녁에 가닿지 못하고 '병을 옮기는' 일에서 카파시는 아무 의미를 찾지 못한다. 그래서 그가 쓴 자기 삶의 스토리는 "외교관을 꿈꾸었으나 실패하고 동네 병원에서 통역 일이나 하며 살아가는 인생"이다. 설상

가상으로 아내는 카파시를 "의사의 조수"라고 부른다. 아내는 그의 일을 하찮은 것으로 여긴다. 그런데 처음 만난 다스 부인이 그의 인생에 새로운 스토리를 부여한다. 다스 부인은 카파시의 일을 "말 한마디로 환자의 목숨을 좌지우지할 수도 있는, 의사보다 더 중요한 일"로 호명한다. 카파시는 다스 부인의 한마디에 정신이 홀려버린다. 다스 부인은 아내도, 자기 자신도 찾지 못했던 의미를 그의 일에서 찾아내주었다. 자신의 일이 지닌 의미를 발견해준 것은 자기 존재의 의미를 발견해준 것이나 다름없었다. 다스 부인의 "중요한 일을 하시네요"라는 말은 "당신은 중요한 사람이군요"라는 말과 다르지 않다.

삶의 역사가 일을 중심으로 움직이는 것은 일이 세상과의 접점에 자리 잡고 있기 때문이다. 어떤 행위가 일로서 인정받는 기준은 그 행위의 결과가 세상에 내놓아지느냐 아니냐에 있다(그리고 자본주의 세계에서 그 '내놓아지는' 장은 99퍼센트의 경우 시장이다). 아무리 공을 들인다 해도 혼자 골방에서 시작해 골방에서 끝내는 일이라면 일이라 불릴 수 없다. 고로 일을 하면서 세상에 성과를 내놓지 못하고 실패를 거듭한다면 사람은 자신을 못난 존재로 여기기 쉽다.

순전한 놀이와는 다르다. 놀이를 하면서 실패를 거듭한다고 자신을 쓸모없는 존재라 여길 사람은 없다. 애초에 놀이에서 뭘 못한다고 해서 거기에 성공이니 실패니 이름 붙이지도 않는다. 비슷한 이유로 일자리를 빼앗긴 사람, 다시 말해 회사에서 '필요 없는 존재'라고 규정당한 사람은 자존감에 큰 상처를 받으며 자기 비하에 빠지기 쉽다. 한 회사에서 필요 없는 존재라는 규정이 '어디서나' 무능력하고 쓸모없는 존재라는 의미가 아님에도 그렇다. 여태껏 성공 가도를 달려왔고, 객관적으로 보아도 유능한 인재이며, 얼마 안 가 다시 일자리를 갖게 될 것이 뻔한 사람인데도 그렇다. 갑작스레 일을 빼앗긴 사람은 본능적으로, 감정적으로 그렇게 반응할 수밖에 없다. 좋았든 싫었든, 원했든 원하지 않았든, 일이 곧 외부에 드러난 자신의 얼굴이었기 때문이다. 그는 갑작스레 자신의 얼굴을 강탈당한 셈이다.

그뿐만이 아니다. 직종으로나 지위로나 큰 차이가 있는 여러 직업을 경험해본 사람이라면 알 것이다. 내가 커피숍 알바일 때와 대기업의 직원일 때, 대학의 교수일 때와 연구실 조교일 때 사람들이 나를 대하는 방식은 천양지차다. 직업이 곧 내 정체성은 아니라고 믿는 것이 무의미해지는 순간들이다. 정체성이란 내가 생각하는 나를 가리키는 것만은 아니기 때문이다. 정체성은 스스로 만드는 것이기도 하지만 동시에 세상이 부여하는 것이기도 하다.

일을 둘러싼 한 가지 괴로움이 여기서 생겨난다. 세상은 내가 어디에서 무슨 일을 하는지를 준거로 나를 바라보는데, 나는 그 일로 나를 설명할 수 없거나 설명하고 싶지 않다는 것. 세상 사람이 "저는 ××회사에서 ××일을 하는 아무개입니다"라고 소개했을 때 "그게 무슨 상관이겠어요. 당신이 평생 그 회사에서 그 일만 할 것도 아닌데"라고 여겨준다면 일이 나의 정체성인지 아닌지가 무엇이 중요하겠나. 그러나 현실은 정확히 그 반대다. 처음 만난 자리에서 명함을 주고받는 것이 어른들의 교제법이다. 명함을 내밀지 않는다면 사람들은 당신이 어디서 무슨 일을 하는지 둘러서라도 집요히 물을 것이다. 그 답을 알고 나서야 그들은 머릿속 지도에 당신을 위치시키고 마음을 놓는다.

직업이 정체성이 되어줄 수 있을까

사정이 이러니 '직업'과 '직위'라는, 세상이 딱지 붙인 정체성을 기꺼이 받아들이지 못하는 사람은 사회와 끝내 불화하는 기분을 떨쳐버리기 어렵다. 얻어 쓴 가면을 얼굴에 붙이고 사는 듯한 느낌에 시달리기도 한다. 문제는 마음만 다잡는다고 일을 정체성으로 받아들일 수 있는 게 아니라는 점이다. 일이 정체성이 되려면 세 가지 조건 중 최소한 하나는 만족시켜야 한다.

첫째, 역량의 확장을 가져다주는 적당히 도전적인 일('적당히'라 함은, 지나치게 어려워서 해보나 마나 실패할 게 뻔한 일은 해당하지 않는다는 의미다). 일을 하는 자신을 스스로 멋지다고 여길 수 있으면 자연스럽게 일을 자신의 일부로 받아들이게 된다. 반대로, "나는 ○○하는 사람입니다"라고 자신을 소개할 때 자괴감이나 부끄러움을 느낀다면 그 일이 나의 중요한 일부라고 생각하는 것은 불가능하다. 사람은 자기가 하는 일들 중에 가장 어렵고 가장 도전적인 일과 자신을 동일시하기 마련이다. 자신의 역량을 20퍼센트만 써도 되는 일을 사랑할 수는 없는 법이다. 그럼에도 그 일이 좋다고 말한다면 그 일이 아니라 그 일이 주는 대가가 좋은 것이다. 한때 "영어와 프랑스어와 러시아어와 포르투갈어와 이탈리아어로 대화할 수 있다는 자신감"을 가졌던 카파시가 영어 하나만 써먹는 "의사의 조수" 일을 부끄럽게 여기는 것도 그리 이상한 일은 아니다.

둘째, 경제적 안정을 주는 일. 그 일을 기반 삼아 미래를 설계할 수 있다면 나를 이루는 일부로 그 일을 받아들이려 최소한 애쓰게 될 것이다. 그 일이 오래도록 가족을 먹이고 즐거운 노후의 기반을 선사할 것이라고 믿어도 좋다면 일상의 고단함과 비천함도 어느 정도 인내할 수 있다. 우리 부모 세대 중에 많은 사람이 직업을 중심으로 하는 삶의 서사를 받아들일 수 있었던 이유다. 지루하고 단순 반복적인 과업으로 일상을 채워야 한다 해도 불평 한마디 없이 그 일을 감내하는 것이 자연스럽던 시절이 있었다. 그 일과 함께 시간을 쌓아가면 닿게 될 목적지를 머릿속에 그릴 수 있었기 때문이다. 그리고 그 목적지는 자기 자신뿐 아니라 더 나은 삶을 누릴 가족 전체를 위한 것이었다. 리코의 아버지 엔리코의 경우가 그랬다.

셋째, 공동체적 결속을 주는 일. 일을 통해 맺는 관계망 안에서 환영받고 보호받는다는 느낌을 받는다면 나는 오래도록 그 공동체의 일원이길 소망할 것이다. 그러기 위해서라도 일을 나의 일부로 받아들이고자 애쓸 것이 틀림없다. 일터를 하나의 공동체로 표방하는 많은 대안 조직에서 나타나는 현상이기도 하다. 삶에 닥쳐올, 피할 수 없을 무수한 위험 앞에서 내 뒷배를 받쳐줄 관계 망이 있다는 믿음은 일이 포함하는 지루함과 고단함을 어느 정도 감내할 수 있게 한다.

아프게도 오늘날 우리가 선택할 수 있는 직장은 대개 저 중에 하나도 담보하지 않는 것이 현실이다. 더구나 이 셋은 보통 긴밀 하게 얽혀 있다. 성공했다는 평판을 누리는 사람들의 일은 대부 분 도전적인 과업인 데다가 경제적 보상도 근사하다. 하나의 직 장이 장기근속을 약속하진 못하나(이들에겐 사실 그런 약속이 필요하 지도 않다) 이들의 커리어는 부드럽게 이어지며 근사한 이야기를 그려낸다. 이들이 속한 관계망은 직장 공동체로 환원되지는 않지 만 서로 긴밀히 얽힌 이해관계를 중심으로 오랜 기간 이어진다. 이들의 공동체는 사회적 약자들의 공동체보다 능숙하게 각자가 부딪히는 위험을 서로 살펴준다. 그러나 이런 행운을 누리는 것 은 로또의 확률에 비견할 만하다. 이런 일자리는 열에 하나도 되 지 못하는 것이 현실이다. 여기에 어떤 경제 문화적 계층에서 태 어났느냐가 중요한 변수로 작용한다. 현실은 모두 같은 선상에서 출발하는 공평한 게임이 아니다. 이 사실을 증명하는 통계수치는 이미 차고 넘친다.

우리가 감내해야 하는 대개의 일자리는 장기적 관점을 허락하 지 않는다. 장기적 관점으로 일할 수 없는 직장에서 도전적인 일 을 만나기는 어려우며, 경제적 안정성을 담보받는 것은 더욱 요원한 일이다. 그런 상황에서 오래가는 관계를 구축하고자 에너지를 들이는 것은 서로 간에 고통스러운 일이다. 겉으로는 상냥한 미소를 보인다 해도 '공적 관계'를 위한 위장술일 뿐이다. 직장에서 진심을 보이는 것은 위험하다는 처세서의 조언에는 어떤 진실이 담겨 있다. 이런 상황에서 조직에 대한 충성은 제 발목을 옭아매는 덫일 뿐, 개인에게는 전혀 실용적이지 못한 가치다. 이렇게 결국 '셋 중 하나만이라도'의 소망은 '단 하나조차'의 절망으로 이어지기 십상이다.

수많은 이가 이 직장 저 직장을 부유하며 기승전결의 인생 스토리를 만드는 데 어려움을 겪는다. 과거라면 상승을 전제했을 이직과 전직은 이제 표류이거나 '탈진/재충전/다시 탈진'의 리듬을 따르는 반복 운동일 뿐이다. 그 와중에 그나마 경제적 안정성이라도 붙들어내려면 '자신에 투자하여 자기 계발을 이뤄내야' 한다. 투자자도 투자처도 당신 자신뿐이다. 일 잘하는 역량을 길러야 한다면 그것이 조직이나 회사, 고용인을 위해서라고 이야기할 사람은 더 이상 아무도 없을 것이다. 직장이 어떤 안정성도 담보해주지 못할 때 일을 배우기 위한 동기부여는 지극히 개인적인 방식으로 이루어질 수밖에 없다. 동기부여뿐인가, 부유와 표류에서 하나의 그럴싸한 스토리를 꿰어내는 것도 이제 오롯이 당신 개인에게 달렸다. 명함에 무엇이 쓰였느냐와 상관없이, 심지어는 명함이 있느냐 없느냐와도 상관없이 나의 정체성을 만들어나가야 한다. 이것이 가능할지가 어쩌면 우리의 명운을 가를지도 모른다. 물론 여기에 덧붙여 꽤 많은 다른 행운이 따라줘야겠지만.

인생의 전개에서 스스로 결정지을 수 있는 몫이 지극히 적은 오늘날, 그럼에도 여전히 인생을 책임지고 살아내야 하는 것은 자신뿐이다. 나를 사회 속에 정박시켜줄 지속 가능한 준거점도, 리스크를 공유할 장기적 공동체도 없다. 그리고 어떤 면에서 더욱 중요한 진실은 우리 스스로 고정된 준거점도 속박하는 공동체도 원하지 않는다는 것. 그리하여 어찌할 바 없이 요구되는 것은 기꺼이 변화를 껴안으며, 스스로 자신의 이야기를 만들어내는 것이다. 무슨 일이 일어날지 몰라도 괜찮아라는 자신감만이 비빌 언덕이다. 미래를 확신하는 착각도, 예측 불가능성에 안절부절못하는 소심함도 낙제점이다. 준거점 없음을 준거점으로, 정박지 없음을 정박지로 삼아야 하는 아이러니. 그 아이러니를 감싸 안지 않고서는 살아갈 도리가 없다.

여러 가능성을 동시에 상상하고 그것에 몸과 마음을 대비시키는 것. 변화를 적극적으로 받아들이며 그것을 자신의 과거와 연결되는 하나의 서사 속에 통합하는 것. 이것이야말로 오늘날 우리에게 남은 유일한 선택지다. 분열에 고통받는 대신 분열을 껴안는 것. 그리하여 나는 누구인가를 물을 것이 아니라 나는 이 모든 일을 통해 어떤 '이야기'를 발견할 것인가를 물어야 할지도.

좌표가 사라지면 자유가 오는 것이 아니라 좌표를 만들어야 하는 책임이 온다.[67]

10

몇 시에 퇴근할지도 모르는 세상인데

우리는 안정성을 원하되 반복성을 원하지 않는다.
그러나 현실의 우리 손에 쥐어지는 것은
대개 안정성 없는 반복성뿐이다.

예측성과 통제력의 상실

"한 조직에 매이고 싶지 않다."

"사생활을 시시콜콜 나누는 관계에 얽매이긴 싫다."

"같이 일을 할지언정 같은 취향을 강요받고 싶지 않다."

"속한 곳이 있되, 늘 떠날 자유가 있기를 바란다."

"평생에 걸쳐 한 우물만 팔 생각은 없다."

요즘의 젊은 세대라면 이런 말들에 공감하지 않을까? 무엇이든
시도하되 아니다 싶으면 새로운 길을 떠나는 자유, 외롭지는 않

되 관계망에 얽매이지 않는 자유를 많은 사람이 누리고 싶어 할 것이다. 나 자신도 별반 다르지 않다. 신자유주의를 비판하는 학자들은 이런 '자유'를 향한 욕망이 시대의 증후요, 시스템이 불어넣은 욕망이라고 말한다. 기업은 필요하면 고용했다가 언제든 자를 수 있는 '유연한' 노동력을 원한다. 그런 마당이니 안정적인 일자리를 원하는 이들보다는 떠날 자유를 원하는 이들이 훨씬 다루기 쉬운 노동력이란 논리다.

자유롭게 움직여라, 유연하고 빠르게, 기민하고 가볍게! 이런 것이야말로 아름답다! 고용하는 쪽이 고용당하는 쪽보다 강자인 세상은 이런 계명을 우리 안에 불어넣는단다. 고로 이런 욕망은 당신 자신의 것이 아니라고, 신자유주의가 당신에게 불어넣은 것이라고 학자들은 말한다. 이런 말들은 아마 사실일 것이다. 그러나 그걸 안다고 문제가 간단히 해결되지는 않는다. 몸에 깃든 욕망은 쉽게 사라지지 않는다. 설혹 그 욕망을 없앨 수 있다 해도 빈자리에 무엇을 대신 넣어야 할지 잘 모르겠다. 아니, 무엇보다도 그 욕망을 버리면 이 세상에서 더 손쉽게 살아남을 수 있는지도 모르겠다. 꾸준함을 칭송하던 과거의 노동 윤리를 되살리는 것은 가능하지도 않으며, 어떤 면에서도 좋은 방법 같지 않기 때문이다. 좋든 싫든 이미 "'단기간'이 '장기간'을 대체했고 즉시성이 궁극적 이상이 되었다".[68]

사정이 이러니 '머물 수 없음'의 현실을 '머물고 싶지 않음'의 욕망으로 받아들이는 편이 속 편한 일이다. 이런 사회에서 꾸준히 시간을 들일 장기 계획을 세우는 것이 무슨 의미일까. 아니, 보다 정확히 말하자면 10년간 바뀌지 않을 10년 계획을 세우는 것이 가능하기나 할까. 이제 10년짜리 계획의 성패는 10년 후 그 계획을 달성하느냐로 가늠할 수 없다. 다만 10년 후라는, 상상으로 그칠 것이 뻔한 그 이미지가 바로 오늘 어떤 효과를 일으키느냐가 문제일 뿐이다. 고로, 말뜻 그대로의 장기 계획이란 없다. 오늘에 동기를 부여할 '비전vision'이 중요할 뿐이다.

장기 계획만이 문제가 아니다. 장기적 관계를 맺는 것 역시 쉽지 않다. 한쪽 가슴에 사표를 품고 살 수밖에 없다면 직장에서의 관계를 평생 끌고 갈 관계로 받아들일 리 없다. 2년짜리 전세 계약에 따라 주거지를 이리저리 옮겨 다녀야 한다면 이웃과의 관계 역시 시한부에 그칠 뿐이다. 아니, 애초에 이웃과 관계 같은 것을 맺는 일 자체가 흔치 않다. 오히려 현실에서 끊어졌던 관계가 페이스북을 터전 삼아 돌아오는 형국이다. 그러나 물리적 터전이 배제된 관계는 언제고 한쪽이 일방적으로 폐기해버릴 수 있다. 상대가 페이스북 계정을 삭제하는 순간 그에게 가닿을 방법은 전혀 없다. 오래갈 수 없는 것은 아니지만 '오래갈 것이라는 기대'를 품을 수 없는 관계인 셈이다. 물론 전화를 받지 않으면 집 앞으로 무작정 찾아가 하염없이 기다리기라도 할 수 있었던 과거가 모두에게 낭만으로 기억되지는 않겠지만.

장기 계획도 장기적 관계도 불가능하다면 나는 나를 무엇으로 설명하며 살아갈까. '나에 대한 설명'이 얼마나 정확하냐는 문제가 아니다. 그 설명이란 늘 일정 부분을 과장하거나 생략한 허상일 수밖에 없고, 때로 어떤 객관성도 담보하지 못하는 환상에 불과하기도 하다. 하지만 얼마나 어설프건 간에 어떤 식으로든 자신을 설명할 '이야기'는 누구에게나 필요하다. 나와 내 삶을 설명하는 이야기는 지극히 파편적이고 유동적인 것일지라도 어떤 효과가 있기 때문이다. 그런 이야기 없이 과연 자긍심과 자존감이 가능할까.

여기에 또 하나가 문제를 보탠다. 엄청나게 복잡해진 세상, 내가 하는 일이 거대한 시스템 안에서 어떤 의미를 갖는지 제대로 파악하기란 한 개인에게 너무나 어려운 일이다. 공장에서 총알을 만드는 노동자가 그 총알이 누구의 가슴에 날아가 박힐지 알아낼 방법은 없다. 뉴욕에 앉아 옥수수 선물을 거래하는 트레이더가 멕시코 어딘가에서 옥수수를 재배하는 어린 노동자와 자신이 어떻게 연결되어 있는지 이해할 수 있을까. 이런 와중에 자기 일의 미래를 예측하는 것이야 말할 것도 없다. 예측할 수 있다고 행복한 착각에 빠져 있지 않는 한, 인생에 대한 통제를 상실했다는 느낌에 빠지는 것을 피할 수는 없다. 예측할 수 없다면 통제할 수 없는 것은 당연하다.

미래를 예측하지 못한다면 합리적 선택 또한 불가능하다. 한 개인이 변화를 결단하면서 그 변화의 결과를 미리 알 수 있다고 믿는 것은 무지 또는 자기기만의 소치일 뿐이다. 우리가 내리는 결단은 언제나 (나쁘다는 것을) 아는 문제에서 (좋을지도) 모르는 문제로 옮겨가는 것일 뿐이다. 요즘 같은 세상에서 완벽히 알고 내리는 선택은 존재하지 않는다. '안다고 생각하는 혹은 모름에도 불구하고 내리는 선택'만이 존재한다. 선택이 이로운 것이었느냐는 사후적으로만 가능할 수 있다. 아니, 엄밀히 따지자면 사후적 판단조차 어떤 면에서는 다분히 주관적인 회상에 불과하다. 실험할 수 있는 선택지는 늘 하나뿐이고 실험하지 못한 선택지가 어땠을지는 끝끝내 알 수 없기 때문이다. 그러니 결국 변화를 감행하는 사람들은 두 종류로 나뉜다. 하나는 '무지한 용기'를 의지로 포장하여 장애물을 뚫어내겠다고 착각하는 사람들. 다른 하나는 목적지가 어디가 될지는 몰라도 일단은 출발하겠노라는 사람들, 이른바 '아님 말고'의 정신으로 무장한 사람들이다. 어느 쪽도 될 수 없으니 변화를 감행하지 않겠다고? 그렇다고 변화를 피할 수 있는 것은 아니다. 리스크가 곳곳에 도사린 사회에서 선택지는 둘뿐이다. 리스크가 닥칠 때까지 기다리겠는가, 아니면 리스크를 스스로 감수하겠는가. 우리는 최대한 리스크를 계산하고 대비하려고 노력하겠지만 리스크를 0으로 만드는 일은 불가능하다.

예측하고 통제할 수 없는 것은 먼 미래만이 아니다. 평범한 직장인이라면 오늘 저녁 몇 시에 퇴근할지조차, 다음 달에 휴가를 갈지 말지조차 통제할 수 없을 때가 많다. 정해진 근무시간, 정해진 일의 범위 같은 것은 없다. 애처롭게도 우리가 그나마 짜내어 통제할 수 있는 시간은 수면시간뿐이다. 뭐라도 하려면 결국 잠을 줄일 수밖에 없다. 그래서 각종 24시간 영업점이 성행하고 에

너지 드링크를 각성제 삼아 들이켜는 것이 전혀 이상하지 않다.

직장 생활의 마지막 두 해 정도 내가 견딜 수 없었던 것은 일상에 대해 통제를 잃었다는 느낌이었다. 참으로 아이러니하게도 그 마지막 두 해는 사실 그전에 비해 오히려 형편이 나았다. 이전의 시기는 무척 바빴다. 회사 일이 내 일상 대부분을 잠식하고 있었으므로 회사 일 이외의 것을 계획하고 시간을 쏟는 것이 거의 불가능했다. 그러나 일이 있어 늦게까지 해야 할 때는 몸이 피로한 것을 빼고는 오히려 별 불만이 없었다. 애석하게도 혹은 운 좋게도 나는 일 자체를 즐기는 종류의 사람이었다. 일에 몰입하는 순간들, 사람들의 의견이 부딪히고 그 의견들이 공동의 작업으로 녹아드는 시간들을 좋아했다. 고로 일 때문에 회사에 늦게까지 남는 것이 나의 선택인지 강제된 상황인지 구분하기는 쉽지 않았다. 아니, 애초에 구분할 마음도 없었다.

마지막 두 해(물론 당시에는 그게 마지막 두 해가 될지는 몰랐지만) 갑작스레 시간이 많아졌다. 해야 할 일의 양이 줄어들었고 회사에 앉아서도 이른바 '딴짓'을 할 수 있게 되었다. 처음에는 그 여유를 즐겼다. 그렇지만 그 상태로 시간이 조금 흐르자 오히려 통제력을 잃고 있다는 느낌을 받았다. 일이 없음에도, 정해진 시간 동안 정해진 장소에 내 몸을 가져다 둬야 한다는 사실이 불합리하다는 생각을 떨칠 수가 없었다. 그 순간 나는 내 일의 대가를 받는 사람이 아니었다. 내 시간을 판 대가, 즉 내 자유의 일정 부분을 포기한 대가를 받는 사람이었다. 그 둘은 스스로 내 일상을 통제할 수 있느냐 없느냐의 차이였다. 내 자유에 아무리 비싼 값이 매겨진다 해도 그걸 팔아서 살고 있다는 실감은 뼈아팠다.

더구나 그 자유의 '일정' 부분이라는 것이 정해져 있지도 않았다. 대체로 칼퇴근을 예상하며 퇴근 후의 시간을 나름대로 계획했지만 그 나름의 계획은 언제나 침탈받을 위기에 있었다. 평소엔 아무 일도 일어나지 않는 국경선에서 어슬렁거리며 보초를 서는 병사와 비슷했다. 하루 종일 아무 할 일이 없다가도 작은 낌새라도 보이면 내 존재를 온통 바쳐야만 하는 처지였던 셈이다. 국경선의 보초인 처지에 "아, 오늘 제가 7시에 약속이 있거든요" 같은 말이 통했겠는가. 결국 내가 받는 월급은 9시부터 6시까지는 반드시, 그 외에도 필요하다면 언제나 내 존재를 전선戰線에 가져다놓겠다는 약속의 대가였던 셈이다. 그것은 내 일이 얼마나 재미있고 폼나는지와는 별개의 문제였다. 우습게도 나는 이 사실을 전선에 있지 않아도 되는데 있어야 하는 '여유로운' 시간이 주어지고서야 깨달았다.

내 다음 24시간조차 통제할 수도 예측할 수도 없다면 무슨 재주로 내가 '내 인생의 주인'이라는 생각을 할 수 있을까. 아니, 무엇에 대해서라도 자신이 객체가 아닌 주체라고 생각할 수 있을까. 많은 사람이 일상에서 벌어지는 일들에 수동적으로 그저 '반응'밖에 할 수 없는 것도 이상한 일은 아니다. 문제는 이걸로 끝이 아니다. 이런 예측 불가능성에 극단적 반복성이 더해지는 경우가 허다하다. 경제를 끌고 가는 시스템이 복잡해질수록 개인대다수에게 할당되는 과업은 단조로워진다. 애덤 스미스가 우려했던 인격의 파괴가 바로 여기서 비롯된다. 애덤 스미스는《국부론》에서 이렇게 말한다. "대다수 사람들의 이해력은 필연적으로 그들의 직장에서 형성된다. 평생을 몇 가지 단순한 일로 보내는 자는 인간이 도달할 수 있는 최고의 우둔함과 무지 상태를 피할 수 없다." 단조로운 업무의 쳇바퀴에 끌려 들어간 개인은 오늘도 내일도 끊임없이 언덕 위로 돌을 굴려올리는 시시포스가 된 느낌에 사로잡힌다. 설상가상으로 그를 더욱 두렵게 하는 것은 자신의 몫인 그 돌조차 어느 순간 내 손아귀를 빠져나갈지 모른다는 점이다. 돌 굴리기가 좋든 싫든, 돌 굴리기만이 자신을 세상에 위치시키며 세상과 관계 맺도록 하기 때문이다. 우리는 의미 없는 현재가 끊임없이 반복되길 원하지 않는다. 동시에 현재의 기반이 언제든 알 수 없는 이유로 사라질 수 있다는 불안감에 시달리길 바라지도 않는다. 우리는 안정성을 원하되 반복성을 원하지 않는다. 그러나 현실의 우리 손에 쥐어지는 것은 대개 안정성 없는 반복성뿐이다.

시시포스는 어떻게 돌 굴리기를 견딜까

우리의 일이 시시포스의 돌 굴리기가 될 때 일은 견뎌야 하는 노동으로 환원된다. 노동^{labor}은 일^{work}과 동의어가 아니다. '노동勞動'

은 고됨과 움직임을 뜻하는 두 한자로 구성되었다. 영어 '레이버 labor'의 어원인 라틴어 '라보르labor'는 고통이 수반되는 노력이라는 의미다. 노동을 뜻하는 프랑스어 '트라바이에travailles'는 좀 더 심하다. 그 어원인 라틴어 '트리팔리움tripalium'은 원래 로마군이 사용했던 고문 도구의 일종이었단다. 독일어에서 노동을 가리키는 '아르바이트arbeit'는 시련, 박해, 역경, 곤경으로 해석된다고 한다.[69] "일을 즐긴다면 그건 더 이상 일이 아니다"라는 말을 흔히들 한다. 좋아서 하는 일이라면 당장의 대가를 따지지 말라는 의미로 오용되기도 한다는 문제가 있긴 하지만, 그래도 이 말에는 일말의 진실이 있다. 첫 번째 일이 노동 이상을 포함하는 넓은 의미의 일이라면 두 번째 일은 노동으로서의 일을 가리킨다. 풀어 쓰면 "일을 즐긴다면 그건 더 이상 고된 수고가 아니다"라는 말과 다르지 않다. 오용의 우려를 빼면 저 말 자체는 "세 변으로 이루어진 도형은 삼각형이다" 같은 말과 크게 다르지 않은 사실의 진술일 뿐이다. 일이 언제나 노동만으로 환원되는 것은 아니다.

그럼에도 우리의 일에 노동인 구석이 전혀 없을 수는 없는 것이 현실이다. 일이 우리의 밥벌이가 될 때, 그리하여 일을 하거나 하지 않을 결정권이 우리 손을 떠나갈 때 그 일은 시시포스의 돌 굴리기와 꼭 닮은 모습이 되고 만다. 좋아하는 일을 직업으로 선택했다 해도 그건 그때뿐이다. 꼭대기까지 애써 굴려봤자 내일 아침이면 다시 바닥으로 굴러 내려와 있는 밥벌이 앞에서 일이 너무도 즐거워 '노동'이 아니라고 말하는 것은 자기기만일지 모른다. 그렇다면 고되기 짝이 없는 시시포스의 노동을 견디게 하는 동력은 무엇일까? 크게 넷으로 생각해볼 수 있다.

첫째는 말할 것도 없이 생계유지에 대한 공포다. 산업화가 시작되었을 때 사람들이 정해진 시간에 정해진 장소에서 통제를 받으며 일하는 상황을 받아들이게 하는 것은 쉽지 않은 싸움이었다. 자본주의가 도래하기 이전에 시간과 장소를 통제받으며 일해야 했던 것은 노예뿐이었다. 소작농이든 자영농이든, 그저 해가 뜨면 나가 일을 하다가 적당한 때에 돌아왔다. 장인이라면 자신의 공방에서 원하는 시간에 원하는 만큼 일을 했다. 먹고사는 일이야 그때도 쉽지 않았겠지만 몇 시부터 몇 시까지 한데 모여 일을 하는 것 자체가 그들에게 강제된 의무는 아니었다.

공장제 노동이 도입되면서부터 자본은 사람들을 고용해 한곳에서 정해진 만큼 일하도록 강제하기 시작했다. 사람들이 그런 강제를 달갑지 않게 여겼음은 당연하다. 그래서 "자신들이 바라지도 않았고 이해하지도 못한, 그리고 대부분이 자신의 의지로 선택하지도 않았을 노동 방식의 불편함과 당혹스러움을 감수"하도록 동원된 가장 효과적이면서도 강력한 비법은 선택의 여지를 없애버리는 것이었다.[70]

사회는 고용 노동 밖의 일자리를 체계적으로 없애갔고 고용되지 않은 이들에게 닥친 운명은 절대적 빈곤이었다. 이제 일터에 매인 노동은 모두에게 좋든 싫든 피할 수 없는 것이 되고 말았다. 그렇게 사람들은 어쩔 수 없이 공장으로 걸어 들어갔다. 오늘날에도 상황은 크게 다르지 않다. 생계의 궁지에 내몰려 자살하는 사람들의 소식이 하루가 멀다 하고 쏟아지는 요즘, 사람들이 느끼는 것은 공포다. 굴리던 돌조차 빼앗길지 모른다는 공포가 돌 굴리기의 고통과 무료함을 견디게 한다. 이뿐만이 아니다. 오늘날 생계유지의 공포는 다른 종류의 공포로도 변주된다. 국가와 가족 사이를 채워주던 모든 공동체가 파괴된 지금 일자리만이 세상과 나를 연결해주는 유일한 끈이다. 일을 잃는 순간 세상에 쓸모없는 존재가 되어버린다는 공포가 우리를 괴롭힌다. 앞서 말했듯이 일은 결과물을 세상에 내놓는 행위다. 아무것도 세상에 내놓지 못하는 사람은 세상에 자신을 설명할 방법을 찾지 못한다.

둘째, 윤리적 의미를 부여함으로써 돌 굴리기를 견뎌낸다. 윤리적 의미는 공포라는 동력보다 분명히 나은 면이 있다. 보람이라는 부산물을 챙길 수 있기 때문이다. 돌 굴리기에 부여하는 윤리적 의미는 여러 가지일 수 있다. 가장 전통적으로는 성실성을 찬양하는 노동 윤리의 관점에서 돌 굴리기를 바라보는 것이다. 우리는 땀 흘려 제 먹을 것을 제가 버는 개미를 칭송하도록 배운다.

여기서 한걸음 나아가, 이른바 '활동'에 몸담은 이들, 즉 시민단체나 비영리 기구, 정치단체 등에 종사하는 사람들이 자신의 노동에 부여하는 윤리적 의미는 훨씬 사회적이다. 더구나 그 의미는 노동의 성격에 직접적으로 연결된다. 그렇기에 윤리적 의미를 동력 삼아 살아가는 모습은 '활동가'들에게서 흔히 발견된다. 이런 이들은 심지어 자신의 고된 노력을 '노동'이라 불러도 좋을지 머뭇거린다. 사회적 가치를 목표로 삼는 '활동'을 '노동'이라고 부르는 순간 개인의 노고를 앞에 세우는 것처럼 혹은 '활동'을 그저 밥벌이로 여기는 것처럼 보일까 두려워하는 것 같다. 이런 현상을 보여주듯, 2014년 3월 청년허브[71]에서는 "사회적 가치를 지향하는 청년의 일, 노동인가 활동인가?"라는 주제로 토론회가 열렸다. 이 자리에서 투명사회를위한정보공개센터 소장 전진한은 "대단히 '소명'적인 일에서 오히려 노동 탄압이 빈번히 이루어진다"며 "활동가라고 해도 집으로 돌아가면 평범한 직장인일 뿐이다. 그나마 조건이 나은 편인데도 생활비의 스트레스가 장난 아니다"라고 말했다. 소명 의식과 윤리적 자부심은 폄하할 것이 아니다. 그러나 활동가에게 돌 굴리기의 노고는 일상이다. 의식과 윤리적 의무감만으로 기꺼이 일상을 견뎌낼 수 있는 사람은 흔치 않다.

셋째, 언젠가는 돌 굴리기를 멈출 수 있을 것이라는 기대다. 돌을 기가 막히게 열심히 잘 굴려올리다 보면 신께서 시시포스의 죄를 용서하고 돌 굴리기를 멈추도록 허락할지도 모른다. 아니, 최소한 흙길에 턱턱 박혀버리는 이 울퉁불퉁한 돌 대신 매끈해서 손만 슬쩍 가져다대도 쑥쑥 산길을 오르는 구슬을 선사받을 수는 있지 않을까. 이게 바로 자기 계발의 신화가 우리에게 선물하는 동력이다. 열정을 다해 일한다면 고단한 노동에서 해방되어 부와 성공을 거머쥘 수 있을 것이라는 희망이 돌 굴리기를 견디게 한다는 이야기다. 이런 희망에 통계적 현실에 대한 고려는 없다. 돌을 끝내주게 잘 굴려서 돌 굴리기를 그만둘 수 있었던 사람은 백에 하나쯤이고 돌 대신 구슬로라도 바꿔치기할 수 있었던 사람은 백에 다섯쯤 되는 게 현실일 것이다. 하지만 그런 현실을 굳이 끄집어내지 않는 것이 피차 예의인지도 모른다. 어차피 돌 굴리기를 멈출 수 없는 신세라면, 그리고 딱히 마음을 다할 윤리적 의미를 찾아낼 수 없다면 공포보다는 기대와 희망이 입에 덜 쓴 약이다.

넷째, 역량의 성장이 주는 기쁨 그 자체다. 시시포스가 돌을 꼭대기까지 굴려올리는 데 걸리는 시간을 재보기로 했다고 가정해보자. 그리고 하루하루 그 기록을 줄이는 것을 목표로 삼았다면 어떨까? 돌 굴리기는 이제 그에게 하나의 놀이이자 게임이요, 실력을 늘려가는 기나긴 훈련의 과정이기도 하다. 날이 갈수록 돌이 손에 착 달라붙는 감각, 꼭대기까지 가장 효율적인 경로를 찾아내는 계산, 그날그날 지형의 오묘한 변화에 적응하는 순발력까지 실력이 점점 늘고 기록이 조금씩 단축되는 것에 시시포스는 짜릿함을 느낄지도 모른다. 이때 돌 굴리기는 무엇을 위한 수단이 아닌, 그 자체가 목적인 활동이 된다. 이 활동의 유일한 목적은 그저 이 활동을 더 잘하게 되는 것이다. 그리고 그런 것이 바로 놀이가 된다.

《달리기와 존재하기》를 쓴 조지 쉬언은 "아이들은 뭘 하면서 목적을 묻지 않는다. 자기가 하는 일이 도움이 되는 것인지 아닌지 묻는 일도 없다"며 우리 모두가 "아이로 성장해야" 한다고 말한다.[72] 《철학자가 달린다》를 쓴 마크 롤랜즈는 "놀이는 그 자체를 위해 하는 행위"라는 데 본질적 가치가 있으며, "일로 가득한 삶은 놀이로만 구원된다"고 말한다.[73] 이런 이야기가 꼭 달리기에만 적용될 수 있는 것은 아니다. 우리는 때로 우리의 고된 노동에 놀이의 옷을 입힐 수도 있다.

시시포스의 노동을 완전히 피할 수 없다면 공포는 최대한 줄이면서 나머지 셋을 적절히 조합하는 것이 현실적인 선택이다. 윤리적 의미만으로는 바짝 당겨지기만 하던 활시위가 끊어져버릴지 모른다. 성공의 희망만으로 산다면 자신의 믿음에 배신당할 위험이 있다. 성장의 기쁨만으로 산다면 어느 순간 허무감에 빠질 수도, 손쉽게 회사에 이용당할 수도 있다. 우리에겐 의미도 희망도 필요하며, 하루하루를 채우는 순전한 즐거움도 필요하다. 어느 하나에만 의지하는 것이 장기적으로 지속 가능하지 않은 이유다.

이 세 가지 요소를 새로운 차원으로 끌어올릴 수 있는 것이 있다면 바로 '동료'의 존재다. 함께 돌을 굴리는 사람들을 인식하면 끝나지 않는 고된 돌 굴리기를 잠시 멈출 수도, 또는 전혀 다른 종류의 활동으로 만들 수도 있게 된다. 돌 두 덩이를 잠시 멈춰 세울 만큼 힘센 동료가 손을 빌려준다면 나는 바위를 괴어둘 돌멩이를 구해올 짬을 마련할 수 있을 것이다. 그 덕에 그에게도 나에게도 휴식의 시간이 생겨난다. 땅을 깊이 파서 바윗덩이를 묻는다든지 울타리를 만든다든지 하는 식으로, 좀 더 오래가는 해결책을 만들 수도 있다. 성공한다면 새로운 '해방'이 찾아올지 모른다. 여기에 꼭 필요한 것이 내 돌을 잠깐 멈춰 세워줄 수 있는 또 하나의 손이다. 개인으로선 불가피한 일이 집단에겐 꼭 그렇지 않다. 개인의 한계와 집단의 가능성, 그 둘 사이의 격차를 어떻게 뛰어넘을 것인가. 그것은 생각하기에 따라 어려울 수도 쉬울 수도 있다.

출판연대라는 이름을 내건 '절망북스'는 20대 중반에서 30대 초반의 멤버 대여섯으로 구성된 느슨한 조직이다. 절망북스는 내키는 사람이 돌아가며 발행인이 되어 독립 출판물을 펴낸다. 절망북스는 이제까지 비정기 간행물 〈사표〉 1호와 2호, 단행본 《사우스이스트 런던에서 일주일을》, 《나의 할아버지는 제주》, 《9여친북스》 1집과 2집을 내놓았다. 한 사람씩 돌아가며 발행인이 되어 각각의 책을 출판하는 구조이므로 이들은 군이 '연대'라는 이름을 내걸 필요도, 조직을 이룰 이유도 없었다. 하지만 절망북스라는 이름이 없었다면 이 여럿의 책을 꿰어주는 스토리는 생겨나지 않는다. 각각의 책은 그저 단발성 프로젝트로 그칠 것이다. 이들이 하는 일에 무슨 '의미'가 있는지는 그들 각각만이 말할 수 있겠지만 확실한 것은 '함께한다'는 사실 때문에 계속되는 이야기가 가능하다는 사실이다.

내가 몸담고 있는 롤링다이스도 마찬가지다. 협동조합인 롤링다이스의 조합원 열 명에게 롤다는 모두 두 번째 일터다. 프리랜서인 사람 두엇, 대학생 한 명을 빼놓고는 모두가 풀타임 직장인이다. 각자는 주말이나 퇴근 후에 짬을 내서 롤링다이스 일을 한다. 롤다는 출범 2년 반만에 18권의 전자책을 시장에 내놓았고, 그중 두 권이 전자책 종합 베스트셀러 1위에 올랐다. 세 번의 오픈 포럼을 치러냈고, 그밖에도 돈 되는 몇몇 프로젝트를 진행했고 진행 중이다. 풀타임 인력으로 환산하자면 롤다는 인원이 두세 명쯤 되는 조직이다. 그러나 롤다가 풀타임 상근직 두셋으로 이뤄진 회사였다면 사업의 리스크가 순간순간 공포로 다가왔을 것이다. 열 명이 때에 따라 적당히 바통을 넘겨가며 일을 돌리는 롤링다이스는, 그래서 즐겁게 일하며 노는 조직이 된다. 롤다에서는 리스크가 감당할 만한 역동성이기 때문이다. 우리는 롤다라는 그릇에 우리 각자가 재미있는 일을 찾아 담는다. 거기에는 물론 돈 버는 재미도 있다. 롤다에 쌓이고 있는 돈이 시시포스의 바위를 '묻을 웅덩이'나 '괴어둘 돌멩이'가 될지는 모르겠다. 어쨌든 지금으로서는 모두가 함께하기 때문에 가능한 두 번째 돌 굴리기인 셈이다. 각자가 제 돌을 굴리면서 남는 손을 모아 또 다른 하나의 돌을 함께 굴린다. 그 돌이 새로운 가능성을 만들어주기를 기대하면서. 다행히도 이 두 번째 돌을 굴릴 때 시시포스들의 얼굴은 밝아 보인다.

절망북스나 롤링다이스가 '함께'를 통해 하는 일들은 어쩌면 매우 하찮을지 모른다. 그렇지만 적어도 어렵거나 불가능한 일은 아니다. 이런 종류의 시도가 숨구멍이 되어줄지, 새로운 의미가 되어줄지는 아직 알 수 없다. 이런 가능성을 자기 스스로 확인할지, 다른 누군가에게만 맡길지는 각자의 선택이다. 어쩌면 우리에게 필요한 스토리는 '나는 누구인가'에 대한 대답이 아닐지 모르겠다. 우리가 물을 것은 '내 옆에 누가 있는가'다. 그리하여 '나'가 아니라 '우리'가 이 모든 일을 통해 어떤 이야기를 발견할 것인가를 물어야 한다. 함께하는 손이 있을 때야 비로소 시시포스에게 새로운 가능성이 열릴 수 있기 때문이다.

11

개미도 베짱이도 될 수 없다

이제 단순히 시간을 들인다고
자신의 가치를 증명할 수는 없다.
일을 '즐겨야' 한다. 억압받고 있다고 말하는 순간
우리는 즐기지 못하는 루저가 된다.

버림받는 개미

나는 TV 프로그램 〈생활의 달인〉을 좋아한다. 2005년 첫 방송을 시작으로 10년 가까이 이어져온 이 프로그램에는 눈이 휘둥그레지는 속도로 양파를 깎거나 춤추듯이 군더더기 없는 몸짓으로 국숫발을 뽑아내거나 기예에 가까운 솜씨로 드럼통을 굴리거나 줄지어 선 쇼핑 카트들을 꿈틀꿈틀 움직여 정리하는 '달인'들이 등장한다. 채널을 돌리다 〈생활의 달인〉 재방송을 만나기라도 하면 리모컨을 만지작거리던 손이 자동으로 멈추고 홀린 듯이 화면을 들여다보게 된다. 달인들의 몸짓은 아름답다. 그들은 더할 것도 덜할 것도 없이, 딱 알맞은 힘으로 하나의 동작을 구현해내는 사람들이다. 한 가지 몸짓에 오랜 시간을 들인 끝에 완성해낸 아름다움이다. 그러나 각 에피소드가 끝으로 치달을 즈음에는 여지없이 불편한 마음이 든다. '달인'들은 한결같이 일이 주는 보람을 얘기하고 그 덕에 가족을 부양할 수 있어 행복하다며 뿌듯한 얼굴을 보여준다. 거의 모든 에피소드가 성실하고 고된 노동의 가치에 박수를 보내는 자막, 이들의 행복한 미래를 기원하는 멘트로 끝을 맺는다. 박수를 보내는 이는 많지만 누구도 직접 주인공이 되고 싶지 않은 동화의 억지스러운 해피엔딩이다.

현재를 견딤으로써 미래에 더 큰 과실을 누리라는 교훈은 안정적 토대 위에서만 빛을 발한다. 오늘의 만족을 뒤로 미루는 것은 언젠가 더 큰 대가로 돌려받을 수 있으리라는 믿음이 있기 때문이다. 그렇게 믿을 수 없는데도 현재를 희생한다면 그것은 합리적인 선택이 아니다. 내가 놓인 환경의 어떤 측면도 견실히 지속될 것이라고 기대할 수 없는 시대, 오늘을 견디라고 부르짖는 노동 윤리는 결국 당신의 뒤통수를 칠 것이다. 어느 누구도 지연된 만족에 이자를 붙여 돌려줄 것을 약속하지 않는다.

〈생활의 달인〉은 직업에 귀천이 없다는 메시지를 전한다. 기가 막히게 인형 눈을 붙이고 종이 봉투를 접는 모습을 보고 있노라면 최선을 다해 일하는 모습이 그 자체로 숭고하다는 말에 고개를 끄덕이지 않을 도리가 없다. 그러나 성실하고 고된 노동의 아름다움을 칭송하는 TV 속 성우의 목소리가 무색하게 현실 속 그들은 대개 저임금 노동자다(가끔씩 꽤 높은 수입을 올릴 것 같은 전문 기술자나 자영업자도 등장하기는 하지만). 지극히 자본주의적인 기준, 요컨대 시간당 임금으로 보면 그들의 노동은 보통 칭송받지 못하는 종류의 것이다. 그럼에도 그들의 '아름다운' 노동에 박수를 보내야 할 것 같은 기분이 드는 이유는 두 가지다. 하나는 그 동작의 완성도에 대한 순수한 찬탄이고, 또 다른 하나는 그들의 성실함이 지닌 '윤리적 가치'다. 계산기를 두드려보지 않는다면 그들은 멋진 장인이고 근면한 생활인이다. 하지만 이런 달인들과 현실에서 마주칠 때 TV 속 그들에게처럼 존경심을 느끼는 사람은 많지 않다.

우리가 TV 속 달인들에게 투사하는 것은 옛 장인의 이미지다. 사실 '장인'이란 자신의 공방을 꾸려서 자신의 도구로 자신의 리듬에 따라 일하는 사람을 일컫는 말이었다. 그들이 만든 상품에는 장인의 이름이 달린다. 달인들 중에 그런 형편에 놓인 사람은 거의 없다. 성실한 노력을 쏟아붓고 탁월한 능력을 발휘하는 모습만은 장인답지만 그들이 놓인 조건은 그렇지 못하다. 달인들이 일하는 곳은 그들 자신의 공방이 아니라 기업이 운영하는 공장이나 대형 상업 시설이다. 그들의 작업물은 철저히 익명의 것으로, 기업의 상표가 붙을 뿐이다. 그들의 일은 자기 자신의 리듬이 아니라 기계의 리듬 또는 고객의 리듬에 따라 움직인다.

다시 알랭 드 보통의 책에 등장하는 비스킷 공장의 예로 돌아가보자. 비스킷 공장에는 수많은 사람이 일하지만 아무도 비스킷을 굽지 않는다. 비스킷 굽는 기계를 설계하고 정비하는 사람이 있고 기계에서 쏟아져 나오는 비스킷 중에 불량품을 찾아내는 사람이 있을 뿐이다. 기계로 쏟아져 들어가는 반죽을 바라보다가 이따금 식물성 유지를 보태주는 사람도 있고 공장의 온도를 일정하게 유지하는 것이 임무인 사람도 있다. 공장을 조금 벗어나면 계절별 비스킷 프로모션 행사의 전단지 문구를 작성하는 것이 일인 사람도 있다. 이들 모두가 비스킷 회사에서 일하지만 아무도 비스킷을 굽지는 않는다. 그 회사에 비스킷을 구울 줄 아는 사람이 한 명이라도 있을까?

비스킷을 굽는 것은 무의미한 일이 아니다. 사람들이 맛있는 비스킷을 먹을 수 있게 하는 일이 무의미한 일이라면 그보다 더 의미 있는 일이 세상에 얼마나 될까?

진짜 문제는 비스킷을 굽는 것이 의미가 있느냐가 아니라 그 일이 5000명의 삶과 여섯 개 제조 현장으로 계속 확장되고 분화된 뒤에도 여전히 의미 있게 여겨지느냐 하는 것이다. 어떤 일은 오직 제한된 수의 일꾼의 손에서 활기차게 이루어질 때에만, 그래서 그 몇몇의 일꾼이 자신이 작업 시간에 한 일이 다른 사람들에게 영향을 미친다고 상상하는 순간에만 의미 있게 보일 수도 있다.[74]

비스킷을 직접 구워 팔거나 식구들에게 손수 먹이던 시절이었다면 비스킷을 굽는 일에 무슨 의미가 있는지 물을 필요조차 없었을 것이다. 그러나 비스킷 굽는 일이 조각조각 분리되어 여러 직업으로 나뉘는 순간 사람들은 이제 자신의 일이 본질적으로 어떤 의미인지 이해하는 데 어려움을 겪는다. 이들은 맛있는 비스킷을 먹으며 즐거워하는 손님들의 얼굴을 직접 볼 수 없고, 심지어 자신이 손을 보태 만든 비스킷이 어떻게 생겼는지 보지 못하는 경우도 허다하다. 이제 우리는 매출액이라든가 생산 개수, 개인적으로 매달 가져가는 월급액과 같은 숫자를 통해 일의 의미를 애써 찾아보려고 노력할 수 있을 뿐이다. "나는 세계에서 제일 큰 비스킷 회사에서 일해!"라거나 "이번 달엔 지난달보다 비스킷을 1만 상자 더 파는 데 이바지했어"라거나 "어쨌든 이번 달도 월급 300만 원을 벌어간다"라는 식으로.

엄청난 속도로 봉투를 접거나 양파를 깎는 달인들의 사정도 크게 다르지 않다. 봉투 접기의 달인은 봉투가 아닌 다른 무엇을 접는다 해도 다르지 않을 일을 한다. 양파 깎기의 달인은 자신이 깎은 양파가 어디에 쓰이는지 알까? 그들이 봉투 접기 자체에서 혹은 양파 깎기 자체에서 의미를 찾기는 쉽지 않다. 아니나 다를까, TV 속 달인들은 하나같이 그 일로 가족을 먹여 살리고 자식을 공부시킬 수 있었던 것을 자부심의 이유로 꼽는다. 일 자체가 아니라 일의 대가로 얻은 부산물에서 의미를 찾는 것이다. 그마저도 누리지 못하는 이들보다 나은 형편이긴 하지만.

파편화된 노동, 일의 결과물로부터 멀찍이 떨어져 나온 노동에 시달리는 것은 육체노동자만이 아니다. 책을 좋아했던 친구 하나는 대형 인터넷서점 MD가 되었지만 데이터베이스를 관리하고, 매출 실적을 집계하고, 읽지도 못한 책을 소개하는 문구를 쓰고, 출판사에 할인 행사를 권하느라 하루를 다 보낸다. 원하는 독자에게 좋은 책이 가닿는 것을 '보는' 일은 그의 몫이 아니다. 일이 너무 바빠 책조차 전만큼 보지 못한다고 토로한다. 자동차가 좋아 현대자동차에 취직한 사람이나 스포츠가 좋아 나이키에 취직한 사람의 형편도 크게 다르지 않을 것이다.

지그문트 바우만은 《새로운 빈곤》에서 산업화가 시작되던 시기에 노동 윤리라는 이름으로 사람들을 공장에 끌어다 앉히려던 시도에 대해 이야기한다. 당시의 '새로운' 노동 윤리는 장인의 성실성을 요구하면서도 장인을 장인답게 하는 자긍심과 주체성을 원하지는 않았다. "의미나 목표 따위는 잊어라. 날마다, 한 시간 한 시간을 온힘을 다해 일하라. 노력해야 할 이유를 전혀 모르겠더라도, 노력의 의미를 알 수가 없더라도."[75] 그리하여 바우만의 지적대로 노동 윤리를 전파하려는 노력은 다름 아닌 권력투쟁이었다. 자본은 노동이 무조건 가치 있는 것이라고 사람들을 설득해야 했다. 그러지 않고서는 사람들이 공장의 질서 안에 갇혀 파편화된 활동만 거듭하는 일상을 받아들일 리가 없었다. 그 결과 일에 대한 새로운 정의가 탄생했다. 내 멋대로 일을 '일'이라고 부를 수 있는 시대는 끝났다. 사회가, 보다 정확히는 시장이 가치 있다고 인정하는 활동, 한마디로 돈으로 대가를 받을 수 있는 활동, 팔릴 수 있고 구매될 수 있는 활동만이 일이라고 불리게 되었다. 브루니와 자마니의 표현을 다시 가져오면 일은 '일자리 활동'으로 축소되어버렸다.

그러나 실제로 사람들을 공장으로 몰아붙였던 것은 노동 윤리라기보다는 빈곤에의 공포였다. 윤리는 언제나 그렇듯, 현상 뒤에 온다. 공장에 안착할 수밖에 없었던 사람들에게 노동 윤리는 오히려 달콤한 것이었는지 모른다. 먹고사느라 자유를 포기했다고 생각하기보다는 윤리적으로 숭고한 삶을 위해 성실히 살아간다고 믿는 쪽이 마음 편하지 않았을까. 성실성을 찬양하던 노동 윤리는 산업화 초창기의 빛을 잃었지만 현실은 지금도 크게 다르지 않다. 대량생산 체제 밖에서 살아가는 일은 그때보다 오히려 더 상상하기 어렵다. 여기에 빈곤의 공포에 맞먹게 우리를 노동의 장으로 몰아붙이는 공포가 하나 더 있다. 바로 사회로부터의 배제다. '학생'이라는 지위를 뒤로하는 순간 개인을 사회 속에 위치시키는 것은 그가 하는 일이다. 일은 생계 수단이 되어줄 뿐만 아니라 사회 관계망 속에 자리를 마련해준다. 어디에서 어떤 일을 하는가가 사회 속 그의 자리를 결정짓고 그의 성취를 말해준다. 직업과 직위가 인생의 성패를 요약하는 단어가 된다.

상황을 더욱 어렵게 만드는 것은 일이 의무가 아니라 권리라고 부르짖어야 하는 세태다. 우리는 "완전고용 없는 고생산성이라는 패러독스에 직면했다. 우리는 전체 노동력의 15퍼센트에서 18퍼센트가 2년이 넘도록 풀타임 일자리를 얻지 못하는 것이 정상인 상황을 예상하고 있다. 20대의 젊은이들에게서는 이 비율이 20~25퍼센트로 높아진다."[76] 우리나라의 최근 통계치를 보면 청년 고용률은 30퍼센트대까지 추락했다고 한다. 직장에 매인 사람들은 사람들대로 "하지 않을 수 없어 일한다"고 푸념하기 일쑤지만 동시에 일할 자격은 누구나 갈망하는 것이 되었다. 이제 생계의 공포와 더불어 사람들을 억누르는 것은 자신이 일자리를 얻을 만한 사람임을 증명해야 한다는 압박이다.

바우만은 생산 중심 사회에서 소비 중심 사회로 옮겨가면서 소비자 미학이 노동 윤리의 자리를 차지했다고 말한다. 성실성의 규율을 내면화한 인간보다는 결코 한군데 머무르려 하지 않는 소비의 욕망을 품은 인간이 환영받는 세상이라는 것이다. 그 탓에 노동, 더 정확히는 '직업'이 정체성의 중심축이라는 특권적 지위를 잃었다고 말한다. 하지만 이 점에 선뜻 동의하기는 어렵다. 우리가 일로 해결할 수 없는 자기 증명의 욕구를 소비에 투사하고 있는 것은 사실일 것이다. 갤럭시냐 아이폰이냐, 자라[ZARA]냐 H&M이냐로 내가 어떤 사람인지 표현한다고 생각하기도 할 것이다. 그러나 아무리 원하는 것을 사들인다 해도 스스로 무의미하게 여기는 노동을 하면서 자신에게 만족할 수 있는 사람은 여전히 없다.

다만 달라진 것은 소비자를 자극하는 욕망의 명령이 일의 세계에도 고스란히 투영되고 있다는 점이다. 산업화 시대의 윤리가 '자리를 지키라'고 명령했다면 탈산업화 시대의 윤리는 '끊임없이 자리를 움직이라'고 말한다. 한 가지 직업 위에 자신의 정체성을 쌓는 행운을 누릴 수 없다면 그런 행운은 더 이상 행운이 아니라고 생각하는 편이 낫다. 《이솝 우화》 속 여우가 나무 꼭대기에 높이 달려 먹을 수 없는 포도를 신 포도라고 여기는 것과 다르지 않다. 다시 한 번 말하지만 윤리는 현상 뒤에 온다. 직장을 끊임없이 전전해야 하고 그에 따라 정체성도 이리저리 요동쳐야 한다면 움직이는 정체성을 가치 있는 것으로 여기는 편이 속 편하다.

모든 현재의 정체성을 일시적인 것으로 삼고 그것을 가볍게 받아들이는 게 더 나으며, 일단 더 밝고 아직 입증되지 않았을 뿐인 새로운 것을 두 팔로 활짝 맞아들이면 이미 받아들인 것은 확실하게 내버리는 것이 좋다.[77]

새로운 미학은 아직 남아 있는 노동 윤리의 잔재와 부딪히며, 단 하나의 '천직'에 바치는 성실성 앞에서 씁쓸한 찬사를 삼킨다. 〈생활의 달인〉을 보며 마음이 불편해지는 또 다른 이유다.

즐거움이 강박이 된 베짱이

같은 이유로 '개미와 베짱이' 우화도 그 빛깔이 달라진다. 무리 속 주어진 자리에서 성실히 제 역할을 하는, 그 덕에 추운 겨울을 대비할 수 있는 개미의 시대는 끝났다. 개미처럼 살았다가는 버려지기 십상이다. 그렇다고 노래하는 베짱이의 형편이 더 나은 것도 아니다. 베짱이는 즐겁게 노래하되, 개미처럼 성실해야 한다. 개미에게는 당연히 주어졌던 무리 속의 자리를 베짱이는 능력으로 쟁취해야 한다. 추운 겨울에 먹을 것을 나눠줄 개미 친구 같은 것을 바란다면 어리석은 일이다. 베짱이는 개미 못지않게 성실하지만 그의 성실함은 의무를 이행하는 성실함이 아니다. 개미가 성실하기 때문에 오늘을 견뎠다면 베짱이는 즐기므로 그 결과로서 성실한 자다. 베짱이는 의무감 때문이 아니라 너무 즐거워 끊임없이 일해야 한다. 즐기지 못한다면 '아름답지' 못하며, 고로 오늘의 기준으로 치자면 무능력하다. 과거의 노동 윤리는 그나마 모두에게 허락된 것이었다. 성실성은 누구나 갖출 수 있는 덕목이었으며, 성실한 것만으로도 의무를 다했다는 만족감을 느낄 수 있었다. 그러나 직업에는 귀천이 없다는 말을 더 이상 믿지 않는 시대, 우리는 스스로에게 끊임없이 채찍을 휘두른다. 이제 단순히 시간을 들인다고 자신의 가치를 증명할 수는 없다. 이제 우리는 일을 '즐겨야' 한다. 일자리는 더 이상 우리를 억압해선 안 된다. 억압받고 있다고 말하는 순간 우리는 바로 즐기지 못하는 루저가 된다. 이 과정에는 끝이 없다.

'열정'을 요청하는 사회적 명령 속에서 그 사람이 정말 하고 싶은 일을 하기 위해 열정을 끌어내고 있는지 열정을 끌어내기

위해 억지로 노력하고 있는지를 구별하는 일은 점점 더 어려워지고 있다.[78]

삶의 다른 활동과 마찬가지로 노동은 이제 우선적으로 미적 감독 아래 놓인다. 그 가치는 즐거운 경험을 만들어내는 능력에 따라 평가된다. 그런 능력이 없는 노동은 가치가 없는 노동이다.[79]

즐기는 베짱이가 되지 못한 개미의 상황은 더욱 열악하다. 예나 지금이나 빈곤에 대한 공포는 무슨 일이든 하지 않을 수 없게 사람들을 몰아붙인다. "미적 기준에 도달하지 못한 일자리"는 베짱이가 되지 못한 개미들의 몫이다. 그러나 성실성을 칭송하던 노동 윤리도 빛이 바랜 오늘날 더 이상 "도덕적인 고귀함이라는 명목도 없다".[80] 이제 개미는 성실할 수도 성실하지 않을 수도 없는 딜레마에 빠진다. 아름답지 못한 일자리에서 묵묵히 성실해봤자 겨울에 대비할 수 있으리라는 보장은 없다. 그렇다고 성실하지 않은 자세를 보인다면 '그러니까 고작 그 자리'라는 조롱을 피할 수 없을 것이다. 개미는 그 자리의 최선을 다해내면서 언젠가는 이 자리를 박차고 날아오를 가능성까지 지닌 자여야 한다. 모든 개미는 베짱이의 준비 단계일 때만 그나마 스스로를 위로할 수 있다. 오늘의 노동에 성실을 쏟으면서도 미래에는 더 '즐거운' 일을 할 수 있도록 자신을 갈고닦아야 한다. 지금 통과하는 개미의 일상은 언젠가 돌이켜 추억할 에피소드여야 한다. 개미가 하루하루 뚫고 지나야 하는 심리적 전쟁이란 이런 것이다.

나를 위한 일의 윤리

그냥 베짱이도 아니고 겨울을 버텨낼 수 있는 베짱이는 아무나 되는 것이 아니다. 성공한 베짱이가 되기 위한 전투는 TV 오디션 프로그램에서 구경할 수 있다. 좀 부끄럽지만 나는 오디션 프로그램을 좋아한다. 오디션 프로그램은 경쟁 사회의 축소판, 그것도 매우 농축되고 일부는 과장되기까지 한 축소판이다. 거기에는 정해진 자리를 놓고 벌이는 경쟁이 있고 눈에 드러나는 재능의 차이가 있다. 그 와중에 출연자들은 경쟁자와 협력하여 팀워크를 보여야 한다. 뻔히 경쟁 상대인 줄 아는 상황에서도 협력해 '함께' 좋은 무대를 펼쳐야 한다. 그러나 아무리 좋은 무대를 펼쳤다고 해도 자신이 '더' 돋보이지 못한다면 기회는 남의 차지다. 와중에 심사위원들은 걸핏하면 "얼마나 무대를 '즐기는지' 보겠다"고 말한다. 베짱이로 뽑힐 수 있는 자릿수는 정해져 있으며, 참가자가 뭘 아무리 잘한대도 그 숫자를 바꿀 수는 없다. 무대가 끝난 후에 승리한 사람은 패배한 사람을 향해 '미안함'의 눈물을 흘려야 하고 패배한 사람은 '내 몫까지' 잘해달라며 축복을 전해야 한다.

그럼에도 나는 오디션 프로그램을 좋아한다. 거기에는 어떤 아름다움이 있다. 경쟁의 압박 아래 극한까지 끌어올린 노력이 빛을 발하는 순간들이 있다. 타고난 재능이 압박과 자극을 만나 반짝 불타오르는 무대를 목격하는 행운을 나는 즐긴다. 바우만의 말에 따르면 내 안에 주입된 이 시대의 소비주의적 욕망 탓인지도 모르겠다. 그것을 안다 해도 마음 가는 것은 어쩔 수가 없다. 나는 여전히 TV 앞에 앉는다. 세상 한편에서 오디션 프로그램을 비판하는 목소리가 드높은 것을 모르지는 않는다. 그리고 나는 그런 목소리 대부분에 동의하면서도 여전히 오디션 프로그램을 즐겨 본다.

그러기에 나는 〈생활의 달인〉을 볼 때와 마찬가지로 〈K팝스타〉에 대해서도 복잡 미묘한 감정을 느낀다. 구두를 기가 막히게 닦는 달인에게 찬탄하면서도 애잔함을 느끼듯, 〈K팝스타〉의 어린 열정가들에게 감탄하면서도 마음 한구석 불편함을 느낀다. 그러나 그 불편함의 빛깔은 〈생활의 달인〉을 볼 때와는 좀 다르다. 이 마음은 나 스스로 일에 대해서 느끼는 양가감정과 닮았다. 나는 내 일을 잘하고 싶지만 일을 향한 동기가 생존을 위한 처절한 위기의식이거나 경쟁에서 승리하려는 승부욕만이길 바라지 않는다. 나는 내 일을 사랑하고 싶지만 그 결과가 '남 좋은 일'이길 바라지 않는다. 나는 지는 것을 싫어하지만 이기지 않으면 내 일의 의미가 없어지는 식으로 일하고 싶지는 않다. 나는 좋은 성과를 내놓고 싶지만 그 성과에 대한 평가를 외부의 판관에게 온전히 맡기고 싶지 않다. 좋아하는 일을 하고 싶지만 "좋아하는 일을 하면 돈은 따라올 것이다"라는 말이 사기라는 것은 안다. 〈K팝스타〉에서처럼 '열정적으로' 일하고 싶지만 〈K팝스타〉에서와 같은 취급을 받고 싶지는 않다는 이야기다.

"즐기는 자를 당할 수 없다"는 격언이 진리로 여겨지는 시대다. 그러나 좋아하는 일을 직업으로 삼는 순간 더 이상 그 일을 좋아할 수 없게 된다는 말 역시 흔히 듣는다. 사람들은 대부분 일이 괴로운 것이라고 가정한다. 아니, 어떤 면에서는 '그래야 한다'고 생각하기도 한다. 그 괴로움이 바로 돈을 받는 대가라고 믿는 것이다. 열정 노동의 망령이 끼어드는 지점이다. 열정의 대상이 되는 일은 정당한 대가를 받아 마땅한 노동으로 인정받지 못하기 십상이다. 열정 노동 착취를 하나의 현상으로 처음 지목한 수작 《열정은 어떻게 노동이 되는가》에 등장하는 장면은 그래서 우리에게 낯설지 않다. 한 노동 운동가(!)가 '전국 영화인 노조' 소속의 한 영화인에게 이렇게 말한다. "너희들은 하고 싶은 일 하면서 살잖아."[81] 그래도 하고 싶은 일을 하는 형편이니 징징거리지 말라는 소리다. 사정이 이러니 일에서의 권리를 부르짖으려면 서로서로 불행을 전시하고 경쟁해야 하는 게임에 빠지기 쉽다. 베짱이가 되기 위한 게임과는 정반대의 게임이다. "억지로 하는 거죠"를 내뱉는 순간 미적 기준에 부합하지 않는 루저가 되는 것처럼 "일이 즐거워요"를 외치는 순간 정당한 대가를 요구해서는 안 되는 팔자 좋은 한량이 되고 만다.

그러나 우리가 요구하는 일할 권리가 단순히 생계를 이어갈 권리여야 하는 것일까. 우리는 일을 통해 사회 속에 자신을 내놓는다. 그 내놓음이 즐겁고 의미 있길 바라는 것은 금전적 대가를 제대로 받고 있는지와 별개로 작동하는 욕구다. 무슨 일을 하든 정해진 일당을 받는 노가다 일꾼도 쓸데없는 삽질을 하라면 짜증을 내는 법이다. 일꾼에게 "일당 받아가면 됐지, 뭘 그러냐"라고 말한다면 그가 삽을 내팽개치며 성을 낸다고 해도 이상하지 않다. 동시에 자영업자든 월급쟁이든 시장에 노동력을 팔아야 하는 운명이라면 온전히 일을 즐기겠다는 목표는 어리석은 것이거나 자기기만이다. 우리의 마음은 양 갈래로 찢어진다. 즐길 것이냐 말 것이냐, 이쪽도 저쪽도 간단하진 않다.

이제 우리는 일자리가 어떤 안정성도 담보해주지 않는다는 것을 안다. 성실성이 따뜻한 겨울을 약속해주지 않는다는 것도 안다. 그럼에도 마음을 쏟아 일을 하고 즐기려면 과거와는 다른, 아주 개인적인 방식의 동기부여가 필요하다. 외적 준거에 기대지 않고 동기부여를 유지하는 것은 이제 온전히 개인의 몫이다. 리처드 세넷은 《뉴캐피털리즘》에서 자본주의의 문화에 맞서기 위한 근본적인 가치로 장인 정신을 다시 불러낸다. 세넷의 장인 정신은 "어떤 일을 하든, 일 자체를 위해 완벽하게 해내려는 욕구"를 가리킨다. 거기에는 일의 대상을 향한 순전한 사랑이 있다. 이 사랑은 일을 통해 '나'를 완성하고 '나'를 증명하려는 자기애와는 다르다. 이 사랑의 요체는 "일 자체의 객관적 가치를 믿는" 헌신이다.[82] 이렇게 다시 〈생활의 달인〉 속 달인들의 흐뭇해하던 얼굴이 떠오른다. 어쩌면 그들 역시 수북이 쌓인 봉투나 함지박을 가득 채운 뽀얀 양파를 보며 그저 뿌듯했을지 모른다.

세넷은 장인 정신이 "우리 시대가 요구하는 개인의 자질"이라며 장인 정신으로 새로운 자본주의의 문화에 맞서자고 하지만 개인이 아무리 애를 써도 과거의 장인을 되살려낼 수는 없을 것이다. 달인들이 이 시대의 장인으로 인정받으며 걸맞은 대가를 누리는 세상은 요원하다. 고로 장인 정신을 재현할 수 있다면 그것은 과거와는 아주 다른 방식일 수밖에 없다. 과거의 노동 윤리에도, 즐거워야 한다는 강박에도 얽매이지 않고 움직일 동력은 자기 스스로 만들어낼 수밖에 없다. 그래서 우리가 아주 개인적인 방식으로 각자의 '일의 윤리'를 창출해낼 곳은 필연적으로 〈생활의 달인〉과 〈K팝스타〉를 모두 넘어선 어느 지점이다. 우리 속 장인은 필연적으로 절반쯤은 손발이 묶였다. 이런 현실을 인식하면서도 자조하지 않은 채 그 장인을 되살리는 방법이 있을까. 돈벌이를 위한 노동임을 알면서도 시간 때우기 이상을 하게 만드는 동기는 어디서 올 수 있을까. 일과 사랑에 빠지면서도 열정 노동의 함정을 피해갈 방법은 무엇일까.

세넷은 "자기에게 아무것도 돌아오지 않을지라도 뭔가를 제대로 해낸다는 것이야말로 진정한 장인 정신의 요체"라며 "자신의 이해득실을 초월한 그러한 헌신만이 사람들을 정서적으로 한 단계 끌어올릴 수 있다"고 말한다.[83] 그러나 나는 내 안의 장인을 되살려내고 싶지만 그 방법이 "이해득실을 초월한 헌신"이기를 바라지는 않는다. 우리는 일의 대상에 순수한 애정을 기울이면서도 여전히 대상이 놓인 맥락과 판을 이해하고 계산하려 애써야 한다. 일에 헌신하되, 우리는 기꺼이 이해득실을 따져보아야 한다.

그래야 뒤늦게 일에 배신당하지 않을 것이다.

다만 그 이해득실의 셈법이 세상의 방식 하나만 있으란 법은 없다. 돈벌이의 셈법과 놀이의 셈법, 공동체의 셈법 사이에서 스스로 납득할 수 있는 셈법을 찾아야 한다. 그런 자기만의 셈법 위에서 이뤄지는 헌신만이 새로운 방식의 장인 정신을 가능하게 할 것이다. 그 지점에서만이 비로소 씁쓸함 없이 기꺼이 달인이 되고 기꺼이 베짱이가 될 수 있을 것이다. 그리하여 우리가 여전히 일에서 좇고 싶은 가치가 있다면, 식상할지 모르지만 결국은 '행복할 권리'일 것이다. 그러나 시장사회가 규정하는 행복을 순순히 받아들인다면 행복은 요원하다. '나'의 행복을 구성하는 요건을 치열하게 생각해야 한다.

나는 내 일이 의미가 있길 바란다. 나는 좋은 사람들과 일하고 싶고 일의 과실을 그들과 나누고 싶다. 나의 일에서만큼은 일하는 자와 책임지는 자, 대가를 가져가는 자가 최대한 같았으면 좋겠다. 그래서 기꺼이 '열정'을 다해 일에 '헌신'할 수 있길 바란다. 이것이 내가 원하는 일의 윤리다. 이 윤리를 구현할 수 있는 틈새를 만들 것, 조금씩 천천히 함께. 그것 말고는 다른 방법이 없다. 그 윤리를 구현할 수 있는 일자리를 만들어내는 것, 어쩌면 그 자체가 하나의 '일'이 될지도 모르겠다. 당신이 구현하고 싶은, 당신을 위한 일의 윤리는 무엇인가?

12

연습을 허용하지 않는 사회

미숙의 시기, 훈련의 시기는
누구에게나 있을 수밖에 없다.
그럼에도 언제나 완성형이기를 요구받는 시대에
미숙은 숨겨야 할 것이 된다.

잠재력이라는 잣대

컨설팅 회사에서 일하는 한 지인이 들려준 이야기다. 인턴 자리에 지원자가 수없이 몰렸는데, 이력서며 자기소개서 면면이 하도 훌륭해 서류 전형에서 지원자를 걸러내느라 애를 먹었다는 것이다. 그러면서 덧붙인 말이 인상적이었다. "자기소개서대로라면 다들 완성된 인재인데, 휴학까지 하면서 왜 인턴 같은 것을 하려는 거야?" 물론 몰라서 묻는 말은 아니었다.

요즘 청년들은 그저 평범한 회사원 중에 하나가 되기 위해 자신이 이미 완성된 인재라고, 모든 준비를 마쳤노라고 주장해야 한다. 그 말이 사실이라면 이보다 더한 아이러니가 없을 것이고, 사실이 아니라면 그들은 거짓말을 하고 있는 셈이다. 당연히 현실에서는 후자가 훨씬 흔하다. 결국 사실을 포장하고 꾸미는 법을 배우는 것으로 커리어의 첫걸음을 시작해야 하는 게 현실이다. 학교를 갓 졸업한 신입 사원이 제몫을 해내려면 적어도 1~2년은 지나야 한다. 그러나 "처음에는 미숙하겠지만 잘 배우겠습니다"라는 식의 자소서가 먹힐 턱이 없다. 자소서의 주인공은 이미 완성된 인간이어야 한다. 동시에 아이러니하게도 자소서를 읽는 기업의 어느 누구도 그 말을 곧이곧대로 믿지 않는다. 자소서대로 들어오자마자 유능을 떨칠 신입 사원이 있다고 믿는 순진한 인사 담당자는 없다. 자소서는 연출자와 관객이 있는 한 편의 연극일 뿐이다. 양쪽 다 무대 위에서 벌어지는 일이 연극이라는 사실을 잘 알고 있다. 자소서에서 원하는 것은 사실이 아니라 연극으로서의 완성도다.

오늘날 일자리는 의무로서 주어지지 않는다. 애써 쟁취해야 하는 기회다. '일자리 없는 성장'의 시대를 사는 우리는 특별한 행운이 따르지 않는 한, 자신이 일할 자격이 있는 사람임을 증명해야 한다는 압박에 끊임없이 시달린다. "구직자들은 제각기 특별한 존재임을 주장해야 한다. 말하자면 '영웅'이나 '초인'이 되어야 한다. '평범한 노동자'로 살기 위해 '비범한 존재 방식'을 취해야 하는 것이다."[84] 그렇다면 구직자가 연기하는 대본에서 기업들이 찾아내려는 '특별한 존재'란 어떤 사람일까? 최근의 뉴스

보도를 살펴보자.

> 기업 인사 담당자들이 가장 중시하는 것은 '면접 때 인성과
> 태도'로 94퍼센트, 다음이 '직무 역량'으로 80퍼센트를 차지했
> 습니다. … "기본적인 업무 생활을 하는 데 있어서 중요한 부분
> 이 어떤 목표를 세우고 … 거기에 임하는 자세인데, 기본적으로
> 사람이 가져야 할 인성이고 자세이기 때문에 면접을 통해서 이
> 런 부분을 많이 보게 됩니다." … 또 기업들은 지원한 기업을 충
> 분히 이해하는 인재와 업무 등에 문제가 생겼을 때 원인을 진단
> 해 해결할 수 있는 인재를 원한다고 답했습니다.[85]

구체적인 능력이나 기능이 아니라 태도와 인성을 본다는 것은
구직자가 어떤 '인간'인가에 주의를 기울인다는 의미다. 내일 당
장 사무실에 앉아 무슨 일을 할 수 있느냐를 보는 것이 아니다.
"어떤 목표를 세우고 거기에 임하는 자세"를 본다. "문제가 생겼
을 때 원인을 진단해 해결"하는 역량을 갖춘 사람을 찾는다. 이제
일을 잘한다는 것은 어떤 기능에 탁월하다는 말이 아니다. 능동
적으로 상황에 대처하는 태도, 목표를 끝까지 밀어붙이는 인성이
구인의 조건이라면 기업은 한마디로 '훌륭한 사람'을 찾고 있는
셈이다.

이름난 대기업만 그런 것이 아니다. 직원의 삶을 존중하는 기업
문화와 최고의 직원 복지로 유명한 제니퍼소프트도 크게 다르지

않다. 제니퍼소프트는 2013년 학력, 나이, 전공 등 이른바 '스펙'을 보지 않는 채용 실험으로 주목받았다. 글로벌 마케터 한 사람을 뽑는 공개 채용에 지원자가 2400여 명 몰렸다. 지원자들이 제출해야 하는 것은 딱 하나였다. '어떻게 살 것인가', '내 재능과 경험에 대한 비평과 발산'이라는 두 가지 주제로 쓴 에세이였다. 창업자 이원영 대표는 인터뷰에서 아래와 같이 밝혔다.

"감수성을 가지고, 예술적인 감각도 있고, 명민한 의식으로 자기 자신과 세상을 뚜렷이 보고, 선한 의지를 가지면서도 내면적인 힘을 가진 사람을 뽑고 싶었다. … 신입 사원을 모시는 게 아니라 실제 능력이 있는 사람 아니면 가능성이 있는 사람을 뽑는 것이다. 언어는 배우면 되고, 기술은 익히면 되고, 경험은 쌓으면 된다."[86]

제니퍼소프트가 보고자 하는 것은 인성과 태도 그리고 가능성이었다. 언어나 기술, 경험 같은 구체적 기능은 중요하지 않다고 밝혔다. 그러나 스펙이나 기능을 보여주는 것이 차라리 쉬울지 모른다. 스펙이나 기능은 증명할 수 있는 과거의 업적이기 때문이다. 태도와 인성, 가능성은 자신조차 확신할 수 없는 특성이다. 그것은 미래의 어떤 상황이 닥쳤을 때야 비로소 드러나는 잠재력의 문제다. 리처드 세넷은 이렇게 말한다.

어떤 개인이 이룬 업적이란 것은 대단히 복합적이어서 그 개인의 능력과 더불어 경제사회적 환경이나 행운과 기회 따위가 뒤엉켜 있다. 하지만 잠재력은 오로지 그 개인의 문제일 뿐이다. "당신은 잠재력이 없다"는 말은 "당신은 엉망이야"라는 말보다도 더 끔찍한 것이 된다. 이는 당신이 어떤 사람인가에 대한 아주 근본적인 선언이기 때문이다.[87]

이른바 스펙이 모자라다는 평가는 한 인간으로서의 개인에 대한 평가가 아니다. 스펙은 세넷이 말하는 업적과 비슷한 것이다. 과거에 어떤 경험을 했고 무엇을 익혔느냐가 스펙으로 기록된다. 스펙은 개인이 기울여온 노력과 운 좋게 누릴 수 있었던 기회의 총합이다. 스펙이 모자라다고 평가받는다면 적어도 어디에 더 노력을 기울여야 하는지 알 수 있다. 그러나 잠재력에 대한 평가는 그 인간의 가치에 대한 선언이 되고 만다. 잠재력이 모자라다는 말은 가능성이 없다는 말과 다르지 않다.

더구나 잠재력으로 자신의 가치를 증명하는 것은 한 번으로 끝나는 시험이 아니다. 막스 베버에 따르면 루터의 윤리가 선행을 쌓아 구원받을 자격을 획득하라고 명령하는 반면, 칼뱅의 윤리는 구원받을 운명을 타고난 사람이라는 것을 매 순간 증명하라고 요구한다.[88] 오늘날 잠재력을 증명하는 시험은 칼뱅의 윤리와 닮았다. 오랜 시간에 걸쳐 '업적'을 쌓고 이를 통해 자신이 가치 있는 존재임을 증명하는 방식은 이제 통하지 않는다. 매 순간 당신이

'잠재력 있는 자'임을 증명해야 하는 시대다. 입사 면접은 그 증명을 무대에 올리는 자리다. 미래에야 확인할 수 있는 잠재력을 현재에 당겨와 연기해야 한다. 이런 연기에 비애감을 느끼지 않으려면 너도 알고 나도 아는 연극에 대단한 의미를 부여하지 않든지, 아니면 스스로 자신의 잠재력을 믿어야 한다. 잠재력이란 말 그대로 잠재된 것이다. 그것은 신의 존재를 믿듯이 '믿을' 수 있는 것이지 '아는' 것이 아니다.

면접을 통과한다고 끝이 아니다. 현실에서 능력은 배움의 과정을 거쳐야 생겨난다. 비숙련자가 "잘 모르겠습니다"나 "가르쳐주십시오"라고 말할 수 없다면 일을 제대로 배우기는 쉽지 않다. 더구나 문제는 그것이 다가 아니다. 일 자체가 산으로 간다. 아직 능력을 갖추지 못한 사람이 억지로 능력을 증명하려 애쓸 때 어떤 일이 벌어지는지, 일을 해본 사람은 알 것이다. 그러나 배움을 요청하는 것이 '잠재력 없는 자'라는 낙인으로 이어질 수 있다면 모든 사람이 능력자 시늉을 하지 않을 수 없다. 미숙의 시기, 훈련의 시기는 누구에게나 있을 수밖에 없다. 그럼에도 언제나 완성형이기를 요구받는 시대에 미숙은 숨겨야 할 것이 된다.

일자리를 잃을지 모른다는 두려움 때문만은 아니다. 잠재력을 가늠하는 시선은 이미 우리 안에 들어와 자신을 끊임없이 평가한다. 칼뱅의 윤리를 따르는 신도가 신의 시선으로 끊임없이 자신을 관찰하듯이 우리는 끊임없이 자신이 가치 있는 인재임을 스스로 확인하려 한다. 하나의 기능을 익히려고 꾸준히 시간을 들이는 것과 다르다. 정해진 목표와 계획 아래 자기 자신을 관리한다. 자신의 기능을 평가하는 것이 아니라 총체적 인간으로서 자신을 대상화한다. 잠재력을 증명하는 노력에는 끝이 있을 수가 없다. 한 번 삐끗하면 그것이 '잠재력이 없다'는 증거인가 싶어서 자괴감에 빠지기 십상이다. 이제 터득해야 하는 것은 특정한 기능이 아니라 삶 자체를 관리하는 테크닉이다. 시간 관리의 기술, 몸 관리의 기술, 관계 관리의 기술, 감정 관리의 기술.

과거에는, 예를 들어 목수가 되고 싶은 청년이라면 손재주가 얼마나 좋은지 보여주면 되었을 것이다. 눈에 들어 장인의 공방에 발을 들일 수만 있다면 한걸음 앞서 있는 선배를 따라 일을 배우면 된다. 1년 차 목수라면 5년 차 선배 목수를 보며 제 미래를 그려볼 수 있다. 5년 차 선배가 갖춘 기능을 직업에서의 목표로 삼아 그 기능만 갖춘다면 5년 차가 누리는 대우를 누리게 될 것이라고 믿을 수 있기 때문이다. 앞선 이의 뒤를 따르는 기능 계발의 시대였다.

오늘날 직장에서 이런 역할 모델을 찾는 것은 불가능하다. 5년 차 과장을 보며 '나도 저렇게 되고 싶다'고 생각하는 1년 차 신입 사원이 있을까? 이제 해야 할 것은 기능 계발이 아니라 자기 계발이다. 자기 계발은 각자 알아서 하는 것이다. 자기 계발은 지금 하는 일을 더 잘하기 위한 노력이 아니다. 앞으로 닥칠지 모르는 상황에 대비하는 노력이다. 지금 일보다 더 '큰' 일을 할 기회를 얻고자 잠재력을 키우는 시도다.

갈고닦아야 할 것이 구체적 기능이 아니라 잠재력이고 인성이라면 멀리 있는 사람일수록 존경을 얻는 데 유리하다. 롤모델이나 이른바 '멘토'를 먼 곳에서 찾게 되는 이유다. 스포츠 스타나 준셀러브리티쯤 되는 기업가, 스타 자기 계발 강사가 모두의 멘토로 대접받는다. 잠재력과 인성을 드러내는 것은 본성상 연극적이므로, 매일 보는 상사나 선배는 휘황한 조명 아래 멀찍이 있는 유명 인사를 당해낼 수 없다. 일상을 공유하는 상사나 선배는 필연적으로 불완전한 모습을 보일 수밖에 없기 때문이다. 현실 속의 인간은 멘토가 되기에 늘 부족하다.

끊임없는 자기 계발 말고도 인재가 갖춰야 할 덕목이 또 하나 있다. 언제나 즐겁고 열정에 불타올라야 한다. 일에 대한 애정은 잠재력의 중요한 요소이기 때문이다. 일에 홀려 낮밤 없이 일을 생각하는 사람, '일 중독자'라는 지칭은 걱정 같기도 하지만 칭찬이기도 하다. 스스로 '일 중독자'라 칭한다면 반성처럼 들리는 자기 자랑이기 쉽다. 많은 경우 이들이 사랑하는 것은 일 자체가 아니다. 끊임없는 자신의 존재 증명, 일을 멈춘다면 자신의 가치가 사라질지 모른다는 감각이 그들을 지배하는 경우가 허다하다. "요즘 바빠서요"는 "나를 필요로 하는 곳이 많아서요"라는 의미임을 우리는 안다. 끊임없이 일로 회귀하며, 무엇이든 일과 연결짓는 열정가가 사랑하는 것은 사실 일이 아니라 대상화된 '자기'다. 그 '자기'를 더욱 아름답게 완성해나가려면 일이 필요한 것이다. 결국 일에 중독된 사람은 자기에 중독된 사람일지도 모른다.

거울에 비친 자신의 모습에 홀린 나르키소스처럼 자신을 끊임없이 비추어보며 더 아름다운 자기가 되기를 꿈꾼다. 그리고 거울을 보는 자신의 시선은 잠재력을 요구하는 세상의 시선을 꼭 닮아 있다.

관객 없이 일하기

"베버의 노동 윤리는 일을 통해 자신을 '증명'하는 남자나 여자에 관한 것"이라고 세넷은 말한다.[89] 노동 윤리는 당장의 만족을 뒤로하고 자기 시간을 규율 있게 사용하라고 설파한다. 만족을 끊임없이 나중으로 미룰 수 있도록 이끄는 것은 자신의 가치를 증명하려는 욕구다. 이 같은 노동 윤리가 능력주의와 결합할 때 필연적으로 비교와 경쟁을 요구한다. 나의 가치란 상대적으로 매겨지고 언제나 누군가보다 '더' 가치 있는 존재여야 한다는 압박에 시달리게 된다.

오늘날 많은 사람이 '능력주의＝공정성'이라는 등식을 별 거리낌 없이 받아들인다. 능력에 따라 평가받고 보상받는 사회가 공정한 사회로 여겨진다. 애초의 능력주의는 신분으로 직업이 대물림되던 질서에 반하여 일어난 흐름이었다. 그러나 마이클 영[Michael Young]이 1958년 《능력주의의 부상[The Rise of Meritocracy]》에서 만들어냈다는 '능력주의[meritocracy]'라는 용어는 당시 비판적인 뉘앙스를 띠고 있었다. 능력주의는 능력 있는 소수가 권력을 휘두르는 사회를 비트는 용어였다. 능력에 따라 위계가 정해지는 사회에서 능력이 많은 이는 게임에서 승리한다. 결국 끊임없이 능력을 키우려는 이는 의도하든 의도하지 않든 끊임없이 승리를 뒤쫓는 사람이 되고 만다.

더구나 애초 능력주의가 탄생하던 때의 능력이란 증명할 수 있는 구체적 기능이나 성과였다. 그러나 오늘날의 능력은 잠재력이라는 말로 포장되는 모호한 개념이 되었다. 자신만의 기준 아래 절대적인 완성치를 추구하는 개인은 오히려 도태된다. 오랜 시간에 걸쳐 완성도를 추구하는 장인이 빛을 발하던 시기는 끝났다. 언제 어느 때든 가장 빠른 시간 안에 즉각 '인식'될 수 있는 능력이 중요하다. 실제로 달성한 결과의 가치가 자신의 가치로 이어지는 것이 아니다. 중요한 것은 자신이 어떤 가치를 갖는다고 인식되느냐다. 평가와 보상이 결과가 나오기 전에 이미 주어지는 경우가 허다하다. 주식시장과 다를 바 없다. 주가를 결정하는 것은 그 기업의 실제 가치가 아니다. 시장이 그 기업의 가치에 대해 어떤 인식을 갖고 있느냐가 주가를 결정한다. 그리하여 '인식'이 진짜 '현실'이 된다.

잠재력을 요구하는 세상의 시선으로 자신을 바라보면서 베버의 노동 윤리를 따라 일하는 사람이라면 능력주의 사회에서 최고의 인재로 각광받고 비싼 몸값을 누릴 수 있을 것이다. 그러나 "스스로를 몰아붙이는 사람의 노동 윤리는 베버가 보기에는 인간적인 행복의 원천이나 진정한 심리적 강인함의 기초가 되지는 않는다. 그런 사람은 자신이 집착하는 일의 중요성에 너무 깊이 함몰되어 있다". 이런 이들에게 "현재의 모든 것은 최종 목표를 위한 도구일 뿐"이다. 그러나 그 최종 목표란 결코 도달할 수 없는 지점이다. 자신의 가치를 매기는 점수표에 만점이란 없기 때문이다.[90]

능력주의가 심해지면 부작용이 따른다. 모두가 자기 계발의 압박에 시달리며 제로섬$^{zero-sum}$ 게임으로 쏠려가게 된다. 안타까운 세태다. 하지만 잠재력과 자기 계발이 그 자체로 백안시될 일은 아니다. 나는 잠재력을 칭송하고 자기 계발을 추구하는 일 자체에 반대하지 않는다. 빠른 학습 능력, 변화무쌍한 상황에 적응하는 능력을 가리키는 말이 잠재력이라면 요즘 세상에 잠재력만 한 무기가 없을 것이다. 그런 잠재력은 롤러코스터 같은 세상에서 살아남는 데 무엇보다도 쓸모 있는 능력이다. 특정한 기능은 언제 쓸모없어질지 모르는 세상이기 때문이다. 자기 계발론이 설파하는 테크닉 역시 그 자체로야 나쁠 것은 없다. 충동과 감정을 조절하고, 시간을 관리하고, 인간관계에 능숙하고, 몸을 가꿀 줄 안다면 분명 더 건강하고 행복한 삶을 사는 데 보탬이 될 것이다. 자기 계발의 테크닉은 '몸값 올리기'에도 쓰일 수 있겠지만 일상의 행복을 늘리는 데도 사회적 가치를 추구하는 데도 쓰일 수 있다.

자기 계발론의 설파가 사회구조의 탓까지 개인의 탓으로 돌리게 한다는 문제가 있는 것은 사실이다. 무엇이든 자기계발로 해결하려 들자면, 사회적 문제, 정치적 문제에 눈 감는 셈이 될 것이다. 그렇다면 기꺼이 잠재력을 늘리고자 애쓰면서 거리낌 없이 자기 계발에 힘써도 좋을 전제 조건은 무엇일까? 늘어난 잠재력과 자기 계발의 역량이 그저 '기존 구조에 부합하는 것'이 아닐 수 있는 조건은 무엇일까? 내가 오래도록 놓지 못한 질문이며, 이 책의 남은 부분에서도 계속 물을 질문이기도 하다.

세넷은 무언가를 잘하려는 동기가 타인으로부터 인정받고 싶은 마음에서 비롯될 수도 있지만 과업 자체에 대한 애정과 그 본래의 가치에 대한 믿음에서 비롯될 수도 있다고 말한다. 세넷은 젊은 시절 첼로 연주자로서의 커리어를 좇았던 자신의 경험에 비추어 이렇게 이야기한다.

만약 다른 사람들과 경쟁하거나 다른 사람들로부터 인정을 받기 위해서만 뭔가를 잘하려 하는 게 사실이라면, 한계를 경험했을 때 자기 일에 덜 열중할 게 분명하다. 그러나 이런 타산적인 시각은 피상적인 것이다. 내 한계를 알자 자부심이 누그러들긴 했지만, 음악에 대한 사랑이 수그러들진 않았다. 하지만 여기에서 '존중'의 의미가 실질적으로 갈린다. 사회적인 것과 개인적인 것으로, 타인에게 존중받는 것과 자신이 하는 일이 내재적으로 가치 있다고 느끼는 것으로.[91]

자기 계발을 설파하는 목소리들은 빠짐없이 '자기 주도'를 말하고, 자유롭게 꿈을 추구하여 '자기를 실현'하는 개인을 이상화한다. '내가 주인공인 인생'이라는 캐치프레이즈가 대표적이다. 이 말의 이면에는 오히려 자신을 하나의 대상으로 바라보는 시각이 숨어 있다. 자신이 주인공이 된 하나의 드라마를 완성해야 한다는 생각, 그 드라마 속의 나는 인정받아야 하고 그럴 만해야 한다는 생각이다. 그러나 드라마는 언제나 관객을 전제로 한다. 웃거나 울거나, 박수를 보내거나 야유하거나 하는 관객이 있어야만 드라마는 성립한다. 고로 드라마의 주인공이 되려면 늘 관객을 염두에 두지 않을 수 없다. 드라마의 '주인공'은 사실 드라마의 '주인'이 아닌 것이다.

관객이 실제의 타인들이든, 아니면 타인들의 시선을 내면화한 나 자신 속의 또 다른 나이든 드라마의 성패를 결정짓는 주인은 주인공이 아니라 관객이다. 더구나 드라마의 주인공에겐 카메라가 꺼지는 순간이라도 있다. 그러나 나를 주인공 삼은 현실에서 카메라는 꺼지지 않고 24시간 윙윙 돌아간다. 드라마를 사는 이에게 휴식은 없다. 홀로 있는 방에서조차 마음속 또 다른 내가 두 눈을 부릅뜨고 관객 노릇을 하기 마련이다.

그러나 "자신이 하는 일이 내재적으로 가치 있다고 느끼는 것"에는 관객이 필요하지 않다. 여기서의 가치는 평가받는 가치가 아니라 일 자체에 담긴 '내재적' 가치다. 거기에는 탐구의 기쁨이 있다. 세넷은 첼로 연주의 기능을 익히면서 느끼는 순전한 탐구의 기쁨을 이렇게 표현한다. "정교하고 자유롭게 음을 구사함으로써 그 자체로 그것만으로 심오한 기쁨을, 타인의 승인 없이 스스로 가치 있다는 감각을 경험했다."[92] 바로 자존감을 주는 경험이다. 세넷은 루소를 인용하며 자존감$^{amour\ de\ soi}$과 자존심$^{amour-propre}$을 나누어 설명한다. 자존감이 "세상에서 자신을 스스로 지탱할 수 있다는 확신"이라면 자존심은 "다른 사람보다 뛰어나고 싶다는, 그래서 그들에게 높이 평가받고 싶다는 욕망"이다. 자존심은 베버가 말하는 노동 윤리의 핵심이며, 능력주의가 불러일으키는 욕망이다. 자존심보다는 자존감으로 동기를 부여받을 수 있는 사람만이 '관객'으로부터 자유롭게, 오히려 진짜 '자기 주도적으로' 일의 기쁨을 추구할 수 있다.[93]

나탈리 바탈라는 나사^{NASA}의 천체물리학자다. 바탈라는 고등학교 때는 치어리더였고 대학은 경영학 전공으로 입학했다. 그러다 우연히 대학 시절 교양과목으로 들었던 일반물리학 수업에서 두 눈이 번쩍 뜨이는 느낌을 받은 후 물리학자의 길을 걷겠노라 결심했다고 한다. 그런 계기가 되었던 일반물리학 과목에서 바탈라가 받았던 학점은 C에 불과했다. 세상의 시선으로 물리학자로서의 잠재력을 가늠하려 했다면 바탈라는 물리학자가 될 수 있었을까? 하지만 바탈라는 태어나 처음 분석적 사고를 배운 것이었다며, "왜요, 난 그 C가 정말 자랑스러웠어요"라고 말한다. 학점과는 상관없이 수업 시간에 느꼈던 한순간의 감동이 오래도록 자신을 이끌어간 동력이었다고 고백한다.[94] 바탈라에게 중요한 것은 오늘 당장 물리학이 주는 기쁨 자체였다.

앞서 말했던 '지극히 개인적인 동기부여'는 자신이 믿는 가치를 추구할 수 있을 때 비로소 가능하다. 주인공으로서의 '나'에 대한 탐닉에서 벗어나 세상의 시선으로부터 자유로워질 때 자신이 믿는 가치가 무엇인지가 드러난다. 세상의 시선으로부터 자유로워지라는 것이 현실을 무시하라는 의미는 아니다. 우리는 어쨌건 현실에서 먹고살아야 하며, 현실에 두 발을 붙이고 걸어가야 한다. 그러나 현실에서 삶을 꾸려나가기 위한 필요를 아는 것과 끊임없이 세상의 시선으로 자신을 점수 매기는 것은 전혀 다른 일이다.

스스로 부여하는 가치, 일 자체에 대한 탐구가 주는 순수한 기쁨이야말로 자유로움의 감각을 선사한다. 타인의 승인이 있기 전에 자신이 가장 먼저 역량의 확대를 확인한다. 그 순간 우리가 느끼는 감각이 바로 자유로움이다. 그제야 우리는 연습의 과정에서 기쁨을 누린다. 세상은 C학점의 미숙함을 보지만 나는 기쁨을 동력 삼아 나아간다. 그 순간 나는 관객을 보는 것이 아니라 일을 본다. 물론 그런다고 해서 모두가 나사의 천체물리학자가 될 수는 없을 것이다. 그러나 무언가를 점점 더 잘 해내는 데 집중할 때 그 과정 자체가 기쁨을 선사한다.

어차피 어떤 미래도 약속받을 수 없는 세상이다. 똑같은 기준으로 줄 세워져야 한다면 '통계적 확률'로 보건대, 미래가 찬란할 이는 얼마 되지 않을 것이다. 그렇다면 줄 세워진 결과에 행복을 맡기는 것은 아무래도 계산이 맞지 않는 전략이다. 제 힘으로 과정에서 기쁨을 누리는 편이 아무래도 더 영리한 방책이 아닐까.

나사의 천체물리학자가 될 수 있다면 그건 그야말로 보너스다.

4

함께 가닿을 정착지

행복한 일을 위한 플랫폼

대체 불가능한

사람이 되려면

등가성을 따지지 않고

내 존재의 의미를

발견해주는 일터에서

일해야 한다.

내 존재 자체를

일의 규정에 포함해주는

일터가 필요하다.

그런 일터는

어디에서 찾을 수 있을까?

없다면 우리 스스로

'무리'를 이루어

만들어낼 수는 없을까?

13

누군가가 아니라 '나'를 필요로 하는 곳

직장 안의 각자는 함께 일하지만 함께 일하지 않는다.
혼자서는 이 일을 할 수 없지만 이 일에 필요한 것은
'당신'이 아니라 '누군가'다.

등가교환의 관계

우리 동네에는 할머니 혼자 꾸리는 순대 국밥집이 있다. 내 단골
집이다. 할머니 혼자 운영하는 식당은 시골에선 흔하다. 두 명이
여유 있게, 네 명이라면 빠듯하게 앉을 수 있는 테이블이 여섯 개
쯤 있으니, 시골 동네 식당으로서는 보통 규모다. 한 날은 이른
점심을 하러 들어섰더니, 앞선 손님 둘이 막 식사를 마치고 자리
에서 일어나는 참이었다. 주인 할머니가 우리에게 국밥 두 그릇
을 가져다주자마자 손님 일곱 명이 들이닥쳤으니, 할머니 손이
막 바빠졌다. 때마침 할머니의 손녀 아이가 학교를 마치고 돌아

왔다. 도시에 일하러 나간 젊은 자식의 아이를 맡아주는 것 역시 시골에서 보기 드문 모습은 아니다.

아이는 내 조카보다 한두 살쯤 많을까, 초등학교 3학년 정도 되어 보였다. 아이는 분주한 식당 풍경에 익숙한 것 같았다. 아이는 다녀왔다는 인사 끝에 "12시 20분이 되면 나가야 하니까 안 보이면 그런 줄 아세요"라고 덧붙였다. 다시 나간다는 인사로 바쁜 할머니를 또 방해하지 않으려는 것 같았다. 말본새가 똑 부러지면서도 따뜻했다.

가방을 내려놓은 아이는 자연스럽게 어딘가에서 쟁반을 끄집어내 앞선 손님들이 남기고 간 상을 치우기 시작한다. 쟁반에 그릇들을 다 옮겨 담고 쟁반을 끙차 들려다 포기한다. 묵직한 뚝배기 그릇이 여럿이니, 아이에겐 무리였을 것이다. 쟁반을 옮기지 못하자 그대로 둔 채 아이는 망설임 없이 행주를 가져다 상을 열심히 훔친다. 그제야 일곱 손님의 음식 준비를 마친 할머니 눈에 손녀딸이 들어온 모양이었다. 할머니는 "아니, 뉘 집 손녀딸이 이렇게 상을 깨끗하게 닦았어?" 하며 활짝 웃는다. 아이는 되받아 웃으며 "할머니 손녀딸~" 하고 답한다. 공부만이 제몫인 조카아이, 제 밥그릇만 비워도 칭찬받는 조카아이가 외려 안쓰럽다는 생각이 스쳤다.

동네 가게에서 두부, 콩나물을 사먹던 시절에는 도시 아이에게도 엄마의 심부름을 할 기회가 있었다. 어렸을 때를 돌아보면 엄마 심부름은 귀찮은 일이었지만 엄마를(그러니까 어른을) 도울 수 있다는 생각에 뿌듯한 기분을 느낄 수 있어 좋은 일이기도 했다.

도시에 사는 요즘 아이들은 대개 소비를 통해 세상과 첫 관계를 맺는다. 아이가 부모의 일손을 거들며 자신의 쓸모를 확인하는 일은 이제 흔치 않다. 엄마의 심부름으로 콩나물이나 두부 따위를 사오던 것도 옛날이야기다. 쪼르르 달려가 "콩나물 주세요!"라고 외칠 수 있는 동네 슈퍼는 도시에서 더 이상 찾아보기 힘들다. 이제 아이가 처음 경험하는 구매 행위는 대형 마트에 쫓아가 장난감을 카트에 골라 넣으며 일어난다. 대형 마트에서 아이가 처음 경험하는 소비자의 지위는 가진 돈만큼 전지전능함을 부여받는 자리다. 대형 마트는 정확한 등가교환의 장인 것이다. 그에 반해 동네 슈퍼에서 경험하는 아이의 첫 구매 행위는 단순한 등가교환의 행위가 아니다. 아이는 돈이 있지만 그것만으로는 콩나물을 살 수 없다. 여기서 가게 주인은 손님을 왕으로 대접해주어야 마땅한 판매자가 아니다. 오히려 아이의 심부름을 도와주는 어른에 가깝다. 가게 주인이 물건을 스스로 고를 줄 모르는 아이에게 도움을 베풀고 아이는 그 덕에 무사히 '일'을 해낸다. 이렇게 경험하는 '사는 이와 파는 이의 관계'는 매뉴얼에 따라 응대하는 대형 마트 계산원과의 관계와 사뭇 다르다. 오늘날 대형 마트에서 경험하는 첫 구매 행위는 돈으로 자기 욕구를 채우는 순전한 소비 행위다. 이렇게 처음 경험하는 경제활동은 아이가 자신을 경제적 주체로 정립하는 준거로 작용한다.

철학과 문학, 정치분야를 아우르는 저자이자 학습 공동체를 꾸려가는 우치다 타츠루는 《하류지향》에서 "소비하는 일로 사회 활동을 시작한 아이들은 인생의 아주 초반부터 '돈의 전능성'을 경험"하며, 이를 통해 "'사는 사람'의 위치를 선점하는 것"이 유리하다는 사실을 본능적으로 깨우친다고 지적한다.[95] 타츠루가 지적하듯, 요즘 아이들이 경험하는 세상과의 첫 교환은 등가교환이다. 돈을 내어주고 딱 그만큼의 값이 매겨진 물건을 손에 넣는다. 많이 내어줄수록 많이 돌려받는다. 많이 가질수록 큰 힘을 발휘한다. 이제 아이가 일생에 걸쳐 수행해야 할 경제활동은 이 같은 등가교환을 중심으로 돌아간다. 교육의 장에서도 마찬가지다. 학생은 교사로부터 교육 서비스를 구매하는 소비자라는 위치를 냉큼 차지한다. 이때 아이들이 지불하는 화폐는 '불쾌함'이라는 것이 타츠루의 해석이다. "교실은 불쾌함과 교육 서비스가 등가교환되는 장소"라는 것이다.[96]

불쾌함이라는 가상의 화폐를 투입하는 이유는 미래에 진짜 화폐를 거둬들이기 위해서다. 교육은 소비의 조건인 화폐 자산을 더 많이 확보하기 위한 준비 과정이다. 교육 과정의 목표는 '좋은 일자리'이고, 얼마나 많이 안정적으로 돈을 벌 수 있느냐가 일자리의 질을 판가름하는 절대적인 기준으로 자리 잡는다. 공동체 안에서 얼마나 감사받고 인정받느냐는 중요한 기준이 아니며, 그런 감사와 인정을 측량할 기준조차 더 이상 존재하지 않는다. 중요한 것은 시장의 감사와 인정이며, 그것은 늘 화폐로서 명징하게 수량화된다.

공부가 불쾌함의 투입으로 전락할 때 공부는 미래에 화폐를 벌어들이기 위한 도구적 활동일 뿐이다. 우리의 일 또한 그렇다. "일을 왜 하십니까?"라는 질문은 배부르거나 어리석은 소리로 폄하받기 십상이다. 우리에게 일이란 대개 먹고살기 위한 돈벌이다. 일은 괴로운 것이 자연스러우며, 그래야 우리에게는 대가를 받을 자격이 생겨난다. 우치다 타츠루는 이와 관련해 흥미로운 통찰을 내놓는다. "사냥꾼인 아버지가 사냥한 짐승을 들고 집으로 돌아오듯, 농부인 아버지가 곡식과 채소를 지고 집으로 돌아오듯, 현대의 샐러리맨 아버지는 노골적으로 언짢은 얼굴을 가지고 돌아옴으로써"[97] 가족을 위한 노고와 희생을 과시한다는 것이다.

가정은 노동 공동체이며 교육 공동체였던 과거와는 달리 이제는 소비를 위한 재원을 공유하는 소비 공동체일 뿐이다. 가족들은 전처럼 많은 시간을 함께 보내지 않는다. 아버지의(그리고 맞벌이라면 어머니의) 돈벌이 노동도, 공부라는 자녀의 예비 노동도 집 밖에서 이루어진다. 각자가 어떤 노고를 치르는지 가족들은 직접 확인할 길이 없다. 그러니 가족 구성원들은 집으로 돌아와 얼굴과 몸으로 괴로움을 드러낸다. 그것조차 없다면 아무도 자신의 괴로움을 알아주지 않기 때문이다. 그리하여 급기야 타츠루는 이렇게까지 말한다. "'불쾌함'이라는 카드를 가정에서 가장 많이 쓰는 사람이 자원 배분과 결정의 순간에 가장 강력한 발언권을 가질 수 있다. 그렇기 때문에 가족 전원이 '우리 집에서 가장 많이 불쾌하고, 가장 많은 불이익을 받는 사람은 누구인가'를 둘러

싸고 패권 경쟁에 열중하게 된다."[98]

타츠루의 이런 말이 과할 수도 있겠다. 더러운 꼴도 가슴으로 삼키고 만다는 가장들의 토로를 우리는 흔히 접하니 말이다. 부모의 고된 뒷바라지를 보아 힘겨워도 참는다고 말하는 아이들이 가끔 〈인간극장〉 같은 TV 프로그램에 등장하기도 한다. 그렇지만 오히려 이런 것이 어떤 징후일지도 모른다. 그 '더러운 꼴'이 무엇인지, 참아내는 힘겨움이 어떤 것인지 토로하는 구체적 대화는 사라지고 가정에서 교류되는 것은 지친 얼굴들 아래 숨어든 추상화된 괴로움(타츠루의 표현으로는 '불쾌함')뿐이다.

괴로움의 구체적 형편을 입 밖으로 꺼내 말하지 않는 이유는 피차 어찌할 수 없다고 생각하기 때문이다. 말해지지 않은, 그러나 얼굴 위에 고스란히 쌓여가는 일의 괴로움이 클수록 우리는 일하는 이유를 일의 밖에서 찾을 수밖에 없다. 그래서 모두가 희생을 과장하면서 희생을 인정받기 위해 안달하는지도 모르겠다. 아버지의 비애, 어머니의 피로, 아이들의 고단함. 모두가 자신의 희생이 당신을 위한 것이라고 온몸으로 부르짖는다. 그 괴로움이 희생으로서 의미를 얻지 못한다면 우리의 모든 노동이 의미를 잃을 것이므로. 그리고 그 괴로움만큼이 등가로 교환되어 대가로 돌아올 것을 우리는 기대한다. "내가 괴로움을 내놓았으니, 괴로움과 등가를 이루는 무엇인가를 너도 내놓아야 한다." 등가교환의 원칙은 도덕적 당위가 되어 서로를 압박한다.

직장에서도 별반 다르지 않다. 괴로움을 투입하는 만큼 인정받는다. 실적이 숫자로 찍히는 영업직이 아니고서는 일의 성과를 정확히 측정하기가 쉽지 않다. 혼자 책임지고 하는 일이 거의 없으니, 누구의 공인지 누구의 과인지를 정확히 따지는 것도 애초부터 불가능하다. 공동의 일에 들이는 각자의 몫은 그 성격이 제각각이라 하나의 잣대로 측정할 수도 없다. 서너 가지 서로 다른 업무가 더해져 하나의 결과물이 나오는 것이 보통이다. 질적으로 다른 각각의 업무에 한 기준으로 점수를 매기는 것이 가능할 리 없다. 그러니 진짜 성과를 따지기 시작한다면 오히려 등가교환을 원칙으로 하는 평가-보상의 기제가 작동하지 못한다. 등가교환을 하려면 가치를 측정해야 하는데, 성과의 가치를 정확히 측정하는 것은 불가능하기 때문이다.

　문제는 그뿐만이 아니다. 수많은 상황 변수가 작용하여 잘한 일에도 못한 일에도 핑계는 수만 가지다. 상황이 이러니 일의 결과를 따져서 '공정히' 보상하는 것은 시작부터 실패하기 십상이다. 결국 일의 아웃풋^output(성과)이 아니라 인풋^input(투입)을 따지게 된다. 쉽게 드러나는 일의 인풋은 버티고 앉아 있는 시간이요, 일에 들이는 '괴로움'이다. 퇴근 시간이 되면 각종 눈치작전이 난무하는 것도 그 때문이다. 상사보다 먼저 당당히 퇴근하는 것은 보통의 용기로는 쉽지 않다. 그러다 보니 가방이나 겉옷을 의자에 걸쳐놓고 슬며시 퇴근하는 기술 같은 것이 널리 통용되곤 한다. 많이 일하고, 많이 괴로운 사람이 능력자로 인정받는다. 아니, 정확히는 많이 일한 것처럼 '보이고' 많이 괴로운 '티'를 내는 사람이 좋은 평가를 받을 가능성이 크다. 보여주기 위해 쓸데없이 만들어내는 일이 난무한다. 일종의 군비경쟁인 셈이다.

나 없이도 잘 돌아가는 회사

시민 단체 희망제작소 사회적경제센터 블로그에 실린 글에서 아래 구절이 눈에 들어왔다.

> "대기업에 가서 깨달은 게 역설적으로 '시스템이 없다'는 것이었어요. 자세히 살펴보니, 조직 내에서 조직의 역사와 경험치를 고스란히 갖고 있는 사람들이 있어서 그들로 인해 문제가 고스란히 해결되는 특징을 갖고 있더라고요. 문제가 발생하면 '그 생산계 아무개가 그 부분은 잘 알아. 가서 물어봐. 이리 오라고 해봐' 하는 식으로 연륜 있는 내부 전문가에게 의존하는 거죠."[99]

이런 '내부 전문가'가 되는 것이야말로 대개의 직장인이 원하는 것이 아닐까. 대체 불가능한 인력이 되는 것, 그리하여 나 없이는 일이 안 돌아간다는 사실을 사람들이 알아주는 것. 그제야 우리는 '휴가 다녀오면 내 자리가 사라지고 없을' 악몽에 시달리지 않는다. 그러나 1등을 하는 것보다 1등을 지키는 것이 어렵다는 말처럼 대체 불가능한 인력이 되는 것은 말할 것도 없고 대체 불가능한 인력으로 살아간다는 것 역시 간단하지 않다. 말 그대로 나 없이 일이 돌아가지 않는다면 나에겐 '언제고 일 앞에 나를 가져다놓아야 할' 의무가 생긴다. 나 하나 때문에 일이 안 되는 상황을 허락해주는 직장은 없다. 바쁜 것이 훈장인 세상이긴 하지만 휴가를 떠나서도 휴대전화 벨이 울려대고 전화 한 통 놓치면 조마조마한 상황이 즐겁기만 할 리 없다.

여기서 우리는 하나의 아이러니에 부딪힌다. 나는 내가 없는 동안에도 팀의 일이 잘 돌아가기를 기대한다. 퇴근 후에나 휴가 중에는 회사의 전화를 받지 않고 싶다. 그래야만 일이 삶을 잡아 먹지 않을 테니까. 그러나 동시에 내가 없다면 일이 좀 삐걱거리기를 원한다. 있으나 없으나 티가 나지 않는다면 직장에 돌아갔을 때 내 책상이 온전하겠나. '잘릴' 위험이 없을 때조차 사실은 그렇다. 내가 있든 없든 일이 똑같지는 않았으면 좋겠다. 함께하는 동료가 나를 아쉬워해주기를 바란다. 휴가를 떠나는 동료와 이런 대화를 나누곤 하는 것도 그 때문이다.

"일 걱정은 하지 말고 잘 놀다 와. 너 없어도 잘 돌아가니까."
"그럴까 봐 걱정이지."

우리에겐 한둘이 잠깐 없어도 일이 척척 돌아가게 해주는 '시스템'이 필요하다. 그래야 우리 모두 가끔은 일에서 떠나 진짜 휴가를 누릴 수 있기 때문이다. 그러나 우리는 내가 지닌 차이를 시스템이 모두 지워버리길 원하지는 않는다. 내가 일에 투입하는 것이 누가 투입해도 다르지 않을, 수량화된 시간뿐이기를 바라지는 않는다. 대체 가능하면서 동시에 대체 불가능하길 바라는 아이러니다.

그렇다면 하나의 조직에서 사람을 대체 불가능하게 하는 것은 무엇일까? 한때 나는 그 답이 개인의 특출한 능력이라고 생각했다. 그러나 기업의 관점에서 한 인간이 지닌 능력이 완벽히 대체 불가능할 수 있을까? 물론 능력이 남다른 사람이 있기 마련이고 그런 사람이 조직에 더 많이 기여하기도 한다. 그렇지만 아무리 일을 잘하는 사람이라도 시장에서 그 사람을 대체할 인력을 구하지 못하는 법은 거의 없다. (여기에 스티브 잡스라든가 김연아 같은 인물을 들며 반론을 펼치지는 말자. 그럴수록 슬퍼질 뿐이다.) 물론 새로운 사람이 과거의 사람과 완벽하게 똑같을 수는 없다. 일시적으로는 일이 삐걱거리는 것처럼 보일 수도 있다. 뛰어난 한 사람이 하던 일을 두 사람, 세 사람이 해야 할 수도 있다. 떠난 사람이 관리자나 경영자라면 조직의 일하는 방식이 바뀔 수도 있다. 실적이 일시적으로 나빠질 수도 있다. 그렇지만 그 차이는 무수한 다른 변수가 만들어내는 차이 속에서 지워지고 만다. 결국 기업은 아무일도 없었던 듯이 다시 잘 돌아간다.

수량화된 성과에만 관심을 두는 기업의 관점에서 대체 불가능한 인력은 없다, 아니, 없어야 한다. 한 사람이 떠난다고 기업이 돌아가지 않는다면 그 사람의 대체 불가능성이 아니라 그 기업의 무능을 확인해줄 뿐이다. 개인의 차이를 지워서 누가 그 자리를 채우더라도 마찰 없이 사업이 돌아가도록 하는 것이 시스템의 목적이다. 시스템이 있는 곳에서 직원은 언제나 대체 가능한 인력이며, 또 그래야 한다. 시스템 아래서는 '차이 없는' 존재일수록 팀워크에 능한 인재로 환영받는다. 365일 24시간 부름받는 사람이 되었다고 자신의 대체 불가능성에 대해 확신하기는 이르다. 시스템은 나날이 그 규모와 범위를 키워가며 우리를 위협한다.

등가교환의 관계는 서로의 서로에 대한 의존을 등가라는 가상 뒤에 숨겨버린다. 등가교환은 모든 것을 양적 가치로 환산함으로써 교환 가능한 것으로 만든다. 그 결과 모든 질적 차이는 애초에 존재하지 않는 것처럼 취급된다. 직장에서 각자가 투입했다고 여겨지는 '괴로움'은 임금과 교환된다. 나는 함께 일하는 상대에게 의존하는 것이 아니다. 상대는 상대대로, 나는 나대로 직장과 거래를 하고 있을 뿐이다. 기업은 구성원이 투입한 공헌의 등가물을 언제나 시장에서 찾아낼 수 있다. 그 공헌에는 인격성이 없다. 직장 안의 각자는 함께 일하지만 함께 일하지 않는다. 혼자서는 이 일을 할 수 없지만 이 일에 필요한 것은 '당신'이 아니라 '누군가'다. 상대는 당신이 아니라 누구여도 상관없다. 모든 질적 차이는 양적 차이로 환산된다. 양적 차이로 환산되지 않는 질적 차이는 불편함을 자아낼 뿐이다. 모든 사람은 인력으로 셈해지고, 그리하여 대체 가능해진다.

차이를 받아들이는 공동체

나에게 롤링다이스는 괴로움을 투입하는 일터라기보다는 에너지를 얻는 장소다. 롤다에는 압박하는 상사도 없고 월급을 주는 사장도 없지만, 그럼에도 일이 돌아가는 것이 지금까지도 경이롭다. 롤다에 시간이 넘치는 사람은 단 한 명도 없다. 생업이 있으면서 이 일을 하는 사람들이니 다들 얼마나 일 벌이길 좋아하겠는가. 본업에 롤다 말고도 다른 활동이 한두 개씩 더 있는 친구도 꽤 된다. 그런데도 롤다는, 적어도 내 기준에는, 나쁘지 않은 생산성을 보이며 돌아간다. 코디네이터를 맡고 있는 나는 누구도 지나친 부담을 받지 않게 하는 데 가장 신경을 쓴다. 롤다가 스트레스 요인이 되는 것이 롤다의 지속 가능성에 가장 큰 적이라고 생각하기 때문이다. 걸핏하면 "어렵겠으면 다른 방법을 찾을 테니, 편하게 얘기해"라고 말하게 되는 이유다. 하지만 바쁜 것을 뻔히 아는데도 단칼에 "바빠서 못 하겠다"고 말하는 사람은 없다. 물리적으로 도저히 소화하기 힘들다면 어떤 식으로든 대안을 내놓는다. 그보다 더 신기한 일은 "나는 하는 일도 없는데"라는 말을 다들 입에 달고 있다는 사실이다. 나는 "다들 그렇게 말하면 롤다 일은 대체 누가 하는 거야?"라고 농담처럼 대꾸하곤 한다.

모두가 생업과 병행하며 롤다 일을 돌리기 때문에 당연히 각자 형편에 따라 일을 많이 하는 시기와 적게 하는 시기가 있다. 그러나 총량으로 따지면 눈에 띄게 일을 안 하는 사람은 없다. 그럼에도 다들 자기는 일을 별로 하지 않는다고 생각한다. 코디네이터 노릇을 하다 보니, 나만은 한 명 한 명이 얼마나 일을 하는지 구체적으로 안다. 그런 내가 "너 일 적게 하는 거 아니야"라고 해도 다들 믿어주질 않는다. 노고를 전시하기는커녕 모두 자신의 공헌을 과소평가한다.

이런 현상은 투입하는 괴로움을 부풀려봤자 돌아올 것이 없어서 벌어지는 것 같다. 롤다는 각자의 일이 하나의 기준 위에 억지로 줄 세워지고 그에 따라 등가물을 보상으로 챙겨가는 조직이 아니기 때문이다. 롤다 구성원 모두가 공유하는 책임은 일에 괴로움을 들일 책임이 아니라 일이 되게 해야 하는 책임이다. 좀 더 인간적으로 표현하면 일이 되게 하고 싶은 마음이기도 할 것이다. 일을 하는 사람과 그 대가를 계산하는 사람, 일의 결실을 나눠 갖는 사람이 다르지 않은 구조가 그런 마음을 가능하게 한다. 롤다에서의 일은 내놓은 만큼 가져가는 등가교환의 장에 놓여 있지 않다. 각자가 투입하는 노력의 '양'을 따지지 않는다는 의미가 아니다. 시장에서 거래하듯이 그 '양'에 값을 매기지 않는다는 뜻이다. 값이 매겨진다는 것은 모든 질적 차이가 양적 차이로 환산된다는 의미다. 양적 차이는 언제나 다른 데서 동일한 양으로 메꿔질 수 있다. 값이 매겨지는 존재는 그래서 언제나 대체 가능하다.

롤다에서는 스스로 일한 시간을 기록하고 그에 따라 금전적 성과를 나눈다. 금전적 성과는 달리 가져갈지언정, 투입한 시간이 적다고 자신이 대체될 것을 두려워하는 사람은 없다. 어쨌든 돈을 나누려면 기술적인 계산이 없을 수는 없다. 하지만 한 명 한 명이 만들어내는 차이를 값으로 환산하지 않으려 애쓴다. 각자 얼마큼 기여했는지 평가하는 사람이 따로 있지도 않다.

보통의 직장에서는 서로 다른 사람들이 지닌 질적 차이가 거추장스러운 것으로 취급받는다. 결국 동일성이 암묵적으로 강요된다. "나는 다른 식으로 일하고 싶다"는 말은 허용되지 않는다. 허용되는 차이는 양적인 차이, 정도의 차이일 뿐이다. 모두가 해오던 방식을 따르되, '얼마나 잘'을 기준으로 줄 세워진다. 회사의 목표가 곧 개인의 목표인 것처럼 전제된다. "나는 매출이 매해 반드시 성장할 필요는 없다고 보는데" 같은 말은 상상도 할 수 없다. 각 존재가 지닌 차이는 거추장스럽다. 유별난 취향이나 제각각인 정치관도 드러내지 않는 것이 미덕이다. 심지어 점심 메뉴도 웬만하면 통일이다.

그에 반해 롤링다이스에서는 서로 무엇이 같은지 규정하기조차 힘들다. 취향도 제각각, 성격도 제각각이다. (그래도 다들 회사에 가면 또 엇비슷한 행세를 하며 살 것이 분명하다. 그래야 하니까.) 롤다를 통해 이루고 싶은 목표도 아마 제각각일 것이다. 롤다의 구성원 하나하나가 서로를 '절친'으로 여기며 개인적 친밀감을 나누는 것도 아니다(물론 시간이 흐르면서 자연스레 친밀감이 쌓여가고 있기는 하다). 그러기엔 다들 너무나도 '다르다'. 함께 일을 해나가며 책임을 나누는 공통의 감각을 롤다는 그 '다름'의 인정 위에 쌓아올린다.

우리는 말의 향연 속에 살지만 하나의 결론을 내려야 한다는 강박 없이 좋은 대화를 나눌 수 있는 곳은 사실 그리 많지 않다. 새로운 생각을 일으키고 상상력의 다른 지평을 여는 대화, 그런 대화는 서로 다를 때만 그리고 그 다름을 표면 위로 드러낼 수 있을 때만 가능하다. 그리고 그 다름을 애써 동일성으로 모아들여야 한다는 압박이 없을 때만 가능하다. 동일성을 가장하는 공동체에서 구성원의 다름은 애써 덮어버려야 할 위협이지만 롤다 멤버 각각의 다름은 받아들여야 할 전제 조건이요, 심지어 활용해야 할 자산이다. 다름을 감추면서 '자율적으로' 움직이는 조직은 있을 수 없다. 세넷은 자율이 "타인에 대해 당신이 이해하지 못하는 것을 받아들인다는 의미로, 불투명한 평등"이라고 말한다.[100] 상대의 다름을 받아들인다는 것은 다름을 이해한다는 뜻이 아니다. 이해할 수 있어야 받아들이는 관계는 평등한 관계로 이어지지 않는다. 이해해주는 자와 이해받아야 하는 자의 위계가 들어서기 때문이다.

2011년 전후로 활발한 활동을 펼쳤던 세이브애즈SaveAs는 시각 디자이너들이 만든 자발적인 디자인 그룹이다. "주변의 디자이너 친구들은 왜 사회 문제에 관심이 없을까" 하고 갈증을 느끼던 사람들이 모여 그룹을 이뤘다. 시작할 때는 구성원 대부분이 학생 신분이었지만 시간이 흐르면서 제각각의 자리로 흩어졌다. 그럼에도 세이브애즈는 느슨한 프로젝트 조직으로 활동을 이어갔다. 세이브애즈는 구성원들이 힘을 모아 사회적 문제의식을 드러내는 전시를 여러 차례 가졌고 국내 최초의 세대별 노동조합인 청년유니온과 협업하여 전시회를 열기도 했다. 각 구성원들에게 책임을 묻고 따질 수 없는 세이브애즈의 조직 특성상 공동의 프로젝트를 치러내는 것이 쉽지는 않았던 모양이다. "회사도 아니고 돈을 받는 것도 아니고 … 개인 의지로 하는 것이기 때문에" 서로 독려할 수는 있지만 강제할 수는 없었다고 한다. 자연스레 "체계적인 분업"이 이루어지지 못하고 "너무 하는 사람만 하게 되고 안 하는 사람은 안 하게 되"고 말았다. 그럼에도 이들은 함께하는 쪽을 택했다. "혼자 해도 되는데 같이할 사람들을 구한 이유"를 묻는 질문에 아주 단순한 답이 돌아온다. "혼자 못 해서요."[101]

19세기의 사회학자 에밀 뒤르켐은 … "사회적 응집이 일어나는 것은 한 사람이 완전성의 느낌을 얻으려면 언제나 다른 사람에게 의존해야 하기 때문"이라고 믿었다고 한다. 의존은 자신만으로는 불완전하다는 것을 가정한다. 완전성은 자신이 이해하지 못할 수도 있는 타인의 자원을 필요로 한다. … 의존은 결국 상호 의존이 될 것이다.[102]

제 몫의 일을 해내려면 누구나 타인의 도움이 필요하다. 하지만 그 필요는 일방적인 것이 아니다. 그 타인 역시 자신 몫의 일을 위해 나의 도움이 필요할 것이다. 이렇게 해서 의존은 상호적인 것이 된다. 함께 일하는 상대를 완전히 이해하는 것은 불가능하다. 우리는 언제나 서로 다른 존재들이기 때문이다. 그래서 우리는 완전히 이해하지 못하는 사람들과 서로 의존하며 일할 수밖에 없다. 등가교환은 서로의 서로에 대한 의존을 거래라는 이름 뒤로 숨긴다. 노동과 보수를 등가교환한다고 가정하면 나는 내 몫의 교환을 하고 동료는 동료 몫의 교환을 할 뿐이다. 일은 각자가 수행하는 직장과의 등가교환이다. 함께 일하는 것이 아니라 그저 같은 장소에서 각자의 교환을 하는 것으로 가정된다. 이런 가정은 상호 의존이라는 필연적인 현실을 숨겨버린다.

등가교환이라는 가정에서 벗어나 있는 일터에서는 서로에 대한 의존이 가시적으로 드러난다. 상대가 해내는 몫이 없다면 일이 가능하지 않다. 일 자체가 '함께'를 전제로 규정되어 있기 때문이다. 예를 들어 갑과 을과 병이 모인 조직이라면, 일을 그냥 '책상 만드는 것'이 아니라 '갑, 을, 병이 함께 책상을 만들면서 을과 병이 갑의 기술을 배우는 것'으로 규정하는 식이다. 일의 규정 자체가 이렇게 '함께'의 과정을 포함하고 있을 때 을이 채우는 10은 갑이 채우는 10으로 대체될 수 없다.

롤링다이스에서 겉으로 드러나는 일은 전자책을 출판하는 것이다. 하지만 그것이 다가 아니다. 롤다의 숨은 일은 '고용계약으로 묶이지 않은 조합원'들'이 함께 결과물을 만들어내는 모델을 만드는 것'이다. '전자책 출판'만을 일로 취급한다면 100을 이루는 기여분이 한 명에게서 오든 열 명에게서 오든 중요하지 않을 것이다. 그러나 '함께 일하고 함께 경영하는 모델 만들기'가 일이 된다면 한 명 한 명은 일의 완전성을 이루는 데 필수적인 존재가 된다. 이때 누군가의 몫이 10인지 20인지는 중요하지 않다. 그가 있으면 100을 이루고 그가 없으면 100이 되지 않는다. 각자가 얼마큼 의존하거나 기여하는지를 따지는 것은 무의미하다. 굳이 등가교환식으로 수량화하자면 누군가는 더 많이 기여하고 누군가는 더 적게 기여할 것이다. 그러나 더 적은 기여가 아무리 적어도 그 기여분이 없으면 '완전해'지지 않는다. 보통의 일터라면 한 명이 100을 채우든 열 명이 100을 채우든 100은 100일 뿐일지 모른다. 그러나 롤링다이스에서는 그렇지 않다.

그렇다고 롤다의 멤버들이 대가를 바라지 않는 이타적 마음으로 함께 일한다는 이야기는 아니다. 어떤 대가도 요구하지 않는 관계는 상호적인 것이 아니다. 적어도 나는 롤다에서 기꺼이 돌려받기를 기대한다. 그러나 내가 준 것과 돌려받을 것이 등가를 이루어야 한다는 의미는 아니다. 아니, 애초에 등가인지 아닌지 판단할 수 있는 절대적인 기준은 없다. 혼자라면 이 일이 가능한가, 가능하지 않은가. 유효한 질문은 이것뿐이다. "등가성을 그만 따지게 될 때만 우리의 관계는 뿌리를 내릴 것이다."[103] 그제야 우리는 모두 일 안에서 대체 불가능한 존재가 된다.

어떤 사람이 대체 불가능한 존재가 된다면 기업의 평가 시스템으로 점수 매겨지는 '능력' 때문일 수는 없다. 대체 불가능성은 능력의 양이 아니라 그 사람의 존재가 만들어내는 질적 차이에서 나온다. 그런 대체 불가능성이 현실에서 효력을 발휘하려면 그 차이를 발견해주는 조직이, 즉 사람'들'이 필요하다. 기업에서 우리가 언제나 대체 가능한 인력으로 소모되는 이유는 단순하다. 기업이 대체 불가능하다고 생각해주지 않기 때문이다. 기업이 일을 규정할 때 각 존재가 만들어내는 질적 차이에는 관심을 두지 않기 때문이다. 앞에 소개했던 인터뷰에 등장하는 '생산계 아무개'씨 역시 예외적인 존재일 수는 없다. '생산계 아무개' 씨와 일하는 동료 몇몇은 그가 시스템을 대신하는 대체 불가능한 존재라고 생각해줄지 모른다. 하지만 구조조정의 압박에 놓인 기업도 과연 그렇게 인정해줄까? 기업이 인정하지 않는 대체 불가능성은 현실에서 아무 효력도 발휘하지 못한다. 기업에서 밀려나는 순간 '생산계 아무개' 씨가 본인의 대체 불가능성을 증명할 방법은 없다.

능력을 갈고닦는다고 해서 대체 불가능한 사람이 되는 것이 아니다. 대체 불가능한 사람이 되려면 등가성을 따지지 않고 내 존재의 의미를 발견해주는 일터에서 일해야 한다. 내 존재 자체를 일의 규정에 포함해주는 일터가 필요하다. 그런 일터는 어디에서 찾을 수 있을까? 없다면 우리 스스로 '무리'를 이루어 만들어낼 수는 없을까?

14

행복한 일터의 가능성

소유권이 있는 사람에게는
적어도 선택권이 있다.

회사의 주인은 누구인가

학창 시절 시험이 코앞에 닥치면 교과서를 무턱대고 달달 외워댔지만 지금까지 머릿속에 남은 것은 거의 없다. 책상 앞에만 붙들렸던 것도 아니다. 줄넘기 실기 평가를 준비한다고 몇 시간을 쿵쿵 뛰기도 했고 리코더 시험을 본다고 입술이 부르트도록 피리를 불기도 했다. 울며 겨자 먹기로 그런 일들에 시간을 쏟아부은 이유는 단 하나다. 시험을 보고 점수가 매겨졌기 때문이다. 전부 쓸데없는 일은 아니었겠지만 아마 다른 것에 점수가 매겨졌다면 딱히 저런 일들에 공을 들였을 리는 없다. 시험 과목이 아니었다면 어머니도 날 붙들고 앉아서 사회과부도는 잘 외웠는지, 줄넘기는 잘 뛰는지, 리코더는 잘 부는지 체크해보았을 리가 없다. 딸이 좋은 점수를 받아오기 바라는 마음은 당연했을 것이고 학교에서 시험까지 본다니 익혀두면 좋은 것이겠지 하는 믿음도 있었을 것이다.

다른 식으로 생각하는 어머니도 물론 있을 것이다. 학교 점수란 숫자에 불과하다고 믿고 자식의 인생에 무엇이 쓸모 있을지는 아이와 부모가 직접 판단해야 한다고 믿는, 그야말로 깨인 어머니들. 그런데도 아이는 여전히 암기 과목과 줄넘기 횟수로 점수를 받아온다고 생각해보자. 어머니의 뜻이 무엇이든 아이는 학교에 가면 성적 나쁜 아이로 분류된다. 아이는 엄마 말이 옳다고 믿지만 주눅이 들기도 하고 가끔은 이래도 되나 하는 불안한 기분도 들 것이다. 어머니 역시 쉽지만은 않을 것이다. 어머니만큼 확신하지 못하는 아버지는 아이의 성적표가 나올 때마다 미심쩍은 눈초리를 보낸다. 어머니는 어머니대로 성적 좋은 아이를 둔 옆집 엄마가 은근히 으쓱댈 때마다 속이 편치만은 않다. 댁의 아이는 똑똑한 것이 아니라 시험을 잘 보는 것뿐이라고 쏘아붙일 수도 없는 노릇이다.

이것이 바로 '측정'이 부리는 마법이다. 별것 아닌 일에도 점수를 매겨서 측정하기 시작하면 그 일이 갑작스레 중요한 일처럼 보인다. 사람들의 판단과 행동이 달라진다. 속속들이 따져보기 전에 일단 점수는 잘 받아야 할 것 같은 생각이 들기 마련이다.

거기에 그 점수에 따라 상벌이 매겨진다면 측정의 힘은 기하급수적으로 늘어난다. 피터 드러커^{Peter F. Drucker}의 유명한 말, "측정할 수 없다면 관리할 수 없다^{If you can't measure it, you can't manage it}"가 달리 나온 것이 아니다. 무엇을 어떻게 측정할지 결정하는 곳에 권력이 있다.

기업에도 점수가 매겨지는데, 그 점수가 바로 순이익이다. 기업의 활동은 돈의 드나듦을 기준으로 손익계산서에 기록된다. 그모든 활동의 최종 결과치로 여겨지는 것이 순이익이다. 순이익이 손익계산서 맨 아랫줄을 장식하는 것은 세계 어디를 가더라도 통용되는 원칙이다. 영어에서 바텀라인^{bottom-line}이라는 표현이 뜻하듯, 순이익이 바텀라인, 즉 맨 아랫줄에 위치하는 이유는 그것이 기업 활동의 최종 결과이자 핵심이라고 여겨지기 때문이다. 기업의 가치를 평가할 때, 신용평가기관이 기업의 등급을 매길 때, 은행이 돈을 빌려줄지 말지 결정할 때 가장 먼저 들여다보는 숫자가 바로 순이익이다. 단순히 측정만 하는 것이 아니라 그에 따라 상벌이 주어진다는 이야기다.

순이익이란 매출에서 비용을 빼면 얻어지는 숫자로 주주에게 돌아가는 몫을 가리킨다. 매출은 물건을 산 고객들에게 받는 돈이다. 비용에는 생산할 물건에 쓰일 재료비는 물론이고 직원에게 지급하는 인건비, 나라에 내는 세금이 모두 포함된다. 고로 조금 단순화하면 고객들에게는 가능한 한, 비싼 값을 받고, 재료 공급업자에게는 되도록 싼 값을 지불하고, 직원은 최소한의 숫자로 고용하여 가능하면 적은 월급을 주고, 세금도 이리저리 머리를 굴려 최소화하는 것이 순이익을 늘리는 법이요, '성과 좋은' 기업으로 평가받는 비결이다.

앞서 이야기했듯이, 모든 직원이 결국 대체 가능한 인력으로 취급받는 것도, 사람들이 지닌 질적 차이가 양적 차이로 환산될 수밖에 없는 것도 모두 이 때문이다. 기업이 벌이는 무수한 활동이 단 하나의 숫자로 축약될 때 질적 차이란 거추장스러운 노이즈일 수밖에 없다. 전 세계 모든 주식회사가 순이익을 맨 아랫줄에 두는 회계 방식을 토대로 삼는다. 고객과 공급업자와 직원과 국가의 몫을 빼서라도 주주의 몫을 늘릴 수만 있다면 칭찬받는 채점 방식이다. 조금 다른 생각이 있는 경영자도 있을 것이다. 주주에게 돌아갈 이익을 무작정 늘리는 것보다 공급업자와 상생하고 직원들을 제대로 대우하는 것이 중요하다고 믿는 경영자가 없을 리는 없다. 그러나 이런 경영자는 앞서 말한 깨인 엄마의 신세와 다르지 않다. 깨인 엄마의 아이도 학교를 다니는 한 다른 아이와 같은 시험을 치러야 하듯이, 모든 회사는 시장에서 똑같은 방식으로 점수가 매겨진다. 경영자가 자신의 '다른' 경영 철학을 세상에 납득시키려면 그 철학이 장기적으로는 기업의 이익에도 도움이 된다는 점을 증명해야 한다.

기업의 점수가 이런 식으로 매겨지는 이유는 기업을 소유한 이가 고객도, 공급업자도, 직원도, 국가도 아닌 주주라고 보기 때문이다. 주인에게만 바텀라인에 앉을 자격이 주어진다. 바텀라인의 숫자가 늘어나는 데 기여하지 못한다면 그 어떤 좋은 일도 주인의 선의에 기댈 수밖에 없다. 그리고 주인의 선의란 인류의 역사 내내 그래왔듯이 결코 지속 가능하지 않다. 사람들은 대개 회계가 공평 무사한 기계적인 절차라고 생각하지만 그 안에는 누가 기업의 주인인지를 규정하는 강력한 가치판단이 숨어 있다.

다시 학창 시절의 이야기로 잠깐 돌아가 보자. 특별한 감수성이 있어서 남들은 모두 당연히 여기는 채점 방식을 곧이곧대로 받아들이지 못하는 사람이 가끔 있다. 그런 사람은 끊임없이 세상과의 불화를 속으로 삼켜내야 한다. 끝끝내 자기 기준을 포기하지 않고 버텨내더라도 세상과 완전히 섞여들지 못했던 기억은 좋든 나쁘든 흔적을 남긴다. 아니면 결국 그 짐을 견뎌내지 못하고 학교의 기준에 적당히 타협하고 말지 모른다. 그러나 좌절하기는 이르다. 시도해볼 만한 제3의 방법이 있다. 바로 '우리'만의 측정 기준, 그 기준에 따라 움직이는, 좀 다른 구조를 만들어내는 것이다.

기업에 대해서라면 협동조합이 한 사례가 될 수 있다. 기업을 생각하면 대개가 자동으로 주식회사를 떠올린다. 하지만 똑같이 법인격을 갖추고 꾸릴 수 있는 기업 형태로 협동조합이라는 대안이 있다. 보통의 주식회사는 주식을 가진 이들, 즉 주주에게 돌아가는 이익을 '기준'으로 삼는다. 주주는 함께 무엇을 '하기' 때문이 아니라 무엇을 '가졌기' 때문에 주주가 된다. 고로 주주는 '가진' 만큼 권리를 행사한다. 즉 보유한 주식 수만큼 의결권을 갖는다. 주식 100주를 가진 사람은 100표를, 한 주를 가진 사람은 한 표를 행사한다. 협동조합은 다르다. 조합원은 자본을 기여하기도 하지만 '활동'을 공유하는, 조합의 이해 당사자들이다. 소비자이거나 생산자이거나 직원인 조합원은 존재 자체에서 오는 권리를 행사한다. 즉 얼마나 출자했는지와는 상관없이 모두가 한 표의 의결권을 갖는다. 소비자들이 모여 세웠으면 소비자협동조합이 되고, 직원들이 조합원이라면 직원협동조합이 된다.

국제협동조합연맹[ICA]은 협동조합을 "공동으로 소유하고 민주적으로 운영되는 기업을 통해 공동의 경제적, 사회적, 문화적 필요와 욕구를 충족시키기 위해 자발적으로 모인 사람들의 자율적 연합"이라고 정의한다.[104] 조합원들 공동의 "경제적, 사회적, 문화적 필요와 욕구를 충족"해야 한다니, 매우 복합적인 목표다. 자본을 제공한 주주에게 돌아갈 금전적 이익을 최대화하도록 정해져 있는 주식회사와는 다르다. 협동조합의 목표는 우리 삶의 목표와 닮아 있다. 우리가 삶에서 다면적 욕구를 충족하려 애쓰는 것과 다르지 않다. 우리는 삶에서 다양한 욕구들을 끊임없이 저울질하며 균형을 맞추려 노력한다. 경제적 활동을 하는 중이라고 다른 욕구들의 스위치를 간단히 꺼버릴 수는 없다. 문화적 활동을 하는 중이라고 경제적 고려를 모두 지워버릴 수도 없다. 협동조합은 그런 삶의 모습과 닮은 기업 구조다.

사람이 복합적인 욕구를 좇으며 살듯이 협동조합 역시 조합원의 복합적인 욕구를 고려한다. 조합의 '점수'는 순이익 하나로 매겨지지 않는다. 조합의 목표를 어떻게 구체화할 것인가는 조합원들이 정하기 나름이다. 소비자가 주인인 생협이라면 건강한 먹거리를 스스로 마련해 먹는 것이 첫째가는 목표가 된다. 직원이 출자자인 협동조합이라면 '오래가는 행복한 일터'를 제공하는 것을 가장 중요한 목표로 삼을 수 있다. 들쭉날쭉한 농산물 가격으로 고통받던 농부들이 만든 협동조합이라면 안정적인 가격을 보장하는 유통 구조 창출을 목표로 잡을 것이다. 협동조합 연구의 권위자 스테파노 자마니는 협동조합을 "두 얼굴의 야누스"에 비유하며 "시장 안에서 작동하고 그 원리를 받아들인다는 점에서 경제적 차원의 기업"인 동시에 "경제 외적인 목적을 추구"한다는 점에서 "사회적 차원의 단체"이기도 하다고 말한다.[105]

협동조합이라는 기업 구조의 '경쟁력'에 대해 많은 연구가 있지만 협동조합이 주식회사에 비해 우수한가 아닌가를 따지는 것 자체가 어떤 면에서는 무의미하다. 이런 비교가 가능하려면 기준을 정해야 하는데, 애초에 모든 협동조합을 평가하는 하나의 기준을 설정한다는 것 자체가 협동조합의 목적과 어긋나기 때문이다. 더구나 그것이 경제적 효용만을 따지는 기준이라면 말할 것도 없다.

협동조합은 주식회사에 반대하려고 생겨난 기업 형태가 아니었다. 기존의 구조를 전복하겠다고 나선 움직임도 아니었다. 유럽에서라면 그 기원이 13세기 말에서 16세기 중반에 걸친 도시 경제로까지 거슬러 올라간다. 우리나라에서도 두레와 품앗이 등에서 볼 수 있는 협동의 전통이 1920년대에 구체적인 협동조합 운동으로 모습을 드러냈다. 굳이 따지자면 현대적 형태의 주식

회사보다 먼저 탄생한 셈이다. 단순한 돈벌이로 환산되지 않는 욕구를 함께 충족하겠다고 모인 사람들, 그들의 삶에 녹아든 일부로서 자연스럽게 생겨난 영역이었다. 그렇기에 협동조합은 무엇을 막기 위한 안간힘이 아니라 무엇을 하기 위한 시도일 수 있다. 경제와 비경제가 나뉘지 않는 영역, '버는 행위'와 '쓰는 행위'로 생활이 칼같이 구분되지 않는 영역을 창조해내려는 시도인 것이다.

주식회사가 기업의 당연한 모델처럼 받아들여지는 세상이지만 협동조합은 여전히 살아남아 의미 있는 세를 만들어가고 있다. 오늘날 전 세계의 협동조합 조합원은 10억 명에 이른다. 미국의 경우 1억 3000만이 넘는 미국인이 협동조합의 조합원이다. 조합원으로 참여하는 미국인이 주식회사의 주식을 갖고 있는 미국인보다 많다. 콜롬비아의 살루드쿱^{SaludCoop}은 콜롬비아 인구 4분의 1에게 헬스케어 서비스를 제공한다. 일본소비자협동조합연합회^{Japanese Consumers Cooperative Union}는 일본 전체 가구의 31퍼센트를 조합원으로 두고 있다. 몬드라곤 협동조합복합체^{Mondragon Corporacion Cooperativa}는 스페인에서 일곱 번째로 큰 산업체다.[106] 우리나라도 도도한 협동조합의 흐름에 발을 들여놓았다. 2012년 12월 '협동조합기본법'이 시행된 이후 우리나라에서도 전국 곳곳에 우후죽순 협동조합이 생겨나고 있다. 2014년 5월말을 기준으로 설립 신고를 마친 협동조합은 5000개를 넘어섰다.

'돈'이 어디에서 왔는가

2001년 출간된 《세상에서 가장 맛있는 빵집 이야기*Bread and Butter*》[107]는 미국 서부 산악 지방 몬태나에 자리 잡은 프랜차이즈 제빵업체 그레이트 하비스트*Great Harvest* 이야기를 담고 있다. 이 책에 의하면 그레이트 하비스트는 '자유 프랜차이즈'라는 이름 아래 최소한의 지침을 제외하고는 모든 것을 점주의 재량에 맡긴다. 이 회사가 내건 첫 번째 미션은 "느슨하라, 그리고 즐겨라*Be loose and have fun*"다. 이 같은 미션에 걸맞게 독특한 업무 규칙도 있는데, 바로 일주일에 40시간 이상 일해서는 안 된다는 것이다. 직원들은 매주 업무량 기록표를 제출하고 회사는 모두가 40시간 이하로 일하고 있는지 확인한다. 그렇다고 이 기업이 직원에게 자선을 베풀겠다는 마음인 것은 아니다. 책임자급으로 가면 업계 평균 업무 시간과 주 40시간을 비교하여 임금을 책정한다. 시급 기준으로 동등한 임금을 받도록 조정하는 것이다. 고로 이 기업의 책임자급 이상이라면 총합으로 따져서 업계 평균보다 적은 금액을 받고 일하는 셈이다.

기업 자체도 무조건 고성장을 추구하지 않는다. 빚을 내거나 외부 투자를 받지 않는다는 것이 이 회사의 방침이다. 직접 벌어들인 수익을 재투자해 성장할 수 있는 만큼만 성장한다. 외부 자금이 기업의 자유를 제한한다고 생각하기 때문이다. 저자는 "급성장이냐 자유냐 둘 중 하나에서 항상 자유를 선택해왔다"고 설명한다.

　1976년 빵집 하나로 시작한 이 기업은 이 책이 출간된 2001년에는 미 전역에 140개 점포를 두고 연매출 6000만 달러가량을 올릴 정도로 성장했다. 초고속 성장은 아니지만 썩 괜찮은 성과다. 이 기업이 이런 '느슨한' 원칙 아래서도 성공했다는 점보다 그 느슨한 원칙 '덕분에' 훌륭한 인재를 끌어모을 수 있었다는 것이 특히 눈에 들어온다. 저자 톰 맥마킨^{Tom McMakin}은 "현장 대표 몇 자리를 놓고 어마어마한 문의가 쇄도했다. 500명의 뛰어난 인재들이 두 개의 자리에 지원한 것이다"라고 회고한다. 수많은 기업이 훌륭한 인재를 유치하려고 더 많은 돈, 더 화려한 직위를 내걸지만 모든 사람이 그런 것을 원하지는 않는다. 언제나 적당한 돈과 느슨한 삶을 추구하는 사람들이 있으며, 요즘 세상에 이런 사람들이 선택할 수 있는 대안은 그리 많지 않다.

　사람들은 흔히 협동조합이나 사회적 경제라는 말을 들으면 '착한' 기업을 떠올리고 경제적 약자에게 수혜를 베푸는 공동체를 생각한다. 그러면서 선의로 움직이는 기업이 냉혹한 시장에서 살아남기 어려울 것이라는 회의 어린 시선을 보내곤 한다. 일반 기업에서 제대로 대우받을 만한 인재가 그런 '착한' 기업에 발을 들일 리는 없다는 것이 그런 이들의 생각이다. 이들은 두 가지 사실을 간과한다. 첫째, 사회적 경제는 단지 착한 경제활동을 펼치려는 영역이 아니다. 사회적 경제는 경제활동의 주체가 지닌 다양한 욕구를 담아내는 장이요, 이윤만을 기준으로 삼는 정태적 효율성이 아니라 다양한 욕구의 실현을 고려하는 동태적 효율성을 추구하는 경제 영역이다. 둘째, 인간이 직업에서 추구하는 가치는 서로 다를 수 있다는 점이다. 누군가에게는 경제적 보상이 제일 중요할 수 있겠지만 따지고 보면 그런 사람은 생각만큼 그리 많지 않다. 그레이트 하비스트의 사례를 길게 소개한 이유다. 주당 80시간씩 일하며 수억의 연봉을 벌어들이는 삶이 모든 '능력 있는' 사람에게 매력적인 것은 아니다.

그레이트 하비스트 이야기에는 반전이 있다. 《세상에서 가장 맛있는 빵집 이야기》가 출간된 직후 창업주 웨이크먼 부부는 회사를 투자자 그룹에 매각했다. 투자자 그룹은 회사의 '느슨한' 경영 원칙을 고수하겠다고 약속했고 회사의 홈페이지에는 여전히 "느슨하라, 그리고 즐겨라"라는 말이 기업 미션의 첫 번째로 자리 잡고 있다. 그러나 비상장 회사인 그레이트 하비스트가 2001년 이후 실제로 어떤 행보를 걸어왔는지 확인하기는 어렵다. 내가 궁금한 것은 이 기업이 여전히 직원에게 느슨히 사는 선택을 가능하게 해주는지, 여전히 점주에게 자신의 사업을 자유롭게 운영할 수 있게 해주는지다. 그리고 그보다 더 궁금한 것은 지금의 투자자 그룹조차 지분을 팔고 떠난다면 회사는 또 어떻게 될지다. 그레이트 하비스트가 IPO(주식공개상장)를 거쳐 상장 회사가 된다면 40시간 업무 방침과 빚 없는 성장 원칙은 풍전등화 신세가 될 것이다. 오르락내리락하는 주가 앞에 주주들이 '느슨하게' 인내심을 가져줄 것이라고 믿기는 어렵다. 운 좋게 IPO를 피해 지금의 방침을 유지하겠다는 투자자를 찾는다고 해도 마음을 놓을 수는 없다. 새로운 투자자 역시 언젠가는 회사를 팔고 떠날 수밖에 없기 때문이다.

그런데 그레이트 하비스트가 '느슨한 삶'을 추구하는 직원들이 십시일반 출자하여 설립한 직원협동조합이라면 어땠을까? 아마 출자자 한둘이 투자금을 회수해야 한다고 해서 느슨함의 원칙이 위기에 처하지는 않을 것이다. 다르게는, 그레이트 하비스트가 자유롭게 지점을 운영하길 원하는 프랜차이즈 점주들이 세운 사업자협동조합이라면 어땠을까? 마찬가지로 '자유 프랜차이즈 모델'이 위협받을지 모른다는 걱정은 하지 않아도 좋았을 것이다.

느슨함이니 자유니 하는 비경제적 원칙 때문에 시장에서 생존하지 못하면 어떡하느냐고 묻는 사람이 있을지도 모르겠다. 그들이 '느슨한' 일자리를 지키고자 '일자리' 자체를 버릴 것이라고, '자유로운' 프랜차이즈를 지키고자 '프랜차이즈' 자체를 내다버릴 것이라고 생각하면 오산이다. 주식회사와 다른 목표를 가졌다고 판단력이 부족하라는 법은 없다. 보통의 다른 기업에서 원하는 것을 찾지 못해 스스로 팔을 걷어붙이고 주인으로 나선 이들이다. 자신이 주인인 회사의 장기적 생존이 그들에게 가벼운 문제일 리 없다. 더구나 돈은 많이 벌수록 좋다고 믿는 기업만이 시장에서 살아남는 게 아님을 보여주는 사례는 허다하다. 우리 삶이 그렇듯이 우리 경제에도 성공의 다양한 기준, 다양한 모델이 필요하다. 아직은 출발점에 서 있을 뿐인 사회적 경제와 협동조합에 희망을 품어보는 이유다.

협동조합의 개념을 처음 만났을 때 나는 가슴이 설렜다. 일과 놀이를 가르는 시장의 기준, 이른바 돈 되면 쓸모 있는 일, 돈 안 되면 쓸데없는 놀이로 여기는 세상의 방식이 영 못마땅했던 내게는 "유레카!"를 외칠 만한 이야기였다. 이용당할까 걱정하지 않고도 기꺼이 즐겁게 일할 수 있는 일터를 협동조합으로 만들 수도 있겠구나 싶었다. 돈을 절대 가치로 여기지 않는 개인은 상상할 수 있어도 그런 기업을 상상하기란 쉽지 않다. 게다가 기업이란 그래서도 안 된다고 생각하는 것이 현실이다. 그러나 협동조합을 공부하면서 기업을 들여다보니, '어쨌건 숫자는 숫자다'라고 생각했던 것 자체가 이미 하나의 편견이었다는 사실에 눈이 뜨였다. '숫자는 거짓말을 하지 않는다'지만 숫자를 계산하는 방식에는 수많은 가치판단이 깔려 있다. 경제적 효율성을 불편부당한 잣대로 받아들이는 것 자체가 하나의 이데올로기다. 바로 그 때문에 개인의 삶에서도 모든 비경제적 욕망을 뒤로 미루며 사는 것을 '월급 받는 직장인'의 필연으로 받아들이게 되는지도 모른다. 나 역시 회사라는 곳에서 월급으로 환산할 수 없는 욕망을 채우는 것이 불가능하다고 생각했었다. 그러나 경제적 목적으로 수렴하지 않는 다양한 욕망을 담아내는 곳, 그게 직장이면 안 될 이유가 있을까?

주인 되는 일

1972년 저널리스트 스터즈 터클은 '일하는 사람' 133명의 일 이야기를 직접 듣고 《일》이라는 책으로 펴냈다. 이 책에는 신문 배달원에서 철강 노동자, 청소차 운전수에서 경찰과 소방관, 편집자에서 스포츠 선수, 매춘부에서 기업의 경영자까지 엄청나게 다양한 '직업인'들이 등장한다. 133명은 한결같이 일의 일상을 읊조리다가 어느 순간 인간 존재와 삶의 의미를 이야기한다. 지은이는 《일》이 "하루치 빵과 하루의 의미, 현금과 인정받음, 무관심이 아닌 경이로움에 대한 책"이라면서 133명 대부분이 일에서 하루치 급료 이상의 의미를 찾으려 노력했다고 말한다.[108] 그리고 그 의미를 찾는 데 성공한 사람만이 자신의 일을 사랑한다고 털어놓았다. 일을 사랑할 수 없을 때, 그럼에도 깨어 있는 시간의 절반 이상을 일에 쏟아야 할 때 삶의 비애를 느끼지 않기는 쉽지 않다.

때로 어쩔 수 없어 하는 일조차 우리는 의미를 부여하려 애쓴다. 그것이 자신의 일로, 자신의 삶으로 '이야기'를 직조하는 방식이기 때문이다. 터클의 책에 등장하는 이들처럼 누군가는 일에서 만나는 사람들과의 관계에서, 누군가는 자신의 손을 거친 건물이나 제품에서, 누군가는 자신이 구해낸 목숨에서 일의 의미를 찾는다.

"제본은 중요한 일이라고 생각해요. 책은 우리를 발전시켜요. … 저는 이 일이 좋아요." [109]

"업무 여건과 조직 생활은 마음에 들지 않았어요. 하지만 타자는 재미있었죠. 타자 실력이 괜찮았거든요. 아주 빠르고 정확했죠. 타자에는 리듬이 있어요. 그게 좋았어요. … 백지를 꽂고 손가락을 자판 위에 올려요. 그러고는 이전까지는 없던 무언가를 만들어내는 거예요." [110]

"은행에서 일한 적이 있습니다. 돈이란 종이에 지나지 않습니다. … 선생님이 보는 건 숫자에 불과합니다. … (지금은) 뒤를 돌아보며 이렇게 말할 수 있습니다. '나는 불을 껐어. 누군가를 살렸다구.' 그건 이 세상에서 뭔가 보람 있는 일을 했다는 말이죠." [111]

책에 가죽을 씌워 제본하는 사람, 타자수로 일하던 시절을 회상하는 사람의 이야기에서는 일의 즐거움이 엿보인다. 한때 은행원으로 일하다 지금은 소방수로 일한다는 남자의 말에는 누구도 반박할 수 없을 것이다.

일은 이들에게도 고단하고 힘겹지만 이들은 자신이 찾아낸 의미 덕에 일하는 자신을 측은히 여기지 않는다. 그 의미가 그들을 끝까지 배신하지 않기를 바라지만 애석하게도 그런 행운이 모두에게 보장되는 것은 아니다. '일이 곧 나'라는 동일시에 빠져 있다면 우리는 언제 일에 배신당할지 모른다. 그렇다고 '일은 그저 돈벌이'라고 자조하며 살아간다면 행복할 리 없다. 일터의 가면을 따로 만들어 영혼 없이 일하는 것은 편리할 수 있겠지만 냉소주의의 공격을 피하기는 어렵다. 삶을 일 속에 전부 담아낼 수는 없지만 '일은 일일 뿐'이라고 치부하기에 우리 삶에서 일의 몫이 너무 크다. 일하는 나와 살아가는 나, 돈 버는 나와 돈 쓰는 나를 나누어 살아가면서 온전히 행복할 수는 없다. 우리에게 마음껏 일을 좋아할 수 있는 플랫폼이 필요한 이유다.

내 첫 직장에서는 팀장처럼 일해야 팀장으로 승진할 수 있다고 했다. '팀장 월급을 주는 것도 아니면서 팀장 노릇하길 바라다니' 하는 생각이 들기도 했지만 적어도 거기엔 팀장이 될 수 있다는 꽤 가능성 높은 전망이 있었다. 직원더러 주인 의식을 가지라고 하려면 주인이 될 수 있다는 꽤 가능성 높은 전망이 직원에게 있어야 한다. 그런 전망 없이 주인처럼 생각하고 행동한다면 그건 자기기만이 아닐지. 끝내 주인이 될 수 없을 직장에서 그저 일만을 바라보며 일을 사랑한다는 것이 얼마나 위험한지 우리는 안다. 그렇다고 일상의 대부분을 잡아먹는 일 앞에서 냉소로 일관하는 것이 해법일 수 있을까. 그렇다고 그냥 "나는 일이 좋으니까" 같은 장인 정신류의 구호로 눙칠 수도 없다.

내가 일하는 회사를 세우는 데 들어간 돈이 어디에서 왔느냐는 질문에 답하지 않고서는 내 일의 주인이 누구인지 답할 수 없다. 내 일의 방향에 입김을 불어넣는 것이 바로 그 돈이기 때문이다. 내 일이 만들어낸 결과물이 어떻게 쓰이는지 결정하는 것도 궁극적으로는 그 돈이기 때문이다. 이 질문을 외면한다면 내가 일을 좋아한다는 것이 현실에서 어떤 의미인지 역시 끝내 제대로 포착할 수 없다. 내가 일에 부여하는 의미는 언제 기반을 잃을지 모를 '정신 승리'에 불과할지도 모른다.

직장의 소유권이 직원에게 있다면 직원들은 자신의 운명을 스스로 책임지게 된다. 그나마 직장이 평생 고용을 약속하던 시절이라면 내 운명을 회사에 조금쯤 위탁해도 좋았을지 모른다. 그러나 그런 시절은 다시 돌아오지 않을 것을 우리는 모두 알고 있다. 어쩔 수 없이 리스크를 받아들여야 하는 시대라면 스스로 주인으로 나서는 쪽이 낫지 않을까?

직접 주인으로 나선 이의 운명이 보통 기업 직원들의 운명보다 핑크빛이라는 법은 없다. 기업의 주인이 누가 되었든 일단 시장에서 살아남아야 하는 것은 마찬가지다. 그렇지만 소유권이 있는 사람에게는 적어도 선택권이 있다. 무엇을 얼마큼 원하며, 그를 위해 얼마큼 비용을 치를지 직접 고민하고 결정한다. 스스로 주인인 사람에게 일의 선택은 객관식이 아니라 주관식이다. 그제야 우리는 일의 의미를 애써 찾아내는 대신 만들어갈 수 있다. 주인인 사람은 그 의미를 위해 어떤 값을 치러야 하는지 스스로 판단할 수밖에 없다. 삶을 통해 그 값을 기꺼이 치를 준비가 되어 있다면 스스로 주인인 회사에서 '좋아하는 일'을 마음껏 좋아도 좋을 것이다. 사우스마운틴컴퍼니처럼 직원 스스로 주인이 되는 기업이 더 많아지기를 바라는 이유다.

15

내리막 세상에서 '함께' 일하기

행복하게 일하려면 '행복한 일'의 정의를
공유하는 사람들이 필요하다.

중간만 가서는 '남들만큼' 살 수 없다

"내가 하고 싶은 일을 하면서 살고 싶다. 내가 하는 일이 가치 있
었으면 좋겠다. 그러면서 생계를 유지하면 좋겠다."

청년들이 주로 모이는 인터넷 커뮤니티 게시판에서 본 구절이
다. 요즘 젊은이들이 일을 통해 바라는 바가 가장 잘 표현된 구절
이 아닐까. 일을 통해 재미를 느끼고, 그러면서 사회적으로도 공
헌하며, 최소한의 경제적 보상을 누리고픈 마음이 드러난다. 더
이상 핑크빛 미래를 꿈꾸기 어렵다는 요즘 청년들이지만 일을 통

해 얻고자 하는 것은 과거와 그리 다르지 않다. 아마도 각각에서 기대하는 정도가 다를 뿐이리라. 고성장 시대 한복판이었다면 "나는 일을 통해 자아실현을 하고 싶다. 동시에 사회에 이바지하고 싶다. 그러면서 돈도 많이 벌었으면 좋겠다" 정도로 말했을 것이다. 앞의 셋과 뒤의 셋은 본질적으로 다르지 않다. 다만 눈높이가 낮아지고 표현이 소박해졌을 뿐.

그러나 아이러니하게도 요즘 청년 세대는 일이 내 꿈을 실현하는 장이 되어야 한다고 교육받으며 자라왔다. 직업이 그저 먹고 살기 위한 방편이라고 생각하는 청년은 아마 많지 않을 것이다. 일에서 가슴 뛰는 흥분을 느끼고, 직업과 자신을 동일시하며, '미치도록' '열정을 갖고' 일하는 것. 그것이 대부분의 머릿속에 있는 성공의 모습이다. 그러나 현실에서 실제 그런 직업을 누리는 이는 드물고, 실제로 자신의 가슴을 뛰게 하는 일이 무언지 알고 있는 사람도 흔치 않다. 그리고 운이 좋아(아니, 어쩌면 운 나쁘게도) 그걸 안다고 해도 그 일에 모든 것을 거는 일은 위험천만이다. 딱히 저성장 시대라서만은 아니다. 현실에서 좋아하는 마음 하나로 성공이 보장될 리가 없다. 문제는 우리 사회가 실패에 관대하지 않다는 점이다. 사회 안전망은 빈약하고 '성공한 삶'의 모습이 정형화되어 있는 사회다. 한번 잘못 끼운 단추에 치러야 하는 대가는 혹독하다.

규모 있는 기업의 정규직 자리에 안착했다면 안도의 한숨을 내쉬며 "일단 성공"이라고 읊조려야 하는 것이 현실이다. 그러나 그런 자리에서 일해본 사람은 알 것이다. 그 일에서 가슴 뛰는 흥분을 느끼며, '미치도록' '열정을 갖고' 일하는 것은 정말, 참으로 어렵다는 것을. 더구나 그렇게 십수 년을 일하고 나면 자연스레 서울에 집 한 칸을 마련하고 중산층의 안락한 소비 생활을 즐길 수 있을 거란 희망조차 더 이상 품을 수 없다. 설상가상으로 이런 한탄을 하는 사람조차 소수요, 많은 이에게는 그 '일단 성공'조차 요원한 꿈이다.

한때는 중간만 가라던 말이 참 흔했다. 그만하면 남들만큼 살 수 있다고 했다. 모두가 올라 탄 경제성장의 파도를 놓치지 않아야 했다. 너무 뒤처져 파도보다 느려서도 안 되었지만 유난한 길을 걷느라고 남들 다 타오른 파도를 빗겨가도 낭패였다. 그렇게 해서 가닿은 '남들만큼'의 삶은 일이 주는 최소한의 의미가 되어주었다.

그러나 애석하게도 신문지상에 오르내리는 숱한 통계와 기사가 그런 시대가 끝났음을 말해주고 있다. 그럼에도 많은 사람이 여전히 '남들만큼'만 살기를 바란다. 소박한 꿈처럼 들리지만 이 남들만큼의 남들은 여전히 파도가 높던 시대의 남들이다. 부모가 생각하는 '남들만큼'의 욕망을 자녀가 자연스레 물려받기 때문일 것이다. 그 결과 현실은 변했으나 욕망의 기준만은 고성장 시대의 것 그대로다. 결국 중간만 가서는 더 이상 '남들'만큼 살 수 없어지고 말았다. '남들만큼'은 이제 아득바득 온갖 용을 써서 상위 10퍼센트 월급쟁이는 되어야 누릴 수 있는 물적 조건이다.

모두 똑같이 '남들만큼'을 원한다면 90퍼센트는 원하는 곳에 가닿지 못할 것이다. 최근 조사에 따르면[112] 실제 소득 기준 중산층 중에서 스스로를 중산층이라 생각하는 경우는 45퍼센트에 불과하고 나머지 55퍼센트는 자신을 저소득층이라 생각한다고 한다. 실제 중산층의 평균 세후 소득은 416만 원인데 이들이 생각하는 중산층의 평균 소득은 515만 원으로 100만 원 정도 차이가 났다. 그 결과 중산층 비중은 2009년 66.9퍼센트에서 2013년 69.7퍼센트로 늘어났지만 사람들이 느끼는 중산층 비중은 같은 기간 54.9퍼센트에서 51.4퍼센트로 줄어들었다. 글로벌 금융위기 이후 실제 중산층과 체감 중산층의 괴리가 늘어난 셈이다.

복잡한 현실을 숫자 하나로 뭉뚱그린 통계만 보고 있노라면 암울한 기분이 들기 십상이다. 하지만 모두가 '515만 원 중산층' 같은 목표만을 바라보며 한숨만 치쉬고 내리쉬고 있는 것은 아니다. 통계 밖으로 눈을 돌리면 세상 구석구석에서 많은 사람이 '다르게' 일하려는 시도를 벌이고 있다. 그들은 세상이 말하는 '성공'의 모델이 아니라 스스로 납득할 수 있는 '행복'의 사례를 만들어간다. 그중 어떤 시도들은 일이란 이름을 얻지 못하기도 한다. 그것은 노동이 아니라 활동이거나, 일이 아닌 잉여짓 또는 놀이이거나, 직업이 아닌 취미라고 이야기된다. 하지만 스스로 그 활동을 자신의 일이라고 부르는 한, 나는 그것이 손색없는 하나의 일이라고 불려 마땅하다고 믿는다.

표준적인 직업 없이 제 나름으로 밥벌이를 하며 세상과 만나는 사람들은 '튀는' 일부로 치부되기 일쑤다. '저러다 말겠지'라거나 '아직 나이를 덜 먹어 저렇다'는 시선을 받는 일도 흔하다. 그저 저 하나 좋자고 벌이는 팔자 편하고 순진한 시도들로 여겨지기도 한다. 후하게 보아준다 해도 각개약진하는 제각각의 인생들일 뿐이라고 치부되기도 한다. 개인적으로는 해볼 만한 시도라고 후하게 보아준다 해도, 사회적으로야 미약하고 의미 없는 일이라고 취급받기 일쑤다. 한때는 청년들이 나라의 민주화를 위해 목숨까지 걸던 시절이 있었으며, 생계의 무게가 다른 모든 욕망을 짓누르고도 남았던 시절이 있었으니, 이런 소리를 듣는 것이 그렇게 이상할 것은 없다.

그러나 나는 다른 돈 되는 숱한 일이 있어도 잉여짓에 손이 가는 마음에서, 연속되는 야근에 지쳐 주말이면 널브러져 있다가도 제 주머니를 털어 독립 잡지를 출간하고, 몇몇이 모여 쿵덕쿵덕 재미를 좇는 모습에서 '일하기'의 다른 가능성을 발견한다. 이 모든 쓸데없어 보이는 일이 우리의 지친 일상을 끌고 나갈 수 있게 해준다는 믿음을 확인하기도 한다. 밥벌이에서 돌봄받지 못한 꿈이나 열정을 그냥 쓰레기통에 처넣지 않을 수 있는 곳을 스스로 마련하려 애쓰는 것이 의미 있는 일이라고도 믿는다. 그렇게 비축한 힘이 다른 어떤 가능성을 불러올지 상상하면 가슴이 뛰기도 한다.

묵묵히 성실히 일하면 중산층이 될 수 있다는 꿈은 고성장 시대의 옛이야기로만 남은 지금, 그럼에도 우리가 일에 어떤 의미를 부여하려 한다면 우리에겐 일에 대한 새로운 조망이 필요하다.

딴짓을 '일' 삼는 이들 때문이 아니더라도 이미 '일'의 전통적인 정의는 위협받고 있다. 미래학자 제러미 리프킨이 "노동의 종말"을 이야기한 것이 1995년이었다. 《노동의 종말》 개정판 서문에서 리프킨은 "2050년쯤이면 전통적인 산업 부문을 관리하고 운영하는 데 전체 성인 인구의 5퍼센트 정도밖에 필요하지 않게 될 것"이라고 내다봤다.[113] 최근에 옥스퍼드 대학교 연구진은 총 47퍼센트의 직업이 자동화로 인해 20년 내에 사라질 것이라는 전망을 내놓았다. 이제 알고리즘과 로봇이 단순한 육체노동뿐 아니라 웬만한 지적 노동조차 거뜬히 해내는 미래가 그리 멀지 않아 보인다.

리프킨은 《노동의 종말》에서 점점 더 많은 사람들의 활동이 고용시장 밖에서 일어날 수밖에 없으며, 그런 활동을 공동체 서비스에 담아내야 한다고 주장한다. 여기서의 공동체 서비스란 전통적인 고용 행위나 경제 생산 활동에서 벗어난 사회적 서비스와 봉사 활동, 각종 문화 예술 활동을 모두 아우르는 말이다. 일의 개념을 일자리와 고용이라는 울타리 밖에서 생각해야만 실업 문제의 근본적인 해결책을 찾을 수 있다는 브루노와 자마니의 생각과 만나는 지점이다. 국가적, 사회적 차원에서 보면 과거와는 전혀 다른 노동 정책과 복지 정책이 필요할 것이다. 지금처럼 전통적인 고용과 복지를 연계하는 방식으로는 어떤 국가도 닥쳐올 미래를 감당할 수 없다. 개인의 차원에서는 고용 여부에 얽매이지 않고 스스로 자신의 일을 정의하고 조직할 수 있어야 한다.

이 책에서 예로 든 많은 사람들은 자신만의 언어로 일을 정의하고 있는 것처럼 보인다. 그들은 현실에 두 발을 단단히 붙이고 섰지만 동시에 세상이 말하는 일의 정의를 곧이곧대로 받아들이지는 않았다. 그들의 출발은 언제나 자신이 일에서 필요한 것과 원하는 것을 이해하는 데서부터였다. 일로부터 얼마큼의 돈, 어떤 의미와 재미, 어떤 관계를 원하는지, 각각에 얼마큼의 대가를 치를 준비가 되어 있는지 알지 못한다면 행복한 일은 끝끝내 우리의 몫이 되지 못할 것이다.

새로운 일, 새로운 공동체

새롭게 일을 정의하려면 일 속에서 맺는 관계망 역시 새롭게 정의해야 한다. 일이란 본질적으로 관계 안에 놓여 있다. 골방에 처박혀 아무에게도 보여주지 않으며 아무에게도 영향을 미치지 않을 무언가를 만드는 활동을 우리는 일이라고 부르지 않는다. 일은 언제나 그 결과물을 세상에 내놓는 작업이다. 우리는 언제나 누군가와 함께 일하고, 누군가에게 물건이나 서비스를 팔며, 누군가로부터 노동의 대가로 돈을 받는다. 일 속에서 만나는 사람들과의 관계가 건강하지 못하다면 우리는 결코 행복하게 일할 수 없다. 자신의 욕구를 이해하고 현실에서 주어진 대안 중에 자신에게 맞는 최선을 고를 수 있다면 조금은 더 나은 형편을 누릴 수 있을 것이다.

하지만 대체 불가능한 존재로서 인정받으면서 기꺼이 일을 놀이처럼 즐기며 살아가는 것은 결코 혼자 이뤄낼 수 없는 목표다. 행복하게 일하려면 '행복한 일'의 정의를 공유하는 사람들이 필요하다. 그런 사람들이 함께 일하는 무리를 이뤄 스스로 주인이 된다면 온전히 행복한 일에 훨씬 가까워질 것이다. 직원협동조합이나 생산자협동조합, 종업원소유기업처럼 일하는 이 스스로 주인이 되는 기업은 그런 길로 나아가는 데 좀 더 유리한 일터의 구조다. 이런 기업에서라면 자기 결정권을 행사하며, 자신의 운명에 좀 더 많은 영향력을 행사할 수 있기 때문이다.

물론 모두가 내일 당장 이런 기업에 일자리를 얻을 수는 없다. 협동조합을 뚝딱 만든다고 모두에게 돌아갈 월급을 당장 벌어낼 수 있는 것도 아니다. 그저 오랜 시간을 두고 느리게나마 꾸준히 행복한 일을 위한 플랫폼을 만들고자 시도해볼 뿐이다. 하나씩 둘씩 사람을 모아 무리를 만들어가는 데서 출발한다. 그것 말고는 방법이 없으므로. 시시포스의 돌 굴리기를 언젠가 멈추려면 '우리'의 손-들이 필요하다.

오늘이 괴롭다고 해서 무작정 직장을 뛰쳐나오라거나 모험을 벌이라는 말을 하고 싶지는 않다. 무작정 부리는 용기라면 오히려 두 손 들어 말리고 싶다. 우리는 어쨌건 먹고살아야 하기 때문이다. 더구나 실패와 연습이 순순히 용인되는 사회도 아니다. 모험을 벌이다 '망하면' 결국 그 대가는 온전히 개인이 치러야 하는 것이 현실이다. 어쩔 수 없이 우리는 이 사회가 쏟아붓는 리스크를 아슬아슬하게 관리하며, 조금씩 빈틈을 만들어 다른 시도를 이어가야 한다. 90퍼센트 확률로 불행해질 수밖에 없는 세상의 방식을 순순히 따르지 않되, 대차게 망하지 않도록 버텨내야 한다.

그리하여 다르게 살고자 한다면 결국 더 유능해야 한다. 이것이 흔한 자기 계발서의 주문과 무엇이 다르냐고 묻는다 해도 어쩔 수 없다. 다만 유능의 준거가 세상의 방식이어서는 안 된다. 유능해야 할 이유가 온전히 나의 것이어야 한다. '남들만큼'이 아니라 '나름대로' 먹고살며, 시장의 명령이 아니라 자신의 마음에 귀 기울이면서 일해야 한다. 내리막밖에 남지 않은 것 같은 오늘이 어디서 왔건, 그것을 뚫고 지나야 하는 것은 오롯이 '나' 그리고 '당신'이기 때문이다. 이 책에서 나는 우리 각자의 방식으로 어떻게 '다르게' 유능할지 고민해볼 수 있기를 바랐다. 개인의 차원에서 자신의 욕망을 돌아보는 것에서부터 사회가 우리의 능력을 재단하는 기준을 되짚는 것까지, 그리고 궁극적으로는 혼자 할 수 있는 것 이상의 해답을 찾아보는 것으로 나아가길 원했다. 이것은 무엇보다도 일을 시작한 지 15년째에 이르러서도 여전히 일을 고민하는 나 자신을 위한 시도였다.

책을 맺으며, 제각각의 이유로 유능한 '나'-들과 '당신'-들이 느슨하고도 힘센 무리를 이루는 공상을 해본다. 언젠가 그곳에서 더 많은 사람을 만날 수 있다면 좋겠다.

주

프롤로그: 아버지 세대와 다를 수밖에 없는 우리 시대 일에 관한 이야기

1 특집 기사 "한국인의 마지막 10년", 〈조선일보〉, 2013. 11. 7.

2 특집 기사 "〔사다리가 사라진다〕 희망의 사다리가 사라진다", 〈조선일보〉, 2010. 7. 5. http://news.chosun.com/site/data/html_dir/2010/07/05/ 2010070500002.html?Dep0=chosunnews&Dep1=related&Dep2=related_all.

1 표류하는 우리: 일의 배신

1 일일 뿐인데

3 윤태호, 《미생》 138수.

4 리처드 세넷Richard Sennett, 《신자유주의와 인간성의 파괴 The Corrosion of Character》, 조용 옮김, 문예출판사, 26쪽.

5 《신자유주의와 인간성의 파괴》, 97쪽.

2 우리가 일에 투사하는 욕망들

6 김여란, "나는 매일 사표를 쓴다, 빨리 탈출하고 싶어서", 〈경향신문〉, 2014. 4. 11. http://news.khan.co.kr/kh_news/khan_art_view.html?artid=201404112132 345&code=920509.

7 오월 저, 《삼년차 직장인》, 오월의 방.

8 "나는 매일 사표를 쓴다, 빨리 탈출하고 싶어서".

9 국립국어원 표준국어대사전.

10 조안 B. 시울라, 《일의 발견 *The Working Life*》, 안재진 옮김, 다우, 276~277쪽.

11 팟캐스트 〈라디오 책다방〉 37회 에피소드.

12 강윤희, "이웃들과 소통하는 동네 변호사 이미연", 〈리빙센스〉, 2013. 1. 28.
    http://www.mlounge.co.kr/living/living_read.html?seq=5724&svc=9.

13 윤태진, "〔윤씨 아저씨의 책상 엿보기 19편〕 시장통 변호사카페 주인장, 변호사
    이미연의 책상", 〈교보문고 북뉴스〉, 2013. 2. 4.
    http://news.kyobobook.co.kr/comma/openColumnView.ink?sntn_id=
    6479.

14 조고은, "산골 처녀 유라의 청년 농부 육성 프로젝트", 〈전원 속의 내 집〉, 2014.
    4. 25.
    http://media.daum.net/life/living/interior/newsview?newsId=20140425
    162810610&RIGHT _LIFE=R1.

15 차형석, "출판계의 한 줄기 시원한 바람", 〈시사인〉 306호, 2013. 8. 2.
    http://www.sisainlive.com/news/articleView.html?idxno=17200 ;
    남인희, "촌을 보듬는 그 마음이 한 가지, 홍성 홍동마을 출판사 '그물코' 대표
    장은성", 〈전라도닷컴〉, 2012. 4. 3.

3 일은 언제나 기대를 배반한다

16 김혜리, "〔김혜리가 만난 사람〕 번역가 정영목", 〈씨네21〉, 2008. 11. 28.
    http://www.cine21.com/news/view/mag_id/54143/p/1.

17 "나는 매일 사표를 쓴다, 빨리 탈출하고 싶어서".

18 난다, 〈어쿠스틱 라이프〉 183화, "하고 싶은 일, 할 수 있는 일, 해야 하는 일",
    http://webtoon.daum.net/webtoon/viewer/24808.

19 밀란 쿤데라, 《참을 수 없는 존재의 가벼움》, 이재룡 옮김, 민음사, 145쪽.

20 김송희, "It's 디자인-1화. 잘나가는 로우로우, 사장님의 비밀노트", 〈스토리볼〉,

http://storyball.daum.net/episode/2820.

21 이가은, "〔Startup's Story #113〕 '대학생들의 버킷리스트가 되겠다!' WOOZOO 김정헌 대표", 〈플래텀〉, 2014. 4. 2. http://platum.kr/archives/19428.

22 스티브 잡스의 2005년 스탠퍼드 대학교 졸업식 연설.

23 Luigino Bruni and Stefano Zamagni, 《Civil Economy》, Peter Lang, p. 155.

4 가면이 필요한 순간들

24 《미생》 145수.

25 리처드 세넷, 《투게더 *Together*》, 김병화 옮김, 현암사, 383쪽.

26 《투게더》, 384쪽.

2 지도를 다시 읽다: 일에서 원하는 것

5 당신의 욕망은 얼마인가

27 Sam Pork, "For the Love of Money", 〈New York Times〉, 2014. 1. 18. 한국어 번역은 〈뉴스페퍼민트〉(http://newspeppermint.com/2014/01/20/fortheloveofmoney/) 인용.

28 후지무라 야스유키, 《3만 엔 비즈니스, 적게 일하고 더 행복하기》, 김유익 옮김, 북센스, 211쪽.

29 이슬빛나, "손때 묻은 물건의 소중함, 문화로놀이짱", 〈한겨레신문〉, 2013. 7. 30. http://se.hani.co.kr/arti/review/recycling/137.html.

30 팟캐스트 〈공존공생〉 시즌2, 제6화 "손노동으로 만든 세상".

31 홍기빈, 《살림/살이 경제학을 위하여》, 지식의 날개, 25쪽.

32 《Civil Economy》, pp. 201~202.

6 돈 되는 일만 일일까

33 지그문트 바우만 *Zygmunt Bauman*, 《새로운 빈곤 *Work, Consumerism, And The New Poor*》, 이수영

옮김, 천지인, 175쪽.

34 통계청이 2014년 1월 15일에 발표한 '2013년 연간 고용 동향'에 따르면 2013년 청년층(15~29세) 고용률은 39.7퍼센트를 기록하면서 관련 통계 작성(1980년) 이후 33년 만에 처음으로 30퍼센트대로 떨어졌다.

http://biz.chosun.com/site/data/html_dir/2014/01/15/2014011504385.html.

35 장기하의 노래 〈싸구려 커피〉 가사 중에서.

36 데자와, "'친잉여적 사회'를 꿈꾼다, 〈월간 잉여〉 잉집장 최서윤씨", 〈고함 20〉, 2012. 10. 1.

http://goham20.com/2365.

37 "지난 2월 잉여에 의한 잉여를 위한 잡지 〈월간 잉여〉가 창간 1주년을 맞았다. 1년 동안 잡지를 발행한 결과 지금 내게 남은 건 1년 동안 '버텨냈다'는 성취감, 그리고 25만 원 남짓으로 줄어버린 통장 잔고가 전부다." –최서윤, "'잉여'들이 행복해야 '국가 경쟁력'도 생긴다", 〈프레시안〉, 2013. 4. 30.

http://www.pressian.com/news/article.html?no=40779.

38 조소현·전소영, "잉여와 나", 〈싱글즈 코리아〉, 2014년 3월호.

http://www.thesingle.co.kr/work/wo_careertech_view.asp?log_idx=10253&sel1=380.

39 민노씨, "한국에는 없지만 한국인에게 필요한 뉴스:뉴스페퍼민트 이효석 인터뷰", 〈슬로우뉴스〉, 2013. 11. 26.

http://slownews.kr/15903 ;2014년 8월 4일 〈뉴스페퍼민트〉는 사이트를 개편하면서 사용자의 기부를 받기 시작했다. 기부 시작을 알리는 공지글에서 앞으로의 계획을 다음과 같이 밝히고 있다. "저희 뉴스페퍼민트는 꿈이 있습니다. 그 꿈은 뉴스페퍼민트를 통해 언어의 장벽을 넘어 그 자체로 가치 있으면서도 동시에 한국 사회를 변화시키고 발전시킬 수 있는 메시지를 소개하고 전달하는 것입니다. 저희는 더욱 구체적으로 이를 위한 계획을 세우고 있으며, 앞으로 꾸준히 이 목표를 향해 규모를 키우고, 깊이와 다양성을 더하면서 나아가겠습니다."

http://newspeppermint.com/2014/08/04/about-donation/.

40 Larissa Faw, "How Millennials Are Redefining Their Careers As Hustlers",

〈Forbes〉, 2012. 7. 19. http://www.forbes.com/sites/larissafaw/2012/07/19/how-millennials-are-redefining-their-careers-as-hustlers/.

41 이반 일리치Ivan Illich, 《그림자 노동Shadow Work》, 박홍규 옮김, 미토, 45쪽.

42 《Civil Economy》, pp. 202~215.

43 《새로운 빈곤》, 217쪽.

7 놀듯이 일하거나 일하듯이 놀거나

44 조안 B. 시울라Joanne B. Ciulla, 《일의 발견The Working Life》, 안재진 옮김, 다우, 53쪽.

45 Peansiri Vongvipanond, Linguistic Perspectives of Thai Culture, http://www.orientexpat.com/forum/23509-what-does-sanuk-really-mean-in-thai-culture/에서 재인용.

46 요한 하위징아Johan Huizinga, 《호모 루덴스Homo Ludens》, 이종인 옮김, 연암서가, 20~21쪽.

47 《호모 루덴스》, 37쪽, 42쪽.

48 《호모 루덴스》, 43쪽.

49 임유경, "개발자 몸값을 올리지 말자?", 〈지디넷〉, 2013. 12. 24.
    http://www.zdnet.co.kr/news/news_view.asp?artice_id=20131220161621.

50 하승창, "높은 청년 실업률, 이렇게 하면 해결할 수 있다", 〈오마이뉴스〉, 2014. 3. 11.
    http://www.ohmynews.com/NWS_Web/View/at_pg.aspx?CNTN_CD=A0001964122.

51 존 에이브람스John Abrams, 《가슴 뛰는 회사The Company We Keep》, 황근하 옮김, 샨티, 21쪽.

52 《가슴 뛰는 회사》, 15쪽.

53 《가슴 뛰는 회사》, 52쪽.

54 에이브램스는 《가슴 뛰는 회사》에서 "그러나 가끔 합의에 도달하지 못하는 경우를 대비해 보완 투표제를 갖추고 있다"고 말하며 부록에서 회사의 '의사 조정 및 합의 의사 결정' 과정을 상세히 설명하고 있다. 내가 몸담고 있는 협동조합 롤링 다이스 역시 전원 합의에 따른 의사결정을 원칙으로 하는데, 그 절차를 설계하는

데 이 책의 부록에서 큰 도움을 받았다.

55 나머지 다섯 가지 원칙은 "민주적인 직장 만들기", "다양한 가치를 실현하기", "마서스비니어드 섬에 전념하기", "장인 정신 지키기", "지역 기업가 정신을 실천하기"다. 《가슴 뛰는 회사》, 31~32쪽.

8 자발성 없이는 재미도 없다

56 이참에 '재미'를 표준국어대사전(http://stdweb2.korean.go.kr/main.jsp)에서 찾아보니 "(1)아기자기하게 즐거운 기분이나 느낌 (2)안부를 묻는 인사말에서 어떤 일이나 생활의 형편을 이르는 말 (3)좋은 성과나 보람"이라고 되어 있었다. 내가 생각했던 것만큼이나 포괄적인 의미라 반가웠다.

57 임지혜, "노력하면 혼나는 회사 '놀공발전소', 다녀볼래요?", 〈채널예스〉, http://ch. yes24.com/Article/View/24853;박진영, "[BOOK WE ATTEND] 충분히 재밌어도 밥벌이 할 수 있다!", 〈한국경제 매거진〉 제105호(2014년 2월). http://magazine.hankyung.com/money/apps/news?popup=0&nid=02&c1 =2004&nkey=201402180010507 5682&mode=sub_view.

58 데이비드 햘펀*David Halpern*, 《국가의 숨겨진 부*The Hidden Wealth of Nations*》, 제현주 옮김, 북돋움, 132~133쪽.

59 《국가의 숨겨진 부》, 117쪽.

3 시대의 사막을 건너는 법: 내리막 세상의 일하기

9 하나의 직업이 나를 설명할 수 없다면

60 리처드 세넷, 《신자유주의와 인간성 파괴*The Corrosion of Character*》, 조용 옮김, 문예출판사, 17쪽.

61 《신자유주의와 인간성 파괴》, 21쪽.

62 《신자유주의와 인간성 파괴》, 84쪽.

63 권소현, "10년 차 직장인, 평균 3회 이직" 〈이데일리〉, 2010. 1. 12. http://www.edaily.co.kr/news/NewsRead.edy?DCD=A606&newsid=01216

886592837064&OutLnkChk=Y.

64 줌파 라히리 외, 《직업의 광채 *Blue Collar, White Collar, No Collar*》, 강경이 · 이재경 옮김, 홍시, 22쪽.

65 《직업의 광채》, 22쪽.

66 《직업의 광채》, 22쪽.

67 신형철, 《몰락의 에티카》, 문학동네, 143쪽.

10 몇 시에 퇴근할지도 모르는 세상인데

68 지그문트 바우만, 《액체근대 *Liquid Modernity*》, 이일수 옮김, 강, 201쪽.

69 노명우, 《세상물정의 사회학》, 사계절, 186쪽.

70 《새로운 빈곤》, 25쪽.

71 서울시와 연세대학교가 협력하여 설립 · 운영하는 비영리 기구이자 중간 지원 조직. "청년이 동료를 만나 서로 협력하고 즐겁게 일하는 사회를 만드는 것"을 미션으로 한다.

72 조지 쉬언 George Sheehan, 《달리기와 존재하기 *Running & Being*》, 김연수 옮김, 153~154쪽.

73 마크 롤랜즈 Mark Rowlands, 《철학자가 달린다 *Running with the Pack*》, 강수희 옮김, 청림출판, 131~132쪽.

11 개미도 베짱이도 될 수 없다

74 알랭 드 보통 Alain de Botton, 《일의 기쁨과 슬픔 *The Pleasures And Sorrous of Work*》, 정영목 옮김, 은행나무, 88쪽.

75 《새로운 빈곤》, 17쪽.

76 《투게더》, 360쪽.

77 《새로운 빈곤》, 55쪽.

78 한윤형 · 최태섭 · 김정근, 《열정은 어떻게 노동이 되는가》, 웅진지식하우스, 16쪽.

79 《새로운 빈곤》, 64쪽.

80 《새로운 빈곤》, 67쪽.

81 《열정은 어떻게 노동이 되는가》, 200쪽.

82 리처드 세넷, 《뉴캐피털리즘 *The Culture of New Capitalism*》, 유병선 옮김, 위즈덤하우스, 229~230쪽.

83 《뉴캐피털리즘》, 230쪽.

12 연습을 허용하지 않는 사회

84 《열정은 어떻게 노동이 되는가》, 35쪽.

85 박소정, "신입 사원 뽑을 때, 스펙보다 인성 본다", 〈YTN〉, 2014. 4. 9.
http://www.ytn.co.kr/_ln/0103_201404091846173324.

86 이완, "'꿈의 직장' 제니퍼소프트에 입사하려면 스펙 대신 …", 〈한겨레〉, 2013. 11. 4.
http://www.hani.co.kr/arti/economy/working/609816.html.

87 《뉴캐피털리즘》, 147쪽.

88 막스 베버 ᴹᵃˣ ᵂᵉᵇᵉʳ, 《프로테스탄티즘의 윤리와 자본주의 정신》, 박성수 옮김, 문예출판사, 101~102쪽.

89 리처드 세넷, 《불평등 사회의 인간존중 *Respect in a World of Inequality*》, 유강은 옮김, 문예출판사, 83쪽.

90 리처드 세넷, 《신자유주의와 인간성 파괴》, 152쪽.

91 《불평등 사회의 인간존중》, 31쪽.

92 《불평등 사회의 인간존중》, 29쪽. 번역자인 유강은은 마지막 부분(a sense of self-worth which didn't depend on others)을 "다른 사람에게 의존하지 않는 자긍심"이라고 옮기고 있으나, 여기서 "다른 사람에게 의존"하는 주체는 '나'가 아니라 "스스로 가치 있다는 감각 또는 자긍심 ᵃ ˢᵉⁿˢᵉ ᵒᶠ ˢᵉˡᶠ⁻ʷᵒʳᵗʰ"이다. 따라서 자긍심을 느끼는 데는 다른 사람의 승인이 필요가 없었다는 의미로 옮기는 것이 더 적확하다고 본다.

93 물론 현실은 녹록지 않다. 세넷은 "오늘날의 교육과 노동의 체제 아래서는 자존감과 비슷한 것, 즉 자신의 역량을 현실적으로 평가하고 그 역량에 몰입하는 것이 어려워졌다"고 말한다(《불평등 사회의 인간존중》, 122쪽, 126쪽.

94 팟캐스트 〈On Being〉, "Natalie Batalha-Exoplanets and Love: Science That

Connects Us to One Another", 2013년 8월 29일 업로드.

4 함께 가닿을 정착지: 행복한 일을 위한 플랫폼

13 누군가가 아니라 '나'를 필요로 하는 곳

95 우치다 타츠루, 《하류지향》, 김경옥 옮김, 민들레, 53쪽.

96 《하류지향》, 57쪽.

97 《하류지향》, 63쪽.

98 《하류지향》, 65쪽.

99 이재흥, "[세대공감 토크] 청춘, 사회적 경제를 말하다", 희망제작소 사회적경제 센터 블로그, 2013. 8. 28.

http://blog.makehope.org/smallbiz/1036.

100 《불평등 사회의 인간존중》, 161쪽.

101 "사회적 디자인 그룹 '세이브애즈' 인터뷰-그들은 우리에게 술 먹고 왔냐고 물 어봤다", 희망청, 2011. 5. 11.

http://hopenetwork.tistory.com/318?fb_action_ids=10202604550386 599&fb_action_types=og.likes.

102 《불평등 사회의 인간존중》, 164쪽.

103 《불평등 사회의 인간존중》, 273쪽.

14 행복한 일터의 가능성

104 스테파노 자마니 · 베라 자마니Vera Zamagni, 《협동조합으로 기업하라La cooperazione》, 송성호 옮김, 북돋움, 64쪽.

105 《협동조합으로 기업하라》, 26쪽.

106 마조리 켈리Majorie Kelly, 《그들은 왜 회사의 주인이 되었나Owning Our Future》, 제현주 옮김, 북돋움, 205쪽.

107 우리나라에는 역서가 2003년 출간되었다.

108 스터즈 터클Studs Terkel, 《일Working》, 노승영 옮김, 이매진, 13쪽.

109 《일》, 484쪽.

110 《일》, 640쪽.

111 《일》, 867쪽.

15 내리막 세상에서 '함께' 일하기

112 여기서 '소득 기준 중산층'의 기준이란 OECD가 정의하는 것으로 "가구원수를 고려한 가처분소득이 중위값의 50~150퍼센트인 가구"를 일컫는다. 우리나라 통계청도 이 기준을 따르고 있다. -김태준, "국민이 생각하는 중산층 기준은 월소득 515만 원 … 현실은 416만 원"〈매일경제신문〉, 2014. 6. 12. http://news.mk.co.kr/newsRead.php?year=2014&no=882872.

113 제러미 리프킨Jeremy Rifkin,《노동의 종말 The End of Work》, 이영호 옮김, 민음사, 21쪽.

내리막 세상에서 일하는 노마드를 위한 안내서 (리커버 에디션)
누구와, 어떻게, 무엇을 위해 일할 것인가

초판 1쇄 발행 2014년 12월 4일
리커버 에디션 1쇄 발행 2019년 3월 7일
리커버 에디션 2쇄 발행 2021년 10월 12일

지은이 제현주 | **발행인** 김형보
편집 최윤경, 강태영, 이경란, 양다은, 임재희 | **마케팅** 이연실, 김사룡, 이하영 | **경영지원** 최윤영 | **디자인** 송은비

발행처 어크로스출판그룹(주)
출판신고 2018년 12월 20일 제 2018-000339호 | **주소** 서울시 마포구 양화로10길 50 마이빌딩 3층
전화 070-8724-0876(편집) 070-8724-5877(영업) | **팩스** 02-6085-7676
e-mail across@acrossbook.com

© 제현주 2014

ISBN 979-11-965873-4-5 03300

• 이 도서의 국립중앙도서관 출판시도서목록(CIP)은 e-CIP홈페이지(http://seoji.nl.go.kr)와
  국가자료공동목록시스템(http://www.nl.go.kr/kolisnet)에서 이용하실 수 있습니다.
  (CIP제어번호:2019005416)

• 만든 사람들 **편집** 박민지 | **교정교열** 윤정숙 | **디자인** 오필민